Filosofia Ciborgue

Coleção Big Bang
Dirigida por Gita K. Guinsburg

Coordenação de texto: Luiz Henrique Soares e Elen Durando
Revisão de texto: Adriano Carvalho Araújo e Sousa
Capa e projeto gráfico: Sergio Kon
Produção: Ricardo Neves e Sergio Kon

Thierry Hoquet

FILOSOFIA CIBORGUE

PENSAR CONTRA OS DUALISMOS

TRADUÇÃO
MARCIO HONORIO DE GODOY

PERSPECTIVA

Cyborg Philosophie
Copyright © Éditions du Seuil, 2011

Dados Internacionais de Catalogação na Publicação (CIP)
(Câmara Brasileira do Livro, SP, Brasil)

Hoquet, Thierry
    Filosofia ciborgue : pensar contra os dualismos / Thierry Hoquet ; tradução Marcio Honorio de Godoy. -- São Paulo : Perspectiva, 2019. -- (Coleção Big Bang / dirigida por Gita K. Guinsburg)

    Título original: Cyborg philosophie: Penser contre les dualismes.
    Bibliografia.
    ISBN 978-85-273-1153-3

    1. Antropologia Filosófica - História 2. Ciborgues 3. Dualismo 4. Tecnologia - Aspectos sociais I. Título. II. Série.

19-25125   CDD-128

Índices para catálogo sistemático:
1. Ciborgue : Antropologia filosófica 128

Iolanda Rodrigues Biode - Bibliotecária - CRB-8/10014

1ª edição.

Direitos reservados em língua portuguesa à

EDITORA PERSPECTIVA LTDA.

Av. Brigadeiro Luís Antônio, 3025
01401-000 São Paulo SP Brasil
Telefax: (011) 3885-8388
www.editoraperspectiva.com.br

2019

Dedico esta obra a todos os participantes da
oficina de leitura do departamento
de filosofia da Universidade de Paris x –
Nanterre (Paris Ouest Nanterre
La Défense) – um lugar sem igual
para se filosofar.

SUMÁRIO

13 Apresentação

I: POSTIÇOS, OU DIVAGAÇÕES CANGUILHARAWAYNIANAS

25 Prólogo
    26 1960. Nascimento de Ciborgue?
    33 Ciborgue: Alter Homo?
    41 2000. Ciborgue Manchete de Capa
    43 1985. Ciborgue: Peça Bastarda do Circuito Integrado

53 Ciborgue e a Organologia Geral
    59 Ciborgue e Organorg
    64 Modalidades do Agenciamento
    68 Ensaio de Tipologia
    75 O Discernimento ou a Incorporação do Mundo
    80 A Integração da Ferramenta: Movimento da Evolução Humana?
    83 A Vida das Máquinas-Organismos
    86 Apostila

91 Ciborgue Feminista
    92 Metodologia Ciborgue
        92 Quando os Contrários Se Tocam
        95 A Colisão Aglutinante
        97 Os Tropos
        99 Metaplasma e Crítica das Dicotomias
        101 Os Meninos Fazem Histórias

105 Mitologia Crítica: De Ciborgue às Espécies Companheiras
    112 Duas Experimentações
    117 A Ironia É um Gesto Político?
    122 O Teste das Dicotomias
    126 Espécies Companheiras

II: FILOSOFIA CIBORGUE

137   1. Partida
141   2. Mitologia Portativa
161   3. Operações Ciborgue
181   4. A Alienação de Ciborgue
195   5. Progenituras Inomináveis

207	6. Na Colônia Sexual
221	7. Ciborgue/Organorg: Modos de Composição do Organismo e da Máquina
233	8. Ciborgue ou a Transformação de Si
247	9. Selvageria, Querida Selvageria
259	10. O Stuff Que Compõe Ciborgue
269	11. Filosofia Biológica
283	12. O Mágico de Dois
303	Percurso Bibliográfico
	304 O Ato de Nascimento de Ciborgue
	306 Ciborgue Pós-x: Teorizar e Fantasiar o Pós-Humano?
	310 Ciborgue Está Entre Nós
	311 Ciborgue e as Tecnociências
	312 Natureza/Artifício e a Ética das Bio-Nano-Tecnologias
	315 Reprodutec
	318 Medicina, Prostética e Tráfico de Órgãos: Regime Prostético Generalizado
	320 Ancestrais de Ciborgue
	322 Ciborgue e as Ontologias Duais
	325 Performer Ciborgue às Margens

331 Notas
357 Agradecimentos
360 Ilustrações
361 Bibliografia

APRESENTAÇÃO

Em 1987, Paul Verhoeven dirige, para as telas do cinema, *RoboCop*, uma das mais fortes figuras de Ciborgue. Enquanto o crime e a corrupção reinam em Detroit, o agente Murphy (Peter Weller) é atrozmente mutilado por uma gangue de mafiosos, depois é deixado para morrer, um amontoado de carne ensanguentado. Mas as instituições tomam posse dos seus restos e criam RoboCop, o policial do futuro. RoboCop é Ciborgue por ser uma criação que mistura robótica e organismo: a máquina e a carne funcionam em harmonia e lhe permitem executar diferentes operações ou funções. RoboCop é Ciborgue também por causa de suas ambiguidades. De um ponto de vista médico, é produto de um experimento tecnocientífico: antes de tudo, a robótica funciona como uma prótese que salva a vida do agente Murphy, de quem não resta grande coisa; porém a robótica é, além disso, o procedimento por meio do qual as autoridades se apoderam de um organismo e dele se beneficiam de forma abusiva. O cirurgião responsável pela "reparação" decide, por exemplo, amputar o braço que resta ao agente Murphy a fim de substituí-lo por um braço robótico, considerado mais eficaz. RoboCop não é, portanto, uma simples prótese: ele é o ponto em que o aço se propõe a substituir o orgânico, em que a atividade humana toma posse da carne viva. Podemos dizer, dessa forma, que RoboCop ainda é um ser humano? Sua identidade permanece a mesma de Murphy?

Temos dúvidas: não apenas o organismo de Murphy foi reduzido ao mínimo, como também a sua própria memória foi dissolvida ao máximo possível. Não lhe resta quase nenhuma lembrança sobre sua vida ou seus amores de antes de sua transformação: o policial do futuro não deve se sobrecarregar com essas coisas pesadas e perturbadoras, tais como os pensamentos e as emoções. A melancolia não faz parte do mundo de Ciborgue. RoboCop, pois, foi tornado produto a serviço do público: trabalharam para suprimir tudo o que poderia haver de pessoal nele. Por esse motivo, ele passa a ser completamente do público? Na realidade, RoboCop é propriedade e produto piloto de uma empresa capitalista: trata-se de um produto apelativo, concebido para fazer negócios – privados. Além disso, a política à qual ele serve é ambígua. Como ideal, ela se resume à magna palavra "Justiça" e ao respeito à Lei. Mas se é o inflexível servidor da ordem, RoboCop é antes de tudo a garantia da ordem *estabelecida*. Ora, nada indica que essa ordem seja justa; longe disso. Os políticos corruptos que governam a cidade, aliás, ajustaram seu policial modelo por meio de uma diretiva que o impede de se voltar contra eles e de questionar seus próprios crimes. Ao combater as mafias rivais, RoboCop combate, pois, antes de qualquer coisa, as facções adversárias e os competidores desleais dos seus proprietários.

Portanto, RoboCop é uma identidade sob direitos de *copyright*: trata-se de uma marca que rende; um negócio privatizado cuja prosperidade serve aos interesses de uma casta, a dos dirigentes. É um humano despossuído de si mesmo e transformado em mercadoria na moda: condenado a ser substituído em breve por um produto de segunda geração que apresente maior e melhor desempenho ou que tenha um design mais sedutor. Da mesma forma, ele é um indivíduo espoliado de sua personalidade e de sua liberdade, designado a tornar-se o servidor do capitalismo e da burguesia. O filme chega ao fim lançando uma nota otimista acerca desse ponto: Murphy, cuja consciência aflora por meio de fragmentos do automatismo de ações robóticas, acaba retomando posse de sua personalidade e recuperando alguma liberdade, uma certa consciência ou uma determinada humanidade no seio do dispositivo maquínico. Por essa vitória contra a alienação ou contra a despossessão de si, Ciborgue consegue então, *in extremis*, guardar alguma coisa de humano: lembranças, isto é, um futuro[1].

Seja como for, Ciborgue não tem um destino invejável. A ficção apresenta Ciborgue a nós não como o futuro resplandecente da humanidade, mas como o que advém da corrupção e da mutilação do humano natural. A definição de Ciborgue se dá, portanto, pela falta: falta de humanidade, de liberdade, de consciência, de perfeição orgânica. Quanto ao resto, Ciborgue é um produto comercial, um dispositivo para cumprir funções com eficácia, um escravo dos poderosos, a encarnação da aplicação inflexível da regra (uma justiça sem afetividade e sem emoções). No filme de Verhoeven, os humanos devem proteger-se de tornar-se Ciborgue. Resta saber se o que pinta Verhoeven é *somente* uma ficção, a imagem de um futuro distópico do qual é preciso se guardar, ou se Ciborgue já não é a imagem de nossa condição. Ciborgue questiona o estatuto das próteses, entre substituição e substituto; o desejo de melhorar pode muito rapidamente se intrometer na reparação e pretender a transformação ou a metamorfose. Nada garante, de fato, que o DNA, a carne e o sangue sejam o *nec plus ultra* em matéria de composição de indivíduos. Por consequência, é possível considerar o aço ou os microchips de silício como suportes bem mais estáveis para assegurar a pessoa. Indivíduos amputados e reparados por prótese robótica na realidade são laboratórios em que se experimentam as formas da vida do futuro: onde o ser humano será prolongado, ou seja, ao mesmo tempo amplificado e potencialmente aniquilado pelo advento de outra coisa que já não é mais ele. A questão de saber se esse "pós-humano" é desejável é respondida categoricamente, sem rodeios, de forma negativa por Verhoeven.

Mas, ao mesmo tempo, a imprensa, a tela de cinema e as televisões parecem entregar uma mensagem diferente. Se a ficção propõe figuras repulsivas de Ciborgue, a rua e as mídias produzem, antes, retratos sedutores de Ciborgue. Assim ocorre com Yves Rossy, suíço valdense, mais conhecido sob a alcunha de "Fusion-Man" ou "JetMan". Antigo mecânico e piloto apaixonado por queda livre, ele construiu para si mesmo uma asa protótipo em carbono dotada de quatro reatores que perfaz um peso total de 55 kg, com o auxílio da qual consegue atingir 300 km/h. Acoplado à sua asa, ele se exibe como uma criatura híbrida: meio homem, meio máquina, "primeiro homem-pássaro" da história da aviação. Yves atravessou o Canal da Mancha em uma sexta-feira, 23 de setembro de 2008 e, mesmo que até o momento não tenha obtido sucesso em fazer a travessia entre Tânger (Marrocos) e Tarifa (Espanha), cada uma de suas aparições públicas é devidamente patrocinada e se torna matéria de cobertura midiática extensiva.

As performances sensoriais produzem, da mesma forma, objetos de extensão. Neil Harbisson tem acromatopsia desde quando nasceu: ele enxerga o mundo em branco e preto, com diferentes tonalidades de cinza. Graças aos trabalhos de Adam Montadon (da empresa HMC MediaLab), Harbisson foi equipado com uma estrutura chamada de "olhoborgue" (*eyeborg*), que lhe permite converter as cores em frequências sonoras. As cores com frequência mais baixa no espectro, como o vermelho, são associadas às notas mais baixas, e as notas mais altas, às cores da outra extremidade do espectro (o violeta). Entre Harbisson e Montadon parece haver uma espécie de osmose midiática; o primeiro refina a sua imagem de jovem artista, não mais apenas como músico, mas igualmente como pintor polícromo, traçando retratos sonoros e oferecendo à audição o "som de Ciborgue". Ele obteve permissão das autoridades britânicas de portar o seu equipamento na fotografia do seu passaporte, o que lhe permite proclamar-se "oficialmente" o "primeiro olhoborgue do mundo". Por sua vez, Montadon se declara "inventor do olhoborgue" e exibe seu protótipo com orgulho. Ele descreve o olhoborgue como a criação de uma "nova sensação", uma extensão cibernética do sistema perceptual humano. Mas na realidade, o olhoborgue simplesmente utiliza um sentido humano funcional e o desvia (hijack), ou melhor, o reúne a um conversor de dados: assim, Harbisson "vê" as cores com seus ouvidos, ou seja, ele escuta as variações de cores traduzidas em variações de sons. A experiência não deixa de nos fazer pensar no "cravo ocular" do padre Castel, evocado por Diderot em sua obra *Carta Sobre os Surdos e Mudos*[2].

Em cada uma dessas figuras contemporâneas de Ciborgues, a fusão do organismo e da técnica é apresentada como o futuro de novas formas de vida. Nosso percurso ainda exige que passemos por muitas outras figuras, como as dos atletas, seus equipamentos e práticas de *doping*. O corpo de esportistas, fortificado e preparado em atenção ao seu desempenho, parece implicar na aceitação de uma renúncia crescente de sua autonomia e na submissão a exigências de patrocinadores e de fabricantes de equipamentos, em estreita colaboração com os laboratórios farmacêuticos. Da mesma forma deveremos passar pela medicina onde são desenvolvidos órgãos em materiais artificiais[3].

Abolido o ideal do corpo natural! Ciborgue perturba a maneira com a qual compreendemos o humano, em particular em sua relação com a técnica. Devido à sua capacidade de transgredir fronteiras, Ciborgue tornou-se um estandarte, um instrumento de luta contra todas as formas possíveis de alienação: RoboCop rebelou-se contra os poderes canibais que pretendiam monopolizá-lo, devorá-lo. Ciborgue igualmente convida a refletir sobre a maneira com a qual a diferença entre a natureza e a técnica é repensada como diferença de sexos. Por vezes, Ciborgue parece ser "hipermasculinista" se considerarmos personagens como o Exterminador do Futuro ou RoboCop, mas também o encontramos reinvestido pela teoria feminista em figuras como a Major Motoko Kusanagi, a heroína de *Ghost in the Shell*. Será que é correto dizer que Ciborgue é neutro ou andrógino, propondo uma outra maneira de articular o masculino e o feminino? Uma perspectiva feminista sobre Ciborgue foi levada ao centro da cena pelo importante *Manifesto Ciborgue*, de Donna Haraway, publicado inicialmente em 1985. Um novo tipo de feminismo se apoderou de Ciborgue a fim de opor-se à "naturalização" da mulher e propor uma outra análise da dominação no mundo: uma dominação da qual nenhum lugar utópico pode nos emancipar totalmente e com a qual é preciso sempre, queiramos ou não, compor. Assim, dizer que o sujeito do feminismo é "Ciborgue", é o mesmo que afirmar que a mulher não é o polo "natural" e puro que a técnica masculina viria extraviar. Da mesma forma, trata-se de observar que a condição feminina é feita de uma parte biológica com a qual é preciso compor e de uma parte técnica com a qual é necessário compor. Trata-se de admitir que existe liberdade mas que há também o constrangimento, e que as técnicas ou as mercadorias do capitalismo com frequência se apresentam sob esses dois aspectos ao mesmo tempo. Dizer que o sujeito do feminismo é "Ciborgue", é admitir que nenhum retorno à Natureza nos salvará e que é preciso proceder por aprofundamento da cultura e da civilização, isto é, da técnica.

Se o feminismo apoderou-se da figura de Ciborgue, isso se dá notadamente em conexão com as técnicas de reprodução e com o fato de a humanidade encarregar-se de sua própria reprodução. Não se trata apenas de controlar os nascimentos, isto é, de limitar a população humana de um ponto de vista quantitativo; trata-se igualmente de uma mudança qualitativa na maneira de produzir humanos. Ciborgue coloca a seguinte questão: a gravidez é uma alegria, um privilégio do Feminino que absolutamente se deveria preservar ou é o resíduo arcaico do passado bárbaro da

apresentação

espécie? Dito de outra maneira, o Útero artificial e os sonhos da ectogênese (desenvolvimento embrionário fora do corpo feminino) são sinais do poder masculino pretendendo arrebatar das Mulheres o seu segredo e o seu privilégio, ou são os objetivos nos quais as mulheres devem se fixar como o termo último da Libertação? Ao intervir na procriação, a técnica é aliada das mulheres e de sua emancipação? Ou, ao contrário, seu pior inimigo e a fonte de muitos males a caminho? Por outro lado, o embrião, ou até mesmo o feto – e não somente a mulher –, pode ser codificado como Ciborgue, ou seja, incluído, por sua inscrição, em um contexto técnico e institucional desde a sua concepção até o seu nascimento. O caso de bebês muito prematuros com certeza é aqui particularmente notável, mas não é necessário apelarmos aos "fetos de vinte e três semanas", cuja sobrevivência incerta implica a mobilização de toda uma aparelhagem. Finalmente, todo embrião já pode ser Ciborgue, não só pelo viés das novas técnicas de fecundação e de parto, mas também pelos métodos de visualização do feto e da intervenção em sua existência pré-natal.

Em última instância, cruzamos com Ciborgue na rua, seria ele o nome de nosso reflexo em um espelho? Ciborgue frustra nossas previsões: trata-se de uma impossível criatura de ficção, ou de uma descrição do nosso mais banal cotidiano? Fantasma irrealizável ou ferramenta de uma nova ontologia? Sob todas essas facetas, Ciborgue vem perturbar a filosofia. Ciborgue subverte as dicotomias mais correntemente aceitas, propondo um caminho entre as grades alternativas binárias: natural/artificial, organismo/máquina, masculino/feminino, normal/patológico, humano/não humano. Pensar contra essas dualidades, certamente significa opor-se a elas; trata-se também de se pensar o contato entre elas, em uma proximidade fecunda e inesperada. Às vezes temos a impressão de que Ciborgue é um instrumento por meio do qual a humanidade se liberta da servidão do passado; mas da mesma maneira às vezes parece que Ciborgue é apenas a denominação de nossa subserviência crescente a um sistema técnico de controle e de opressão. Surgindo por vezes como a continuação e o florescimento de nossa espécie (a humanidade como espécie técnica) ou como o desaparecimento do humano na emergência de novas formas mais "evoluídas" (o "pós-humano"), Ciborgue se apresenta alternadamente como a descrição de nossa condição presente, como nosso futuro ou como nossa decadência; como o contraste absoluto, a encarnação de uma humanidade perdida no estalido mecânico do aço, ou como a esperança possível do que nos tornaremos quando chegar a hora da libertação da morte e no instante em que se ultrapassa os obstáculos da carne. A denominação de "Ciborgue" designa, consequentemente, o corpo submetido a infinitas próteses (o regime generalizado da perna de pau) ou, ao contrário, exprime a esperança de um corpo acrescido de novas performances? Ciborgue nos convida pois a meditarmos sobre a medicina, entre reparações e melhorias, ou a pensarmos nas retóricas atuais: "antropotecnias", técnicas do humano melhorado ou que recebeu um *upgrade*, o "humano 2.0". Sob a denominação de Ciborgue, visando a ablação total da carne, estaríamos repetindo a ilusão da antiga pomba platônica, que sonhava com um céu sem vento, onde conseguiria voar mais livremente? Ciborgue oferece assim uma tábua de contradições não resolvidas, e talvez insolúveis. Filosofia Ciborgue almeja tentar cartografar esse território.

Pelo menos três estranhezas linguísticas poderão surpreender neste texto, cujo sentido se esclarece mais à frente: "Ciborgue" aparece como um nome próprio (seção 3.16. "Uso da Maiúscula"), para o qual se aplica o pronome "ille" (elela)[4] (seção 6.12. "A Ilíada de Ciborgue"), quando pretendemos nos referir a um "stuff" (seção 3.4. "Ciborgue é Stuff"). Como Ciborgue é uma personagem, foi preciso tratar Mutante, Robô, Organorg, Mulher, Proletário e outros ainda como personagens, dando a elas o estatuto de nomes próprios. Pouco a pouco, lenta e progressivamente, convocamos uma vigorosa gigantomaquia: uma batalha de gigantes, acerca de não se sabe muito bem para qual finalidade[5].

No texto, fora as citações, o termo "homem" nunca é empregado para designar "humano", porém sempre utilizado para "humano macho"; "gênero" vale para *gendered*, ou seja, elaborado pelas representações sobre o masculino e o feminino e seus valores; arriscou-se, por vezes, empregar-se "de través" para exprimir o inglês queer ("obliquar" para to queer). Era costume, quando se falava de alguém praticante da filosofia, que lê ou que pensa, referir-se a essa pessoa no masculino: o filósofo, o leitor, o pensador. Tratava-se, segundo os linguistas, não de um masculino, mas de um ponto de referência universal. Por outro lado, todavia, agitando a bandeira feminista, observou-se que essa regra era flexível em sua aplicação. Feminizava-se sempre quando se tratava da instrução dita primária ou maternal, mas negligenciava-se o uso desse tratamento para outras esferas; a partir do momento em que o problema não estava mais na denominação "diretora de escola primária das crianças", mas sim em "diretora do curso de doutorado", não mais na designação de "mestra de escola maternal", mas sim na de "mestra de uma cátedra" na Universidade, o masculino se impunha e todos diziam, como se fosse a voz de um único homem, "diretor" ou "mestre", julgando a feminização inútil, até mesmo algo ridículo[6]. Por que efetivamente não utilizar o feminino e falar a filósofa, a leitora, a pensadora ou a teóloga? Que nossa gramática permita pela primeira vez, pra variar, o ponto de vista universal no feminino e que, de vez em quando, o feminino prevaleça sobre o masculino.

Sejam portanto bem-vindas, Leitoras! Pois dessa gigantomaquia, vocês são as heroínas.

POSTIÇOS,
OU DIVAGAÇÕES
CANGUILHARAWAYNIANAS

PRÓLOGO

As figuras aparecem e desaparecem, cristalizam-se e depois se dissolvem. Elas entram na moda e em seguida caem no esquecimento. Descobrem-nas ou inventam-nas: depois esquecem-nas. Elas levam, então, uma vida subterrânea, continuam a visitar as representações. Acrescentam-lhe o epíteto "suposto"; colocam-nas entre aspas; esquecem-nas como ocorreu a *Agnus Scythicus*, Aguapa e Aguaxima, figuras às quais a *Encyclopédie*, a Enciclopédia organizada por Denis Diderot, consagrava ainda notas ambíguas; como a histérica, a primitiva, a débil, a degenerada, a onanista, a uranista, que tinham seus respectivos tratados. Mais tarde, um dia, certos sintomas somem, e as belas entidades que a anatomopatologia constituíra se dissipam, como as febres quintãs e quartãs; elas se extinguem como as qualidades ditas "reais" se desvaneceram quando, como dizem, "Descartes demonstrou" (ele ou uma outra pessoa?). De súbito, os fatos se tornam rebeldes, impossíveis de serem reunidos sob a bela unidade das categorias. Eles tornam-se fantasmas que pairam sobre o mundo; ilusões plenas de futuro.

Na atualidade, uma nova personagem foi identificada sobre a Terra e além dela. Seu nome é

Ciborgue. Ciborgue brota nas gazetas, nas galerias de arte ou nas páginas da tela eletrônica, como outrora o abacaxi e o bispo do mar, como os meninos lobos, a criança urso da Lituânia e a *puella campanica* brotaram em outros tempos. Dizer que Ciborgue é uma figura que hoje em dia permite pensar a questão dos limites do humano e do não humano é uma banalidade. Não é apenas Ciborgue que deve encarnar essa questão, mas antes a maioria das criaturas de ficção científica: marcianos e outros aliens, formas vivas ou inteligentes. Então, para que serve falar de Ciborgue propriamente? O que há em Ciborgue que nos toca de alguma forma? O que existe em Ciborgue que nos leva a pensar?

1960.
Nascimento de Ciborgue?

Em 1960, Manfred Clynes e Nathan Kline criam o termo "Ciborgue" a partir de *cybernetic organism* (organismo cibernético). Segundo Clynes/Kline, Ciborgue é um organismo ao qual se acopla um dispositivo mecânico que lhe permite viver em um meio no qual este mesmo organismo por si só não se adaptaria. Idealmente, Ciborgue livra o ser humano de toda dependência ao meio e lhe permite, por exemplo, viver no espaço. Assim, o Primeiro Ciborgue, historicamente classificado dessa forma, foi um rato no qual foi acoplado uma bomba osmótica que lhe injetava substâncias químicas e cuja foto foi publicada na revista *Astronautics*, em 1960[1].

Para Clynes/Kline, em 1960, Ciborgue é a solução para o problema da viagem no espaço extraterrestre. Mas como? Carl von Linné (Carlos Lineu, 1707-1778), botânico, zoólogo e médico sueco, transplantava vegetais com sua terra de origem e, graças a eficácia das estufas e à sua ciência do sexo das plantas, ele conseguia cultivar e produzir banana no jardim do rico banqueiro

prólogo

George Clifford, nos Países Baixos. Mas esse procedimento que pode ser realizado de um clima a outro, em um mesmo planeta, poderia ter o mesmo sucesso de um planeta a outro? Quando vamos ao espaço ou mudamos de altitude ou de profundidade, quando nos alçamos ao ar ou vamos às profundezas das águas, mesmo na ausência do sol, nós nos "transplantamos"; nós pelo menos nos revestimos de uma fina cápsula de nosso meio ambiente nativo, uma segunda pele que assegura nosso isolamento térmico e nos protege contra as perturbações químicas ou físicas, e levamos uma provisão de ar que nos possibilita respirar. Porém Clynes/Kline zombam dessas proteções sempre frágeis e prontas a se esgotar: "The bubble all too easily bursts" (A bolha sempre se rompe com facilidade). Uma solução instantânea, ainda que válida somente a curto prazo, consistiria em se parar de respirar; mas a apneia tem seus limites, e assim é preciso se encontrar soluções mais duradouras. Deve-se suspender a vida, visto que suspender apenas a respiração não é suficiente? Será que seria necessário continuamente descolar-se provido com, em torno de si, uma bolha contendo terra, ar e água? Ciborgue inverte o

Entrada de Ciborgue na história? Na perspectiva da viagem espacial, Clynes e Kline definem Ciborgue como "sistema homem-máquina regulado". Mas Ciborgue surge primeiro como um rato de laboratório unido a uma bomba osmótica. Donna Haraway estende essa figura roedora de Ciborgue para aquela do OncoMouse[2].

problema; elela permite adaptar as funções corporais de um indivíduo a diversos meios ambientes, sem cometer um atentado ao seu patrimônio hereditário.

Podemos, todavia, nos perguntar a que ponto o organismo está adaptado a um dado meio ambiente. Os organismos são flexíveis ou, ao contrário, completamente apropriados à vida em um nicho bem particular – em um planeta com determinada gravidade, atmosfera, duração de dia, e em nenhum outro? Propondo um acordo entre a ciência e a religião, William Whewell emitiu a hipótese de uma correspondência providencial entre a duração dos anos, a duração dos dias, os ritmos de toda a natureza e as necessidades humanas[3]. Seu contemporâneo, Charles Darwin, rebateu a proposição indignado: Whewell "diz que a extensão do dia está adaptada ao período do sono do homem!!! Todo o universo se adaptou [ao homem]!!! e não o homem aos planetas – quanta arrogância!!!"[4] Darwin inverte, pois, a lei da adaptação: o organismo é infinitamente plástico, e cabe a ele adaptar-se ao universo físico que lhe preexiste; isso ocorrendo, o meio ambiente então não é apenas dado; ele se transforma na medida em que os viventes vivem nele, isto é, o poluem, nele inscrevendo por todo canto os traços residuais de suas atividades. Não há atmosfera rica em oxigênio sem uma intensa atividade bacteriana que degrade moléculas de água em hidrogênio e oxigênio para aí encontrar energia; ao contrário, o surgimento da respiração tal como a conhecemos é uma "adaptação", isto é, um gesto oportunista – diante de tanto oxigênio inútil no ar, muitos seres vivos morreram (o oxigênio mostrou-se um veneno para eles), e aqueles que souberam mobilizá-lo como fonte de energia prosperaram[5]. Onde Whewell enxergava a bela concordância do organismo à Terra como uma necessidade traduzindo uma ordem providencial, Darwin inverte o problema: os consideráveis êxitos (existe oxigênio, do qual muitos tiram proveito ao respirá-lo) são resultado de uma história na qual nada é dado de saída. Do mesmo modo, se determinada planta produz frutos dos quais outros seres

prólogo

se nutrem, isso não é milagre e graça excepcional, mas trata-se de "harmoniosas coadaptações"; uns têm sementes a disseminar, outros apresentam grande necessidade de açúcar e energia, de forma que as plantas cujas sementes estavam localizadas nas frutas açucaradas agradaram aos consumidores de açúcar, e ambos prosperaram graças a essa concordância improvisada.

Clynes/Kline tomam nota da visão darwiniana e propõem, pegando Ciborgue como exemplo, "adaptar o homem ao seu meio ambiente em vez do contrário". A antiga sabedoria estoica, que procurava mudar seus desejos em vez de mudar a ordem do mundo, mostra-se, neste caso, transformada em programa revolucionário para favorecer a conquista de novos mundos. Não se trata mais de uma sabedoria para este nosso mundo, porém de uma visão para o conjunto de universos possíveis, um projeto de antropogenia: é o humano por inteiro, e não mais somente a ordem de sua vontade ou dos seus desejos, que se trata de tornar infinitamente flexível a fim de submetê-lo a todos os mundos possíveis. Para isso, Clynes/Kline preconizam a incorporação de um dispositivo exógeno, uma pequena bomba osmótica sendo inserida nos mecanismos homeostáticos do organismo de maneira a permitir a vida no espaço: *qua natura*, como ao natural.

Concretamente, Clynes/Kline descrevem Ciborgue como um indivíduo preparado, pela química e hipnose, para a vida prolongada no espaço. É um sujeito engenhosamente drogado, a quem se destila toda uma farmacopeia: ministra-se euforizantes, quando se deseja estimulá-lo, com doses precisas de amino-etil-isotiourônio, ou cisteína se elela vir a sofrer uma radioatividade muito elevada. No espaço, Ciborgue se alimenta diretamente pela inserção intragástrica, procedimento que visa limitar a dejeção fecal. Graças a essa sonda, seus intestinos poderiam ser esterilizados. Do mesmo modo, a respiração, atividade dispendiosa em água e energia, torna-se supérflua a ele; um sistema alimentado graças à energia solar ou nuclear se encarrega de converter o CO_2 em oxigênio e se renova nos pulmões. Desde que encontremos o meio de assegurar a conservação muscular de corpos mergulhados em hibernação prolongada, as condições da viagem no espaço estarão portanto harmonizadas. Só uma coisa ainda com relação a isso; um pouco de farmácia deverá permitir tolher a atrofia. Alguns problemas menores continuam suscetíveis de aparecer: náuseas, vertigens, necessidades eróticas. Uma bomba osmótica de urgência poderá ser prevista, contendo fenotiazina e reserpina, para evitar eventuais episódios psicóticos. O desligamento dessa bomba, como todas as outras regulagens e hábeis dosagens farmacêuticas, deverá evidentemente ser gerenciado de forma automática, sem que a decisão do astronauta venha a interferir em qualquer momento no processo; ei-lo, então, profundamente aliviado, "liberado" para outras tarefas, não precisando mais do que consentir aquilo que lhe acontece. Consideráveis vantagens também para a administração da viagem no espaço: perigosos males psicóticos tomam indivíduos saudáveis com tanta frequência que é preciso impedir, antecipadamente, qualquer denegação.

Ciborgue se inscreve, portanto, em uma dupla lógica, que se pôde atribuir à sua dupla paternidade, com o par estranhamente eufônico Clynes/Kline[6]. Antes de mais nada, uma lógica dita "cartesiana", que postula uma separação alma-corpo: Ciborgue seria um projeto para satisfazer as necessidades do corpo graças a mecanismos de regulação automática determinados por circuitos cibernéticos de retroalimentação. Com o corpo satisfeito, o espírito fica liberado para "explorar", isto é, para conquistar ou para se apropriar do espaço ou do meio. Mas Ciborgue pode ser lido também como um episódio inserido em uma lógica de hipnose e de controle mental: a injeção de produtos farmacêuticos apresenta a possibilidade de torná-lo insensível, ou ainda suscitar ideias afim de controlar o stuff[7] dos indivíduos. Se a segunda hipótese faz de Ciborgue a denominação de um dispositivo de controle, a primeira propõe trazer a origem de Ciborgue a uma obsessão de pureza. Nos dois casos, entrevemos a implementação de toda uma farmácia, de um kit "do astronauta", que reservará lugar à sugestão hipnótica assim como à cirurgia: será bom, para questões de eficácia, cortar aqui, corrigir ali, purgar isso, esterilizar aquilo. Com efeito, a gestão otimizada dos fluidos e a administração de sólidos não ocorrem sem alguns ajustes: de resto, em relação a isso, Clynes/Kline, no fim do seu artigo, indicam que os próprios supervilões (os russos) não se privam de recorrer a todos os meios possíveis – "tanto às drogas quanto às cirurgias". Ciborgue, então, imagem do controle do "espírito" e projeto de abolição do "corpo", põe em causa a própria natureza do stuff que tece as criaturas.

Clynes, entrevistado mais tarde por Chris Hables Gray, insurgiu-se contra o uso que foi feito do termo "Ciborgue" sobre o qual ele possui, pelo menos é o que ele pensa, um direito de paternidade e de autoridade. Evidentemente, estima ele, "o" ciborgue tal como descrito e considerado por ele é sempre uma entidade sexuada, macho ou fêmea, provavelmente macho, aliás, como indica o termo inglês *space man*; uma criatura humana que não perdeu nada de sua humanidade[8]. Após ponderar muito, depois de fazer diversas avaliações, Clynes mostra que finalmente a identidade do astronauta submetido ao dispositivo Ciborgue não foi alterada, nem tampouco a sua capacidade de sentir emoções ou sua humanidade. Equipar-se a fim de viajar no espaço afeta Ciborgue tanto quanto montar em uma bicicleta: pegamos nossa bicicleta para ir de um ponto a outro e depois basta! Voltamos a nos sustentar de pé e caminhamos. Assim, deveremos recorrer a todos esses dispositivos de otimização, a essa química de controle, que Clynes/Kline batizam "Ciborgue", durante a viagem espacial, mais ou menos longa porém sempre limitada, e em seguida, com o término da viagem, Ciborgue é deixado de lado. Certo, tudo bem, mas fica a questão: o que será dele se a viagem não durar apenas um mês ou um ano como Clynes/Kline consideram, mas sim milhares e milhares de anos? E por que motivo abandonariam uma solução otimizada para retornar à imperfeita natureza orgânica, suscetível a germes, à degradação, a diarreias, a contaminações? Ainda seria possível a utilização de um corpo submetido a cirurgias com o objetivo de se implantar nele uma bomba osmótica? E por que as autoridades que administram e conduzem as dosagens se despojariam de repente desta prerrogativa de controlar o astronauta? Quando se quiser destituir a autoridade administradora, tão logo se pretenda livrar-se dela, quem garante que ela não sofrerá da síndrome de HAL, esse computador central colocado em cena por Stanley Kubrick em *2001, uma Odisseia no Espaço*, nome de código, mal disfarçado, que remete à poderosa IBM, e que não aceita deixar-se desconectar tão facilmente?

No horizonte da proposição de Clynes/Kline, há um delírio de supressão do stuff, uma fantasia *à la* Moravec[9]: a eliminação permanente das funções orgânicas, a conversão de todo animal em tamagotchi, o download de um indivíduo em um disco rígido, isto é, a conservação da pessoa em um templo de silicone em vez de um labirinto de carnes moles e putrescíveis. A metafísica implícita das proposições de Clynes/Kline é a do stuff supérfluo, que se pode estetizar, suspender, eterizar, suprimir, substituir. O stuff de Ciborgue encontra-se assim analisado segundo uma dicotomia espírito/corpo, identidade/suporte, software/hardware, em que só o primeiro termo importa. É esse mundo que se supõe às vezes que Ciborgue irá abafar. Um mundo purificado, sem arrotos ou peidos, sem suor ou muco, sem merda ou mijo. Um mundo do qual a doença será banida; o envelhecimento será proscrito. Um mundo em que os rostos não mais enrugarão; as peles não criarão mais pregas; hálitos não mais circularão; as barrigas não ficarão mais flácidas; e os órgãos não farão mais ruídos. Dessa forma, Ciborgue seria o resultado de velhos tratados de higiene, nos quais cada *excretum* estava bem em seu lugar[10]: enfim, um mundo onde os indivíduos não serão mais descartáveis, porque o seu stuff simplesmente terá sido abolido?

prólogo

Ciborgue: Alter Homo?

Desse ato de nascimento, guardemos em nossa memória que Ciborgue é uma palavra-valise, composta para descrever uma realidade que não é menos realidade: o acoplamento entre uma forma artificial e uma forma natural, entre dois modos de regulação – uma máquina cibernética e um organismo. A palavra "cibernética" foi cunhada por Norbert Wiener (1894-1964) a partir do grego *kubernétès*, o piloto, aquele que sabe a arte de conduzir um navio. A cibernética designa a "ciência do controle e da comunicação nos seres humanos e nas máquinas", e se interessa pela transmissão da informação e pelo controle da ação[11]. Desse modo, Ciborgue não é Máquina, elela não é nem mesmo como uma máquina. A rigor, elela é um organismo dirigido e governado pela máquina. Entendido dessa maneira, elela seria "uma máquina orgânica dirigida ou governada por um mecanismo homeostático", "o momento do ser humano como máquina, definido, tornado poderoso, governado, dirigido e motivado pelas mesmas forças que [atuam] nas máquinas"[12]. Ciborgue seria, portanto, o bom soldado, aquele que dispara seis ou mais tiros sem tremer nem guardar a arma no coldre, e que acerta na mosca todas as vezes. Sua natureza orgânica e sua natureza cibernética se unem em torno de duas ideias: a de homeostasia ou de dispositivo autorregulado; e a de funcionamento inconsciente, em que equilíbrios são permanentemente restaurados e desarranjados por múltiplas interferências, perturbações e contribuições.

Em princípio, essa definição permite descartar a proliferação que se faz em nome de Ciborgue e, ao mesmo tempo, possibilita policiar os numerosos pretendentes que se congregam sob a sua bandeira: a perna de pau, o fato de se utilizar um lápis para escrever, de se ser vacinado ou de se portar lentes de contato, de se ler um texto em um livro ou em uma tela. Tecnicamente, portanto, e restritivamente, tal seria o significado de Ciborgue. Todavia, é possível opor ao menos duas objeções a essa harmoniosa clareza. Por um lado, a própria configuração cibernética de Ciborgue é uma estrutura datadíssima. Tornou-se comum opor-se, do ponto de vista da história da cibernética, a "primeira cibernética" (em torno do conceito de homeostasia ou de autorregulação) e a "segunda cibernética" (em torno do conceito de auto-organização ou autopoiese); ou, no que diz respeito às suas representações, o Ciborgue rígido encarnado por Arnold Schwarzenegger, em *O Exterminador do Futuro*, e a forma mais flexível e complexa do T-1000 encarnado por Robert Patrick, em *O Exterminador do Futuro 2*. Desse modo, nos perguntamos: O que, afinal, designa Ciborgue? O termo também se aplica a entidades novas e holográficas, capazes de auto-organização? Ou devemos propor à sua noção um novo termo: de Ciborgue a "Holorgue"?[13]

Face a tais restrições e multiplicações de figuras, de maneira legítima podemos nos perguntar: será que a própria riqueza das utilidades de Ciborgue não acarretam exatamente nessa confusão que se faz em torno do seu nome? *O Exterminador do Futuro* é, por exemplo, um robô disfarçado, uma estrutura metálica com configuração humana, revestido de carne e órgãos: estritamente falando, o Exterminador não é Ciborgue; trata-se, no entanto, de uma figura incontornável. Da mesma forma, as feministas denominaram "Ciborgue" o material de combate de Ripley contra a Alien-Rainha em *Aliens, o Resgate*: a tenente Ripley ganha a configuração de Ciborgue ao penetrar em uma proteção de metal. *Stricto sensu*, trata-se apenas de um ser humano em um tipo particular de veículo, uma espécie de empilhadeira equipada com braços mecânicos, porém essa figura se torna Ciborgue no quadro de uma reflexão sobre a natureza do corpo feminino e sua relação com a técnica. Devemos, pois, tomar cuidado para que uma definição restritiva em demasia da figura não nos impeça de levar em conta essas aplicações em que se elabora a função filosófica de Ciborgue.

Por outro lado, esse ato de nascimento cibernético não é uma história neutra. Tal narrativa corresponde a uma maneira muito

prólogo

particular de articular ciência e ficção, que nos leva a pensar nas seguintes palavras de Stanislaw Lem: "Toda ciência engendra alguma pseudociência, incitando os excêntricos a explorar caminhos monstruosos: a astronomia encontrou seus parodistas na astrologia; a química, outrora, encontrou-os na alquimia."[14] Aqui, Lem sugere que em primeiro lugar existe a Ciência, em seguida surgem suas caricaturas grosseiras e fantásticas que são as imposturas científicas: a astrologia ou a alquimia, pálidas cópias da Razão em marcha. A alquimia, entretanto, apresenta-se como um problema aqui: pois a paródia surge muito tempo antes que o seu suposto "original" (a química). Ao contrário do que se disse logo acima, poderíamos sustentar que há, primeiramente, uma busca louca, uma vontade desmesurada de produzir sentido – a fantasia de violação que brota em homens desejosos de penetrar nos segredos da Mãe Natureza –, e que isso só ocorre nas margens dos projetos delirantes, nas bordas dessas gloriosas aventuras da soberba humana, das quais nasceriam depois as ciências, sempre segundas, como tímidos restos, quase resíduos. Nesse sentido, naturalista Buffon notava, em 1749, que o vasto projeto de alocar cada coisa em seu lugar "natural" funcionara como a pedra filosofal em alquimia: tal loucura jamais havia levado ao que ela pretendia obter. Mas no caminho, o ambicioso empenho produzira uma ciência secundária e relicário, um inventário completo da natureza, a História Natural. Séculos com a investigação de aplicados estudiosos não haviam conseguido atribuir um lugar a cada coisa, mas, por essa via, foi possível chegar a se conhecer melhor o que existia. Armados de conhecimentos parciais extraídos pela imaginação em nome do sonho, percorriam daí em diante o mundo servindo-se de listas mais preparadas. Da mesma maneira, Marcellin Berthelot, em 1867, identificava duas aspirações delirantes na origem de duas ciências maiores: toda a química mineral deriva do sonho da pedra filosofal e toda a química orgânica do sonho da vida eterna. Sem a insana pretensão de transformar chumbo em ouro e de descobrir a autêntica fonte da juventude, a ciência não teria dado sequer um passo. Cristóvão Colombo, acrescentava o químico, jamais teria descoberto a América se não tivesse procurado estabelecer o Paraíso na Terra[15].

Aqui, a relação entre Ciborgue e cibernética se inverte. Ciborgue não é mais um ramo fantasmático das ciências, mas um fantasma primeiro e inspirador: o sonho de um organismo infinitamente plástico, suscetível de se sujeitar a qualquer meio ambiente; fantasma de organismo infinitamente servil, suscetível de executar toda e qualquer tarefa sem dizer uma palavra. Ciborgue se conjuga, então, a outras figuras, encarnando outras tensões ou tentações no imaginário futurista e no inventário de formas possíveis do porvir da humanidade. Se, por seu aspecto cibernético, Ciborgue corre o risco de se confundir com a figura do Robô, elela tem relação, por causa do seu lado orgânico, com a figura do Clone e do Mutante. Robô, derivado do tcheco *robota*, nova figura do escravo, remete etimologicamente ao trabalho forçado. Mutante tornou-se popular no primeiro quarto do século XX com os avanços da genética mendeliana. Hoje, tornou-se um conceito pop, que encontra uma certa admiração e entusiasmo nas produções culturais populares, em cartuns e blockbusters hollywoodianos. O caso do Clone é impressionante, visto que se trata de uma realidade completamente ordinária em biologia: o enxerto vegetal é "Clone" no sentido estrito; o tema adquire um impacto particular uma vez colocado em ressonância com a esfera ficcional[16]. Do mesmo modo, Ciborgue pode constituir objeto de pesquisa em cibernética e em robótica, em especial no tratamento de deficiências; porém, elela goza de grande popularidade e vive seu próprio destino.

Assim, conforme a apresentação de Lem, que localiza o surgimento da ciência antes de suas caricaturas, a personagem Mutante seria, por exemplo, o fruto secundário de divagações engendradas pelas pesquisas balbuciantes da genética; e Ciborgue seria, igualmente, um ramo ilegítimo da cibernética e dos progressos da informática. Por outro lado, se poderia dizer apesar disso, que

prólogo

Robô, Ciborgue e Mutante traduzem aspirações face às quais a informática, a cibernética e a genética não passam de ciências relicário. Em todo caso, Ciborgue leva uma vida além da cibernética, e elela significa muitas coisas que não se deixam descartar por qualquer revés. Se Ciborgue foi, pois, primeiramente uma figura militar, e visto que seus dois pais Clynes/Kline se insurgem contra todos os desvios e depravação de sentidos nos quais a sua cria chafurda, a imagem de Ciborgue passa a ter múltiplas aventuras e engajamentos, filosóficos e minoritários, que podemos nos aplicar em descrever.

Quais são as definições mínimas sobre as quais podemos concordar? Uma primeira definição de Ciborgue o identifica como um "amálgama tecnohumano": a combinação entre um ser humano e um arsenal técnico integrado. Ciborgue surge então como uma figura limite, uma das maneiras com a qual o século XX pensou o híbrido. Todavia, essa primeira definição é falha ao considerar Ciborgue como um resultado e ao defini-lo relativamente a duas entidades de referência, das quais supõe-se que tenham uma existência independente uma da outra: o humano e a técnica, originalmente disjuntos, se encontrariam para formar Ciborgue. Grande parte da literatura sobre Ciborgue é trespassada por essa referência inquieta ao humanismo e à sua liberdade frente às máquinas. Tanto *RoboCop* quanto *O Exterminador do Futuro* podem ser compreendidos no que diz respeito a esse horror ao híbrido e como uma revolta do ser humano "natural", isto é, orgânico, livre, contra toda tentativa de empreendimento técnico e escravizante sobre o seu stuff. Tal definição encerra Ciborgue no círculo do humano e do pós-humano. Ela o aborda como uma perda ou uma ameaça em relação ao que já estaria constituído (o humano), definido como um polo de referência pura, livre e natural, dessa forma, considerado o termo último de referência e valor em relação ao qual tudo se mede e se julga. Essa definição situa Humano e Ciborgue em uma relação de sucessão e de substituição, de concorrência ou, por assim dizer, de

I: POSTIÇOS, OU DIVAGAÇÕES CANGUILHARAWAYNIANAS

exclusão recíproca: de um lado haveria o Humano, sujeito-organismo livre de toda intervenção técnica; de outro, Ciborgue, que traz a marca da intervenção técnica e que não tem mais nada de humano. Ciborgue se apresenta então como um dos possíveis futuros do Humano, na maioria das vezes estigmatizado como uma ameaça a ser descartada ou um fantasma que precisa ser diminuído ou esvaziado do seu conteúdo. Além do mais, essa definição fracassa ao falar de amálgama sem deixar claro como este amálgama se opera. Assim, uma grande parte da literatura (crítica) sobre Ciborgue tende a mostrar que elela é duplamente impossível: que elela afronta a objeção moral que lhe qualifica como um atentado ao humano e bate de frente com o obstáculo físico e técnico da impraticabilidade.

Dessas primeiras dificuldades origina-se a tentação recorrente de se ir além da definição da entidade lançando-se mão do exame de suas funções: não em relação ao que ela é, mas a quem ela serve. No verbete "Ciborgue" de um dicionário consagrado ao corpo, um antropólogo faz de Ciborgue a figura que preenche uma falta simbólica[17]. No universo dos fantasmas humanos, a existência de ficções colocando Ciborgue em cena responderia à insuportável solidão do ser humano no universo. Para enganar essa solidão, Humano se dotaria de companhias artificiais, como Robô ou Ciborgue, seguindo determinada lógica que afirma ser próprio de Humano a palavra compartilhada. Esse ponto é igualmente sustentado por Norbert Wiener, para quem Humano "é um animal falante: tal permanece, de fato, o caráter evidente que o distingue de outros animais. Sua urgência em se comunicar com seus semelhantes é tão forte que a dupla privação da vista e da audição não o impede de se manifestar"[18]. Sendo a comunicação fator que caracteriza Humano como Humano, Ciborgue seria então esse ser diferente de Humano, dotado de linguagem e com o qual Humano se comunica.

Essa tensão humanista e comunicante não ocorre sem simplificações, notadamente conduzindo a considerar Ciborgue relacionado apenas à inteligência artificial. Obcecada por essa problemática do duplo, a antropologia parece pensar que esse desejo humano de criar para si um alter ego a fim de romper sua solidão específica se encontra, infelizmente, sempre frustrada pela limitação de suas criaturas. Porém essa querela não leva em conta o fato de que nem sempre Ciborgue é um alter ego, longe disso: amiúde ele é um inimigo implacável, uma peste que desejam ver sumir do mapa. Além de tudo, toda criatura artificial – Golem, Frankenstein, nanopartículas – termina por conseguir sua própria liberdade; ela se emancipa do seu criador para tomar lugar em um cosmos expandido – Ciborgue, quanto a esse particular, jamais foi exceção. Dessa forma, longe de estar abaixo das expectativas dos seus criadores humanos, as entidades criadas ultrapassam, tomam mesmo outras medidas com uma impertinência sem tamanho contra os dwems[19] que ameaçam suas vidas. De onde vem essa falha por excesso e excedentes, e não por defeito? Tal situação surgiria do fato de que cada criatura nasce de um apelo a uma transcendência ou de um apelo a um ato mágico – eletricidade feérica ou tetragramas de antigos grimórios –, origem da qual ainda lhe resta alguma coisa? Ou viria do fato de que todo mecanismo tende a adquirir as características de autonomia próprias ao organismo, ou do fato de que todo determinismo tende a adquirir graus de liberdade, de que todo mecanismo complexo é, por fim, imprevisível? Baudrillard notou esta colusão necessária: se Robô é escravo, "o tema do escravo está sempre ligado, até em narrativas acerca do aprendiz de feiticeiro, ao da revolta"[20]. Humano, face à revolta de Máquina, se encontraria diante de uma conversão ou de uma projeção de sua própria energia sexual – ou, com mais exatidão, conforme o pensamento de Baudrillard, diante da "Insurreição na revolta de energias fálicas subjugadas"[21]: a dualidade servidão/revolta seria a imagem de explosões da sexualidade acorrentada e reprimida. Tal seria o sentido último – sob a figura do desregramento da ambiência – das revoltas pérfidas dos escravos Robô e Máquina.

Ciborgue é então uma companhia para quebrar nossa solidão, ou é aquelela que irá suprimir o trabalho – aquelela em quem a energia sexual transborda ou a potência libidinal deseja conquistar territórios virgens por toda parte?[22] Se o jovem herói de *A.I.: Inteligência Artificial* preenche uma falta de crianças, que pensar do Golem, reduzido a fazer as compras na mercearia, ou a varrer a casa do rabi Loew? O que pensar dos Replicantes de *Blade Runner*, enviados a outros planetas para extrair minerais? Muitas vezes, Ciborgue é o escravo que executa as tarefas que não queremos assumir. Conceber uma criatura artificial como alter ego, é negligenciar que ela encarna pelo menos tanto a produção de escravos quanto a libertação de outros da sua servidão ao atender a todas as carências; é negligenciar a máquina-ferramenta que promete suprimir o trabalho. Por fim, os bois atrelados aos engenhos, ou os caprípedes, metade humanos, metade caprinos, que, conforme Diderot, dariam excelentes lacaios atrás das carruagens[23], já eram um tipo de Ciborgue.

Além do mais e sobretudo, o problema de Ciborgue não é tanto o da inteligência artificial quanto o do misto entre inerte e animado, que coloca a questão da possibilidade de uma atrelagem entre um organismo e uma máquina, de uma interação entre um neurônio e um circuito eletrônico, ou de uma conexão entre uma célula viva e um chip digital. É nesse ponto que se estabelece talvez da maneira mais evidente a possibilidade ou a impossibilidade de "Ciborgue" como composto maquínico--orgânico. Ao sublinhar que Ciborgue não é uma ferramenta, um instrumento ou uma prótese mas sim um alter ego, o antropólogo desconecta Ciborgue do cabeamento técnico e reduz Ciborgue a desempenhar apenas o papel de um avatar de ficções de criaturas artificiais, como o Golem. Mas o Golem é um predecessor de Ciborgue? Forjado na argila, a vida é dada ao Golem por meio da oração, enquanto se traça um signo mágico em seu peito: a vida advém ao Golem do exterior, trata-se de uma matéria inerte colocada em movimento por um sortilégio.

Golem é uma estátua animada; ele reapresenta Galateia e Pigmalião, a arte interdita da vida artificial, a poeira insuflada. De modo diverso, Ciborgue prolonga o tempo de vida, ativa o stuff, une a natureza orgânica aos prolongamentos mecânicos. Por consequência, a questão de Ciborgue torna-se a da montagem de elementos naturais e artificiais, viventes e técnicos. A prótese ou o agenciamento, por meio do qual a máquina prolonga o organismo, não se deixa afastar da questão de Ciborgue, exceto para esvaziá-la do seu conteúdo e absorvê-la na figura do Golem ou da Vida Artificial.

2000.
Ciborgue Manchete de Capa

A especificidade de Ciborgue parece ser sua composição, sua conjugação, sua integração entre organismo e máquina que a figura do professor e estudioso inglês da área da cibernética, Kevin Warwick, conseguiu encarnar. Em fevereiro de 2000, Warwick foi capa da revista *Wired*: mangas da camisa levantada, uma radiografia revelando o chip escondido sob a superfície de sua pele. A legenda menciona: "Kevin Warwick, pioneiro da cibernética, melhora o corpo humano – a começar pelo seu." Em 2002, Warwick implanta um chip em seu próprio braço e consegue, assim, ativar um braço robótico à distância. Seu livro *I, Cyborg* (Eu, Ciborgue) começa por essas palavras: "Nasci humano. Esse fato se deu puramente pelas mãos do destino agindo em um lugar e tempo determinados. Mas se o destino me fez humano, ele também me deu o poder de não permanecer como fui concebido, a capacidade de modificar a mim mesmo, de melhorar a minha forma humana com o auxílio da tecnologia, de unir meu corpo diretamente ao silicone, de tornar-me Ciborgue – parte humano, parte máquina."[24] Porém, mais à frente em seu livro ele retoma essa definição de Ciborgue como homem-máquina e prefere dar-lhe a seguinte definição: "Parte animal, parte máquina, cujas capacidades são estendidas além dos limites normais."[25]

Tal definição descarta o referente humano ou ideia de que Ciborgue seria apenas um dispositivo de reparo de corpos destroçados. Ela nos remete à primeira figura histórica de Ciborgue: o rato de Clynes e Kline ou a lógica do animal atrelado ou amplificado, tornado capaz de operações que lhe eram anteriormente interditas[26]. Ciborgue surge como um dispositivo por meio do qual se produz novas criaturas, dotadas de capacidades (tanto morais quanto físicas) estendidas em relação ao espectro de produções naturais comuns. Ciborgue se encontra, portanto, fora dos limites normais e se põe a questão de sua harmonia, do seu equilíbrio e da sua coerência. Além disso, o fato de elela apresentar capacidades não produzidas pela natureza o(a) coloca em concorrência com os indivíduos naturais. Elela se inscreve na perspectiva da instrumentalidade, do prolongamento ou do complemento do animal pela máquina. Portanto, Ciborgue estende diferentes apêndices que o arrancam do seu próprio stuff e o deslocam de alguma forma: Ciborgue realiza a experiência de um stuff descentrado, elela se inscreve em uma rede, elela conectou-se. Por isso Bergson falava, em relação a esse tema – ainda que sem nomeá-lo –, de um necessário "suplemento de alma": se o ser vivo produz naturalmente órgãos exteriores que são instrumentos, estaria o organismo realmente equipado para conduzir tantos apêndices artificiais? Até onde o stuff pode se expandir sem que a pessoa se encontre ameaçada em sua integridade?

É sobre esse sonho de "suplemento de alma" ou de complemento harmoniosamente integrado que trabalha Kevin Warwick quando implanta chips em seu próprio braço e se torna parte de um sistema de máquinas que o reconhece e lhe responde como uma extensão do seu stuff. A implantação de chips no braço hoje em dia parece estar a um passo de tornar-se comum. O U.S. Food and Drug Administration deu a esse respeito sinal verde em 2004 para permitir aos doentes registrarem seu próprio dossiê médico nesse tipo de chip, e aos médicos de terem acesso a esse dossiê (VeriChip). Mas no caso de Warwick, o chip não estará presente simplesmente como um corpo estranho, como é o caso das balas de revólver que foram retiradas da carne de Jason Bourne e do implante que indica seu número de conta na Suíça[27]. Warwick aspira às "redes de área pessoal" (*personal area networks*): tal expressão perturba a identidade, ao reunir os conceitos de pessoa, rede e área. Onde se situa a pessoa, reduzida a não mais que um adjetivo? Ela parece radicalmente cortada da interioridade e distribuída no conjunto da rede ou da área. Se tal prática se generalizasse, seria possível conceber indivíduos em movimento, sempre conectados em todos os pontos do universo, mergulhados em um meio ambiente, ele mesmo, em evolução. Conforme tal visão, o stuff torna-se um simples canal em que a informação eletrônica pode se propagar ou se transmitir, ou ainda uma área de intercâmbio analisado pela literatura ciberpunk: stuff desviado ou sequestrado, ou infectado pelos vírus informáticos.

1985.
Ciborgue: Peça Bastarda do Circuito Integrado

Uma terceira definição importante foi oferecida por Donna Haraway em 1985. Extrapolando a ideia de um simples acoplamento entre um ser humano ou organismo e um aparelho eletrônico ou mecânico, Haraway reinterpreta a composição heterogênea que forma o núcleo definidor de Ciborgue na seguinte fórmula: "The identity of organisms embedded in a cybernetic information system." Como traduzir isso? O termo *embedded* é ambíguo de diversos modos: ele implica um enterramento, uma imersão, uma inscrição, um encerramento em um contexto; além disso, podemos perguntar quem ou o que é "inserido" no sistema de informação cibernética: trata-se de diferentes organismos que comporiam a identidade, ou trata-se da própria identidade? Dito de outra forma, deve-se escrever em francês "l'identité d'organismes insérée ou insérés dans un système d'information cybernétique" (a identidade de organismos inserida ou inseridos em um sistema de informação cibernética)? E por que colocar "organismo" no plural? Uma mesma identidade é comum a diferentes organismos? É preciso que nos lembremos aqui que um dos primeiros gestos de Clynes/Kline quando batizaram Ciborgue foi de querer erradicar todo traço de alteridade no organismo, ao suprimir, por exemplo, em primeiro lugar, a flora bacteriana ligada à função digestiva.

Seja como for, Ciborgue é, segundo Haraway, um compósito que se situa em uma interface entre realidade social e ficção, e que questiona as identidades. Falar de identidade não é mais somente se interrogar a respeito da pessoa ou acerca do sujeito; trata-se de compreender equivalências entre categorias que acreditava-se serem distintas. Ciborgue aparece no problema existente em duas fronteiras: aquela que separa o organismo animal do organismo humano; aquela que separa os autômatos (máquinas autocontroladas e autogovernadas) dos organismos (modelos da autonomia e da espontaneidade). O que permanece da espontaneidade depois que ela pode ser programada? Situada(o) na interface entre o automatismo e a autonomia, Ciborgue constitui uma figura ambígua: é um agente, de fato ativo, mas é também um paciente, produto de uma atividade que lhe vem de fora. Elela é um centro dinâmico e um campo de aplicação de forças. Elela é sujeito, isto é, senhor e escravo, pessoa e componente, agente e paciente. Ciborgue é paradoxo.

Uma outra fórmula importante de Haraway define Ciborgue como "cria ilegítima do militarismo e do capitalismo patriarcal". Trata-se, com isso, de reduzir Ciborgue a um produto do complexo militar-industrial – uma representação popularizada por RoboCop, dominado pelo conluio mafioso entre uma empresa e um governo? O adjetivo "ilegítimo" deve chamar nossa atenção, pois indica um ponto de fuga ou uma escapada. Ele faz de Ciborgue uma espécie de bastardo, um filho que não é reconhecido, que é condenado a um estatuto inferior, porque seus genitores não o identificam como um dos seus. Ciborgue chama assim nossa atenção para tudo o que o capitalismo engendra e rejeita, para o que ele não reconhece como seu e condena, portanto, a uma existência às margens, simultaneamente no sistema e fora dele. Se Ciborgue é um bastardo do sistema, nessa condição elela é ao mesmo tempo o produto natural e o fermento de uma crítica; o filho e o opróbrio. Ciborgue é *gomi*[28]; totalmente novo e já decrépito; a tal ponto pensado para um determinado fim que torna-se inútil muito rápido. Ciborgue confunde: não se sabe qual é a sua posição, e o eliminariam se pudessem fazer isso de modo apropriado.

Haraway também descreve Ciborgue como a "fusão ilegítima entre o animal e a máquina". É possível constatar a pertinência dessa fórmula? "Descendência ilegítima" ou, ainda, "híbrido", seriam termos apropriados para se falar de Ciborgue? Ciborgue não representaria, antes de tudo, a dissolução de oposições, o fim do estigma da indignidade?

Em seus primórdios, o termo "híbrido" designava as "mulas", ou seja, o produto de cruzamentos entre duas espécies distintas; depois o uso se estendeu até designar qualquer coisa derivada de origens heterogêneas ou composta de elementos emprestados de origens distintas. O fato de que, no Híbrido, alguma coisa "coxeia", evoca, dessa maneira, uma certa incongruência entre os seus constituintes. Híbrido, não natural, "fora do prumo": necessariamente desarmônico, condenado a uma morte precoce. As flores dos jardins, as bestas ou as aves, os seres domésticos em geral passam, com frequência, pelas monstruosidades produzidas pelas mãos humanas e condenadas a um fim prematuro: sua

A reprodução no seio do matrimônio e a geração fora do casamento [1905]. A figura das duas cegonhas contrasta o arranjo adequado do par de filhos legítimos e consagrados, bem-arrumados e asseados, a Ciborgue como o pirralho desdentado e desgrenhado, rebento de amores ilegítimos.

reversão à natureza. Espécies malditas em muitos sentidos. Hoje em dia, Híbrido cobre um espectro bastante amplo de significações, permitindo múltiplas e diversas aplicações, porém com um baixo benefício semântico: se tudo e não importa o que pode ser chamado de "híbrido", a substância "híbrida" torna-se evanescente. Pois bem, uma criatura que fosse híbrida entre o masculino e o feminino, entre a humanidade e a bestialidade, entre a vida e a morte, entre o orgânico e o inorgânico, entre o individual e o coletivo, ainda seria "híbrida"? Todos os componentes nesse caso estariam mesclados de tal modo que se tornariam impossíveis de serem identificados. Darwin sugere que no híbrido duas naturezas separadas se confundem, são misturadas (*blended together*), se bem que aquilo que marca o híbrido não é mais tanto a sua composição indiscernível quanto a sua condição fragilizada e inferiorizada: condenada à esterilidade e à desaparição. De todo modo, qualificar "híbrido" é pressupor a existência de um estado "não híbrido" ou "puro", requalificando indiretamente o híbrido como impuro, degradado moralmente e degenerado fisicamente. Híbrido indica uma vocação a desaparecer.

Compreende-se em qual sentido isso se aplica a Ciborgue. Ganharíamos, todavia, se pensássemos na heterogeneidade que elela representa independentemente de toda referência a essa noção de pureza, e se tomássemos o caráter compositivo não como um resultado obtido pela hibridação de linhagens puras, mas como um dado primeiro, do qual não teríamos de questionar a origem. Isso é o que de fato importa: não há que se explicar Ciborgue ao se descrever seu processo de emergência ou a etapa que precede a "cópula" – quase poderíamos falar de "acoplamento" ou de "cruzamento" –, as duas naturezas distintas antes que elas tenham produzido uma forma "híbrida" – quase um bastardo biológico.

Afastando-se assim da definição de Ciborgue como "descendente ilegítimo" (*illegitimate offspring*), definição dada por Haraway, Jennifer Gonzáles nos propõe pensar Ciborgue ao mesmo tempo como "o que sempre fomos – independente de nossa 'procriação'" (*regardless of our* "breeding") – e como "tão legítimo quanto qualquer um"[29].

De fato, a ilegitimidade de Ciborgue é, conforme Haraway, o que lhe confere o seu poder contestatário e o seu estatuto de porta-estandarte minoritário. Elela é uma criação vacilante, que surge em uma estrutura e a perturba por causa de sua necessária inadequação e inadaptação. Ciborgue só faz sentido para, em um mundo que exige claras divisões e que busca a pureza, significar a inanidade das próprias categorias a partir das quais o analisam e o instituem. Assim, Ciborgue se forma como "andrógino", "tecnociência" ou "naturocultura" pela coagulação de dois opostos. Essa operação de aglomeração de contrários tem vários significados ou origens: trata-se de uma maneira de formar mistos por meio de colisão aglutinante; é uma maneira de compor tudo conservando uma tensão constitutiva; mas é também a própria maneira por meio da qual se exprime o tecnocapitalismo mais predatório, ávido por tais neologismos ("Gentech"). De modo que quando Ciborgue torna-se um instrumento desgastado, recuperado pela "technohype"[30] e sufocado pelo burburinho de comentários, Haraway abandona Ciborgue e lança mão de outro objeto, de uma outra arma para prosseguir o combate: Espécies Companheiras, das quais dá testemunho a história comum entre Humanos e Caninos. Se, em matéria de hibridez e de composição de contrários mal agenciada, uma cadela, Miss Cayenne Pepper, representa tão bem esse caso, será que deveríamos dizer que Ciborgue não é senão um prisma para revelar o banal? Em todo caso, isso mostra que a operação Ciborgue nos leva bem além da cibernética e de sua história. Haraway declara que Ciborgue é "nossa ontologia". É preciso, antes de tudo, entendê-lo(a) como a descrição de nossa condição – não mais "Humana", mas Ciborgue. Ciborgue não é um porvir do humano, uma forma ainda inexistente e que aguarda ser inventada ou produzida. As reflexões feministas acerca de Ciborgue nos convidam ao contrário a partir da afirmação primeira e radical de que Ciborgue é a denominação do intrincado paritário e em ato de todas as coisas e sobretudo de formas que acabamos por ter o costume de pensar separadas e desiguais: humano/animal; organismo/máquina; vivo/morto. Ciborgue torna-se aqui sinônimo de ontologia em seu sentido rigoroso: elela oferece um novo vocabulário para descrever o conjunto de entidades com as quais cruzamos neste planeta – e este planeta é, ele mesmo, Ciborgue, inerte/vivo.

prólogo

Desse ponto de vista, as figuras hollywoodianas de Ciborgue, ou aquelas que habitam os mangás, são monstros no sentido que Francis Bacon deu ao termo: casos extraordinários – relativamente raros e quase mitológicos – que nos revelam o funcionamento do ordinário, do "normal" no sentido estatístico de caso mais frequente ou geral. Enquanto a teologia se espanta ou se maravilha com os monstros, os filósofos se apropriam deles para colocar questões: estas se apoderam deles como de um prisma que libera o espectro de cores contido na luz branca. O monstro questiona o natural. O fato de duas crianças nascerem coladas uma na outra, com dois troncos mas uma única bacia e um único par de pernas, nos permite saber com um pouco mais de profundidade sobre a formação do embrião. Os monstros são como que reveladores, dispositivos que nos permitem ver ou que tornam aparente o que geralmente está envolto nos véus do hábito. Da mesma forma, Drags (*drag-queens* e *drag-kings*) não encarnam uma performance extraordinária, mas revelam que o coração ordinário da vida social está na performance. Como Drag, Homem e Mulher performam. Sob a ficção da naturalidade dos sexos, é sempre a mesma comédia do gênero que se interpreta, uma perpétua paródia, sem que para tanto haja um original a se parodiar[31]. Pode-se dizer, da mesma maneira, que Ciborgue nos permite repensar o indivíduo ao abandonar todo o "naturalismo" e ao considerar o quanto o indivíduo é indissociavelmente constituído de organismo e de técnica, de natureza e de artificial, sem que possamos determinar o que realça de um e de outro.

Encarnando assim uma interface, Ciborgue se vê investido de virtudes filosóficas cujo objetivo é permitir pensar a identidade: por um lado, sem referir-se a qualquer natureza que se mostraria não tecnológica e não problemática; por outro, deixando de confrontar a identidade às grades de análises que funcionam como tantas designações: de uma espécie, de um sexo, de uma raça – todas concebidas como essências e destinos. Nesse sentido, não há de se estudar Ciborgue como um objeto caracterizado por sua alteridade, que notadamente se oporia aos "humanos" e que se localizaria em alguma parte no intervalo entre máquina e organismo. Estudá-"lo", isso significaria fixar sua identidade assentando-a em uma alteridade não absorvível. Esta portanto voltaria a fixar-se em uma distinção entre Elas e Nós, vetor potencial de opressão e sinônimo de exploração.

★
★ ★

O perímetro deste estudo está bem circunscrito: trata-se de descrever a performance ou a operação Ciborgue na filosofia. Ciborgue não oferece aqui um caminho a se seguir, cheio de promessas (o "pós-humano"), mas uma ontologia. Ciborgue é a descrição de nossa condição sob a forma geral da Ferramenta ou da Prótese. Porém, em um sentido mais metafísico, Ciborgue indica um modo de lidar com pares de opostos que infestam nosso pensamento. Através da figura de Ciborgue, um gesto é amplificado, como em uma câmara de ecos: Ciborgue esvazia a razão das dicotomias, propondo, explorando e efetuando uma maneira de se alcançar o 2 em 1 – aliança e tensão. Ciborgue, cibernético e organismo, os dois ao mesmo tempo sem ser um nem outro, é a denominação do encaixe claudicante de contrários, de sua colisão aglutinante. Desse ponto de vista, a abordagem cibernética não poderia ver a si própria conceder-se qualquer privilégio acima da perspectiva orgânica, já que Ciborgue existe tanto em uma como em outra ao mesmo tempo, e isso de modo quase que indissociável. Ciborgue pensa contra os dualismos, isto é, com eles e por eles.

Na história das ideias, Ciborgue tomou a forma da hibridação ou do "descendente ilegítimo" de Georges Canguilhem e de Donna Haraway. É possível nos distrairmos com o lindo retrato de família *ad usum Academicorum* (conforme o uso acadêmico) que situa Ciborgue no meio, entre um padrinho e uma madrinha, duas figuras tutelares ou dois santos padroeiros, que nada

prólogo

fizeram para engendrar Ciborgue, mas que poderiam abrigar elela sob suas asas. Essa impostura de colocar sob tutela não engana ninguém, pois como ignorar que Ciborgue não surge na filosofia ou na universidade, mas que, em vez disso, trilha por zonas podres, comprometendo-se na polução fecunda dos blockbusters e dos mangás. Através dessa figura se abre uma questão ou um paradoxo: como uma figura produzida no século XX pelo complexo militar-industrial, amplificada pela indústria cultural hollywoodiana, transpirando a neofordismo e a ideologia neoliberal reagan-thatcheriana, pode encontrar-se investida, no século XXI, em práticas de emancipação? Como Ciborgue, criação dos militares, pode servir para descrever as práticas ou a condição das minorias?

Como se dedica a uma reflexão sobre o dualismo, este livro é dividido em duas partes, organizando-se em torno de uma tensão (coração/membro; centro/periferia). Mas, como é conveniente da mesma forma, sua leitura pode ser tomada em não importa qual trecho, podendo ser iniciada no meio se assim o desejarem. Pois de modo algum o começo dirige o fim e, em muitos casos, o que se produz nas margens prevalecerá sobre o que é dito no centro. Por precaução, guarnecemos ou provemos este volume de notas de roda pé, que de forma alguma são esclarecimentos, mas, antes, alguns frágeis suportes sem os quais podemos muito bem prosseguir na leitura, a menos que, ao contrário, almejem multiplicá-los ou orientá-los segundo suas inclinações ou sua própria cartografia. Além disso, encontra-se nesta obra uma bibliografia, à guisa de quadro de orientação provisória, que desenha trajetórias e isola alguns fios na trama.

CIBORGUE E A ORGANOLOGIA GERAL

Durante muito tempo a máquina serviu de modelo para se compreender e explicar o organismo. Nesse panorama, há a primazia do autômato: a máquina, ainda é o pato de Jacques de Vaucanson ou a tocadora de tímpano de Peter Kintzing e David Roentgen. Para esses herdeiros de René Descartes e de Giovanni Alfonso Borelli, pensar as relações entre a máquina e o organismo significa perguntar se o coração funciona como uma bomba ou um fole, ou corresponde a saber se a contração dos músculos pode se tornar inteligível por meio de uma composição de pesos e polias. Esse primado do automatismo para se pensar as máquinas foi contestado. Gilbert Simondon demonstrou que o automatismo – apresentado como o *nec plus ultra* –, levando à constituição de uma "máquina de todas as máquinas", corresponde, com efeito, "a um baixíssimo grau de perfeição técnica": o automatismo exige o sacrifício de diversas "possibilidades de funcionamento", enquanto o inverso disso aponta que "o verdadeiro aperfeiçoamento das máquinas, aquele do qual se pode dizer que eleva o grau de tecnicidade, corresponde não a uma ampliação do automatismo, mas, ao contrário, ao fato de que o funcionamento de uma máquina esconde uma certa margem de indeterminação"[1]. Assim, o automatismo possuiria um significado econômico ou social – sob a forma do automatismo industrial – mais do que uma real importância técnica. O robô como uma mãozinha oferecida para servir à burguesia, aparando a grama no domingo ou passando roupa, não é a forma última da máquina: é, antes, uma prótese mecânica que se exibe como tal, não sem uma certa rigidez nos movimentos e ruídos de parafusos e molas, permitindo a realização de funções determinadas – "a projeção de uma funcionalidade contínua e visível"[2].

Por outro lado, as análises de Georges Canguilhem propuseram inverter as relações entre máquina e organismo[3]. Com Canguilhem, uma nova mitologia ciborguiana se desenvolve, à qual ele nomeia "organologia geral". Não são os organismos que são máquinas elaboradas com *finesse*, sabedoria e economia por um artífice divino; a técnica é que é um órgão, a busca da vida por outros meios. A técnica se inscreve no prolongamento de uma atividade vital que não é limitada ao humano, as ferramentas são os órgãos e, como tal, nós as encontramos em todo organismo.

Antes de Canguilhem, Bergson notou que os seres vivos sempre operaram diferentes estratégias no curso da evolução: glândulas e órgãos – entre os quais o cérebro desempenha um papel à parte – e diferentes ferramentas assimilam a linguagem e a inteligência. Bergson descreve a evolução como uma corrida a armamentos, em que a concha se faz couraça, proteção contra o predador. Do mesmo modo, o humano é requalificado como *Homo faber* e a produção de instrumentos ou de utensílios é analisada como uma tática de sobrevivência. O desenvolvimento técnico está assim situado no prolongamento da evolução: a inteligência foi selecionada porque ela é útil à sobrevivência e produz instrumentos que, por sua vez, são vantajosos[4]. Se Bergson propõe uma "organologia geral", é porque esses novos instrumentos trabalham como órgãos; eles são simplesmente órgãos externos. Dessa forma, o pulgão é um órgão de produção de sucos para a formiga. Os icneumonídeos, que Darwin citava frequentemente como prova de que nenhum Deus sábio e bondoso foi cuidadoso com a natureza, são insetos que depositam seus ovos no corpo de uma lagarta que as larvas utilizam, após a eclosão, como despensa de alimentos, devorando-a por dentro. A lagarta é para elas como um órgão externo, indispensável ao desenvolvimento do organismo. Além dos organismos que parasitam, os animais dispõe igualmente de um conjunto de ferramentas complexo e mobilizam seu meio ambiente de várias maneiras. Dessa maneira, há um artesanato e até mesmo uma arquitetura animal; artes da tecelagem e da alvenaria, artes da decoração nos pássaros jardineiros[5].

Se seguirmos a análise oferecida por Ernst Kapp, teremos que os instrumentos fabricados não são mais que órgãos projetados, reduplicações de nossos órgãos nativos, aqueles com os quais nascemos: a tigela é apenas a projeção das mãos, um duplo das mãos[6]. Mas podemos ir além dessa concepção e ter em mente que os utensílios constituem realmente novos órgãos que não possuem nenhum equivalente no corpo nativo. Em todo caso, a organologia geral parece estabelecer uma estrita equivalência entre os dois tipos de órgãos interiores/exteriores, próximos/distantes, ou nativos/adquiridos. Isso significa que as ferramentas (incluindo aqui a ciência, a linguagem e a inteligência) são órgãos, isto é, instrumentos de sobrevivência, da mesma maneira que o fígado, a mão ou o cérebro. São simplesmente, por oposição aos órgãos "internos" descritos pela anatomia, órgãos de um outro gênero – mais "externos", mais "abstratos", ou mais "artificiais" que os órgãos "internos". Um órgão pode ser, seja ele externo ou interno, seja nativo (que nasceu conosco) ou adquirido no decorrer da existência, transplantado de maneira definitiva ou apenas emprestado provisoriamente. Ciência, linguagem ou máquinas são "órgãos", porque são produtos de uma atividade vital, que permitem realizar determinadas ações com vistas a certos fins.

Essa lógica dos órgãos prolongados se presta a duas leituras: mobilidade ampliada ou paralisia. Por um lado, Ciborgue é o nome do organismo equipado para a viagem no espaço. Os "órgãos" externos permitem uma melhor inserção do sujeito em diferentes meios e contribuem à sua sobrevivência ao lhe permitir prover suas funções vitais sem pensar nelas, e isso em diversos mundos. Por outro lado, Ciborgue torna-se o nome de um centro vital de onde tudo irradia: o organismo então não é mais que um núcleo de energia e de vontade que comanda ferramentas agindo para ele de uma maior ou menor distância. Nesse caso, Ciborgue destina uma determinada posição ao organismo: à mesa de comando ou no leme. Finalmente, a delegação de função do organismo à máquina paralisa. Essa paralisia é ilustrada no motivo do "cérebro em um tanque", em que o orgânico torna-se aquilo que podemos exceder; o centro de atividade se reduz ao cérebro, primeiro motor estacionário, e tudo aquilo que não faz parte do princípio de impulsão é suscetível de ser suprimido; assim, todo o stuff não é mais que um mediador "dispensável" para o coração de uma rede que intervém por derrogação ao próximo ou ao longínquo. Mas a paralisia se experimenta igualmente no quadro do organismo submetido ao trabalho em cadeia e aos ritmos do taylorismo. A mecanização é a segunda vertente do organismo capturado pelos sistemas técnicos, fixado em uma posição determinada e limitado a alguns gestos rudimentares, comandados pelo sistema.

Canguilhem de fato tenta minimizar o pesadelo tayloriano ao mostrar que a máquina teve que, no fim das contas, adotar as cadências do organismo, se ajustar ao corpo. Mas em seu esforço para pensar a máquina em sua origem ou construção, ele termina por negligenciar aspectos importantes da máquina, tais como o fato de ela ser acionada por pessoas que não a construíram: a relação de uma engenheira, de uma artesã e daquelas pessoas que se dedicam à bricolagem com a máquina que ela inventa não esgota todos os modos de se relacionar com a máquina. O artigo de Clynes/Kline manifestava muito bem tais ambiguidades: claro, Ciborgue para eles se propulsava no espaço, mas apenas na imobilidade, na anestesia, no sono, no confinamento à extensão reduzida da capsula espacial; somente na dependência absoluta a um sistema de regulação e de controle.

Visto que, nas palavras de Canguilhem: "Uma ferramenta, uma máquina são órgãos, e órgãos são ferramentas ou máquinas"[7], essa identificação ou equivalência entre a máquina e o organismo exige ser esclarecida. Ian Hacking a compreende do seguinte modo: "as ferramentas e as máquinas são extensões do corpo; elas fazem parte da vida"; as máquinas são "extensões da vida, da vitalidade, do viver" (*extensions of life, of vitality, of living*); elas intensificam a vida, a expandem, mas também podem ameaçá-la[8]. Ali onde Canguilhem se propunha a afastar a ideia de uma assimilação do organismo à máquina, Hacking inflete esse resultado no sentido de uma indiferenciação em sentido inverso: como se as máquinas pudessem ser assimiladas pelos organismos. É nesse sentido que Hacking apresenta Canguilhem como o improvável descendente de René Descartes, para quem as máquinas são "artificiais e também naturais", e de Donna Haraway, que "turva" a distinção entre máquina e organismo.

Porém, uma vez mais perguntamos: o que significa assimilar máquinas e organismos? Hacking registra todos os sinais de resistência à indiferenciação: nenhuma filosofia conseguiu nos convencer, resistimos a toda concepção que tende a apagar, a tornar obscura a fronteira entre a máquina e a vida, nos recusamos a apagar a diferença entre o mecanismo e o organismo. A propósito dessa recusa persistente, inconsciente, em ver a distinção máquina/organismo perder a nitidez, Hacking nos remete a trabalhos de psicologia desenvolvimental segundo os quais as crianças de nossas sociedades são capazes de estabelecer a diferença entre artefatos e seres vivos em uma idade bem precoce – como se o cérebro humano dispusesse de um módulo para realizar essa operação desde a idade de três anos. Não obstante nossa dificuldade (ao menos psicológica) em pensar essa aproximação, Hacking se propõe a aprofundar a aproximação entre máquina e organismo.

Ele faz o teste do pensamento do casal, cujos dois polos formam ao mesmo tempo entidades pertinentes e impertinentes, que ganham tanto ao pensar juntos quanto separados.

Canguilhem igualmente se esforçou para aproximar o conceito de organismo do de máquina ao modificar a maneira de pensar a relação entre os dois no que diz respeito à finalidade. Tradicionalmente, ou seja, conforme uma visão kantiana muito difundida, o organismo era pensado como um domínio onde reinava a finalidade – uma "finalidade sem fim", conforme a expressão kantiana; ao inverso, o mecanismo era julgado, conforme concepção cartesiana do mesmo modo largamente disseminada, como o domínio das causas eficientes, donde as causas finais seriam excluídas. Canguilhem modificou isso de modo considerável. Por um lado, lembrou que a máquina estava finalizada do início ao fim. Por outro, segundo as próprias palavras de Hacking, ele "conectou intimamente a teleologia e a vida", mas seguindo relações particulares: "Sua teleologia não explica a existência de organismos por seus propósitos (*purposes*); porém trata-se de uma teleologia segundo a qual só podemos compreender um aspecto de um organismo, ou de um órgão, ao considerar por que o aspecto ou o órgão foi efetuado (*what the aspect or organ was for*), a qual propósito (*purpose*) ele serviu, seja na vida ou na preservação do organismo, seja na vida ou na preservação de sua espécie."[9]

Essa abordagem "vitalista" das técnicas, que as inscreve no horizonte vital de sua origem, se presta a numerosas críticas: antes de mais nada, o uso finalizado da máquina, pelo qual um indivíduo se relaciona com um dispositivo útil, é parcialmente cego à distribuição econômica do acesso às máquinas; em seguida, relacionar as máquinas a um centro vital volta a recusar-lhe qualquer mundo próprio; por fim, essa abordagem focaliza a relação das máquinas com um organismo biológico (frequentemente humano), enquanto é a um corpo social mais geral que seria necessário relacioná-las[10].

Ciborgue e Organorg

Dizem, por vezes, que Canguilhem levou em conta a cibernética: na verdade, se ele evoca os autômatos e os servomecanismos, não parece realmente mensurar o que está em jogo nisso. Ao contrário, temos a impressão de que ele considerou que a cibernética não modificava a direção da relação humano/máquina: o ser vivo, e mesmo o ser humano, permanece sempre a fonte ou a origem[11]. Em todos os pontos, o texto de Canguilhem se recusa a fazer referência à independência das máquinas ou a considerar a máquina como "outro": ela é um produto da história da vida (notadamente humana) e nada além disso. Propomos chamar "Organorg" o conjunto máquina-organismo pensado como uma ferramenta ao mesmo tempo externa e interna, sem carnificina ou amputação, um organismo equipado, dotado de novos órgãos. Organorg designa a maneira canguilhemiana em que um organismo vivo se prolonga em ferramenta ou em artefatos (*organon* em grego), designa todo organismo equipado, como um rato dotado de uma bomba de insulina ou como um trabalhador munido de martelo. Em Organorg, a ferramenta não é necessariamente "enxertada", inserida no organismo de maneira violenta e através de cirurgia; seu cabeamento é simplesmente concebido como uma interface, uma relação simples com um órgão ao mesmo tempo externo e totalmente integrado. Às vezes Organorg é pleno de graça – a piloto de moto ou a condutora de bólido, que se tornam uma só com suas máquinas: elas compõem as figuras de centauros modernos[12]. Porém, às vezes Organorg é coxo e arrasta a perna: o passageiro doente no carro, o indivíduo que tem óculos defeituosos. Organorg às vezes parece bem-sucedido, pleno de graça, antes de se esborrachar: o carro que tem o som das rodas como música no início de *A Liberdade É Azul*, de Krzysztof Kieslowski. Em um sentido, Organorg é apenas o organismo no espectro estendido da organologia geral, o organismo em sua capacidade de se prolongar por meio de um artefato com o qual ele produz stuff. Aliás, é preciso notar que o órgão externo é realmente percebido como uma extensão do "eu". Baudrillard constatava assim que a condutora de um automóvel pode dizer "meus freios, meu para-lama, meu volante". Ter em conta o carro é o mesmo que ter em mente a pessoa, que aliás diz: "eu freio, eu manobro, eu dou a partida"; enquanto, ao contrário, a cavaleira jamais se apropria dos movimentos e das reações de sua montaria[13]. Aqui, compreende-se bem que a filosofia de Canguilhem foi formulada para pensar o Organorg: o indivíduo-centro, coração da motricidade e alma do conjunto, o que não é o caso, é evidente, quando a "ferramenta" é orgânica. Dizem sempre "meu cavalo, minha mulher, meu escravo", mas a apropriação só chega até aí. Como escreve Baudrillard: "Diante de um ser vivo, pode-se dizer MEU, mas não se pode dizer EU, como é feito quando nos apropriamos das funções e dos órgãos do automóvel."[14]

Organorg está em toda parte: cada humano equipado ou vestido, até mesmo todo e qualquer ser humano "tout court" já é, de alguma maneira, Organorg. Perante o império de Organorg, Ciborgue torna-se o nome próprio do cabeamento intrusivo e invasivo tal como o encontramos na maioria das vezes na ficção (*RoboCop, O Exterminador do Futuro, eXistenZ*). Correlativamente, Ciborgue e Organorg não têm a mesma leitura com relação à tecnologia. Ciborgue mobiliza fantasias de técnicas radicalmente novas e notadamente de intervenções do tipo nano-biotecnologia cujas implicações possuem um caráter novo. Organorg antes se apresenta como um episódio a mais na história das técnicas: é apenas o prolongamento de um processo iniciado há muito tempo – por exemplo, com a linguagem, com os instrumentos feitos de ossos ou de pedra talhada, ou com o uso da fermentação alcoólica para a vinificação.

Por tudo isso, podemos considerar válida essa distinção Ciborgue/Organorg? A organologia tomada em seu sentido mais geral sugere abolir a diferença entre conceitos tais como máquina e organismo. É assim que Canguilhem-Organorg incita a concebermos as máquinas como simples órgãos externos submetidos ao império de um centro vital. Ele remete a máquina ao organismo, colocando a primeira na estrita dependência do segundo; as máquinas são somente meios colocados a serviço de uma espécie em sua estratégia de sobrevivência em seu meio ambiente. Mas ali onde Organorg designa o ser vivo equipado, o organismo cujos órgãos internos são prolongados, sem costura, pelos órgãos externos amovíveis, Ciborgue pergunta se uma tal dicotomia interno/externo é defensável. Em que medida a ferramenta, que completa tão bem o órgão, não tende a se enxertar no organismo, e em que medida o organismo, ele próprio, não aspira a integrar instrumentos que se tornam indispensáveis a ele? Finalmente, o que pode de fato ser chamado de amovível?

Amiúde considera-se Ciborgue um indivíduo animado por um estimulador cardíaco ou por uma bomba de insulina. O dispositivo lhe permite viver ao impedir a manifestação da dor ou ao atenuar as insuficiências do organismo. Porém, ao mesmo tempo, a inserção da máquina no corpo indica uma intrusão pela qual o corpo é como que anexado a um regime de regulação que o excede; ele parece renunciar a uma parte de sua autonomia para entrar em um regime de dependência à técnica. Repensar Ciborgue em termos de Organorg, significa que os seres humanos há muito tempo integraram técnicas neles próprios, em seus óculos, em suas vestes, em suas palavras – que nunca são naturais, brutos, externos à técnica. Em suma, Ciborgue não é um objeto futurista; a composição entre organismo e máquina, ou ainda entre o humano e a técnica, já existe. Em outras palavras, a maldição de Ícaro é revogada, a violação infligida a RoboCop é afastada, e a angústia ligada à intrusão da Bioporta, superada[15]. Ciborgue, uma vez que seus contornos são retraçados (ou esmaecidos) em Organorg, não é mais que um novo nome para designar a instrumentação ou o recurso às ferramentas, tendo como cláusula adicional um certo tipo de inserção da ferramenta no organismo – não por meio de enxerto mas através de uma composição individuada. Organorg é o resultado de uma longa tradição de instrumentos e de toda uma cultura de objetos que podemos reinterpretar como meios de melhorar suas performances e complementar suas faculdades. Organorg (organismos com instrumentos externos integrados) certamente surge como um novo composto altamente individuado, contudo esse novo indivíduo se encontra provido de um conjunto de dispositivos (os cinco sentidos orgânicos ou diferentes instrumentos perceptivos que lhe fornecem diversos dados dos quais ele poderia fazer uso: visão infravermelha, percepção de ultrassons etc.) que contribuem para a sua conservação como indivíduo. O indivíduo exige, para realizar seu objetivo (sobreviver), que se opere uma triagem normativa em seu meio, uma valorização do seu meio ambiente.

Até onde, portanto, podemos, manter a distinção Ciborgue/Organorg? Como ocorre com qualquer par, a distinção se sustenta e desmorona ao mesmo tempo. Se almejarmos aproximá-los, lembraremos que Ciborgue, tal como concebido por Clynes/Kline, tem pretensões extremamente modestas. Caso se acredite neles, trata-se de um simples dispositivo que não modifica o humano mais do que o fato de se ler um livro ou de se conduzir uma bicicleta. Em particular, a identidade sexual de Ciborgue não é alterada: elela permanece homem ou mulher. No entanto, somos obrigados a constatar que ao passar do laboratório experimental à filosofia e à ficção, Ciborgue de alguma maneira tem escapado dos seus criadores: necessariamente, as criaturas tornam-se selvagens.

A organologia geral, a equivalência ente órgãos e ferramentas parece negar que os órgãos externos sejam de uma natureza totalmente diferente daquela dos órgãos internos. Ora, o imaginário de Ciborgue se apega precisamente ao fato de, longe de poder se enxertar em nosso corpo orgânico como prolongamentos naturais, os órgãos externos parecerem, ao contrário disso, tender a conseguir cada vez mais sua autonomia, até se apossarem do controle dos organismos que os produzem. Lá onde Organorg pensa a naturalidade de um prolongamento, Ciborgue pensa a violência de um enxerto entre heterogêneos e de relações de parasitismo, até mesmo de predação mútua. Se *RoboCop* ilustra o caso de um corpo propriamente "tomado" pela máquina e, através dela, anexado pelo capitalismo industrial, *O Exterminador do Futuro* ou *Matrix* invertem a dependência da máquina e do organismo: as máquinas também aspiram controlar os organismos e utilizá-los em seu proveito. A possibilidade mesma que Canguilhem-Organorg recusava levar em conta – a independência da máquina e dos seus fins próprios em relação aos organismos que a produzem – torna-se realidade: o organismo torna-se o órgão externo da máquina autônoma. E se, para uma filosofia da técnica, o autômato sem dúvida constitui apenas uma forma bem pobre de máquina, ele permanece, contudo, central para uma "cibergologia", pois sua autonomia é aquela que o torna semelhante aos organismos, no lugar de permitir-lhe igualar-se a eles.

Essa "autonomia" é, que se compreenda bem, totalmente relativa: será sempre preciso trocas de matéria e de energia com o meio; sempre será necessário proceder operações de manutenção e de reparação, sob pena de se ver o indivíduo se desativar. Porém isso é tanto verdade para o organismo como para a máquina. Pode-se então propôr uma ecologia expandida, que inverte a perspectiva antropo ou zoocêntrica proposta por Canguilhem-Organorg: as máquinas são um centro dinâmico provido de interesses, e o organismo é apenas um meio para elas de produzir mais máquinas. Isso equivale a dizer que as máquinas adotaram um modo de reprodução simbiótica em que o ser vivo, mas também outras máquinas, são integrados como elementos do seu ciclo de reprodução. Assim, as ficções de Ciborgue, rejeitando em um mesmo gesto o modelo cartesiano do Organismo-Máquina e Canguilhem-Organorg, sugerem que pensemos não os organismos como máquinas nem as máquinas como órgãos (externos), mas as máquinas como organismos[16].

Se conduzirmos a lógica ao seu termo, Organorg ou a organologia geral opera em duas consequências: por um lado, a tese canguilhemiana de uma equivalência entre máquina e órgão não chega a levantar a objeção do ressentimento fenomenológico segundo a qual Ciborgue seria um atentado contra a integridade, uma intrusão técnica no organismo conduzindo a uma perda do que é percebido ou vivido como "autonomia"; por outro, a máquina surge não mais como um órgão, mas realmente como um organismo, lutando pela sua própria sobrevivência, independente dos organismos que lhe deram à luz. Desse modo, se de fato há uma equivalência entre máquina e organismo, isso não se dá mais em nome da dependência do primeiro ao segundo, mas porque todos estão em competição e em relação uns com os outros para conceder a si os recursos limitados disponíveis – em especial, a energia. Tanto as máquinas como os organismos são entidades autopoiéticas que intervêm no ecossistema onde elas se envolvem para mobilizar recursos e gerar poluentes, ou seja, transformam seu meio ambiente através de remoção, rejeição e descarte, em suma, intervêm no ecossistema onde estão presas nos ciclos predador/presa e em relações de dependência mútua.

Modalidades do Agenciamento

Durante muito tempo acreditou-se que, diferente de uma ferramenta qualquer, Ciborgue exigia um cabeamento da máquina ao organismo. Ora, parece ter havido dificuldades técnicas insuperáveis para a realização desse cabeamento, devolvendo Ciborgue irrevogavelmente ao espaço da ficção irrealizável. Mas o cabeamento carbono/silício é necessário de fato? A moletrônica (Eletrônica Molecular), ao abandonar o silício, entra com os dois pés em áreas biológicas para desenvolver o princípio de uma nova eletrônica. Sobretudo a palavra "cabeamento" durante muito tempo encobriu a possibilidade do agenciamento. É possível assim acusar RoboCop de ser uma representação grosseira do que pode ser Ciborgue, em particular, porque ela supõe que a articulação entre o organismo e a técnica repousa sempre na ablação, a técnica suprimindo o orgânico ao substituí-lo. É por isso que Ciborgue se transforma em Organorg: para conjurar a cena primitiva sanguinolenta que coloca a mutilação sofrida no fundamento da história. A comunicação magnética permite esvaziar o horror gótico ligado à obsessão do compósito. Todavia, ao traduzir Ciborgue em Organorg, faz-se passar o tema de uma incorporação da máquina no corpo para um tema comum: se Ciborgue é pós-humano, Organorg está presente na história da humanidade desde há muito tempo. Organorg significa que máquina e organismo podem coincidir e formar compostos individuados. Se a roda é um prolongamento das pernas, se o uso de vestimentas (ou de um par de óculos) é uma maneira de completar o organismo ao dotá-lo de todo um equipamento que lhe faz falta, então Ciborgue se encontra inscrito na história humana de longa duração: Organorg arranca Ciborgue da ficção científica para inscrevê-lo no domínio do possível e do realizável. Organorg é Ciborgue realizado.

A possibilidade mais evidente para o desenvolvimento de Ciborgue/Organorg consistiria, portanto, em empregar um capacete que, colocado sobre o stuff, serviria para melhorar a análise das situações: ele captaria sinais que escapam dos sentidos comuns, traduziria mensagens diversas formuladas em outras línguas ou enviadas de modo criptografado através de ondas, e poderia sugerir soluções adequadas. Tal concepção corresponde perfeitamente ao que seria Ciborgue no mundo atual, sem necessariamente recorrer ao pós- ou transumano. Organorg desenvolve uma estratégia retórica que consiste em esvaziar Ciborgue de sua radicalidade para aumentar a aceitabilidade pública em relação a elela[17]. Não tenhamos medo de Ciborgue: longe de ser uma promessa transumanista, elela seria por fim apenas um epifenômeno prolongando, sem rupturas, a atividade técnica plurissecular fundadora do processo de hominização do ser humano. Reciprocamente, isso se aplica do mesmo modo para fazer do transumanismo uma forte tendência da história da humanidade desde o uso do sílex e da pedra polida. Aqui se encontra, portanto, a organologia geral e o *Homo faber*. De onde talvez surja o tema da invisibilidade relativa de Ciborgue; finalmente, elela já está entre nós e não tem nada de excepcional. Quando a polícia encontra o Exterminador do Futuro, ela se recusa a levar em conta a hipótese de se tratar de um verdadeiro Ciborgue e pensa em um indivíduo comum que simplesmente recorre a uma proteção exterior do tipo exoesqueleto. Portanto, a polícia só consegue imaginar como possível estar diante do Organorg, o humano equipado: a ideia de Ciborgue pós-humano ou radicalmente a- ou anti-humano (robótico, que é do que se trata o Exterminador) não lhe parece admissível. Eis aí uma atitude largamente difundida. No caso de uma distinção nítida entre Ciborgue (organismo cabeado e potencialmente suprimido) e Organorg (organismo com instrumentos exteriores integrados), alinha-se Ciborgue entre as fantasias e Organorg no campo da ciência (ou da técnica).

Podemos, todavia, nos perguntar o que é uma ferramenta ou um instrumento. A categoria ferramenta inclui tantas coisas diferentes e conhece uma tal extensão que compreende igualmente instrumentos incorporados, o que pode, em determinado prazo, tornar caduca a distinção "rigorosa", ou *clear-cut* (nítida), que opõe instrumentos externos (Organorg) em relação aos integrados ou cabeados (Ciborgue). As próteses interativas, infletindo suas reações em função de circunstâncias ou dados fornecidos pelo organismo, formam muito bem um Ciborgue atual, mas a distinção entre a simples ferramenta e o já-Ciborgue torna-se problemática. É a essa ambiguidade que remete o par Ciborgue/Organorg.

Ciborgue/Organorg imagina modos de articulação ou de interfaces entre a técnica e o organismo que permanecem externas ao seu stuff, em que a composição heterogênea se faz sem enxerto ou cabeamento. Elela ultrapassa as ficções carniceiras de *RoboCop* e não conserva nada além do que o aspecto lúdico e lubrificado do "bioport" do filme *eXistenZ*. Ciborgue imagina uma conexão que será feita por um estímulo cortical, enviando ondas magnéticas através da caixa craniana: os neurônios seriam estimulados por ação de campos magnéticos ou de correntes elétricas (sem que nenhuma intervenção cirúrgica seja requerida) ou ainda pela intervenção de nano-robôs circulando no sangue com essas outras máquinas moleculares que são os glóbulos.

Essa reinterpretação do cabeamento como simples interface ou composição surge, sem dúvida, para livrar Ciborgue de uma parte dos seus fantasmas, porém Ciborgue não implica a vontade de "desencarnar" nem de "desmaterializar", a esperança de que se poderia, em determinado momento, se conduzir sem sutff. Ciborgue ama seu stuff e não desejaria substituí-lo por órgãos "artefactuais" mais sólidos e capazes de alta performance. Elela rejeita sua divisão em software e hardware, e considera que toda renovação do hardware é um atentado contra o software; elela recusa-se a ver seu stuff reduzido a um software imaterial, infinitamente carregável e transportável em diferentes suportes. Os temores são neutralizados pela ideia de uma composição entre o organismo e a máquina que não passaria pelo enxerto, pela perspectiva de Ciborgue/Organorg operando por meio de simples comunicação magnética em vez de por incrustação no stuff. É preciso admitir que esse Ciborgue não faz mais sonhar. Ciborgue/Organorg simplesmente interfaceado ao stuff – e não mais se substituindo ao stuff – não é mais libertador: elela não é mais promessa de imortalidade, elela não nos garante mais contra o desgaste e a senescência do nosso material orgânico, visto que elela se sobrepõe a esse material sem substituí-lo. A ideia de um download de nossa parte "software" em diferentes suportes materiais cada vez mais capazes de alta performance e cada vez mais resistentes está distante e é repelida – e nós perdemos com isso as belas promessas de eternidade.

Ensaio de Tipologia

Talvez não seja inútil aqui, para compreender Organorg, dissociar diferentes ferramentas técnicas em sua interação com o organismo. Sigfried Giedion propôs, em 1948, uma abordagem do encontro entre a mecanização aplicada e a orgânica[18]. Jean Baudrillard propunha assim classificar as novas entidades artefactuais como são classificadas a fauna e a flora: aparelhos, dispositivos, instrumentos dos quais as obras de Franz Reuleaux constituem belos catálogos[19]. Face à multiplicidade e à variabilidade das formas técnicas, as formas vivas parecem, por contraste, extremamente estáveis. Ora, se essa transformação de técnicas corresponde à evolução de órgãos externalizados, trata-se de fato, nos dois casos, da invenção de meios de adaptação, e pode-se dizer, acompanhando Michel Serres, que "a técnica-lebre ganha em velocidade da evolução-tartaruga": a técnica pode ser definida como um ganho de tempo no processo evolutivo[20]. As técnicas seriam, dessa forma, o território da evolução manifesta, e o próprio Darwin não hesitava em salientar o caso análogo das línguas e dos dialetos para explicar o que é a transformação dos seres vivos, espécies e variedades.

A experiência das classificações do ser vivo nos permite compreender que há quase tantos critérios de classificação possíveis quanto há objetos – cada um, como o grou platônico, aspira se colocar como centro a partir do qual é preciso pensar a diferença dos outros. A abordagem de Baudrillard tem como especificidade partir da maneira pela qual "os objetos são vivenciados, a quais urgências outras além das funcionais eles respondem, quais estruturas mentais se enredam com as estruturas funcionais e aí se contradizem, sobre qual sistema cultural, infra- ou transcultural, é fundada sua cotidianidade experienciada"[21]. Dito de outra maneira, Baudrillard não se entrega a uma classificação funcional ou estrutural, mas ao estudo do modo em que as condutas dos usuários se relacionam com os objetos. Ele identificava, assim, uma categoria de objetos "ninharias", como as diferentes peças que podem ser fixadas em um tubo de aspirador dependendo da superfície que queremos aspirar, seja um tapete, uma cortina, em uma ranhura ou em cima de um armário: independentemente da utilidade real ou do caráter prático de uma tal diversidade, isso traduz antes de tudo "a crença de que, para qualquer necessidade, há um executor maquinal possível"[22].

A tabela a seguir propõe isolar algumas lógicas de artefatos. A maioria das ferramentas conhecidas são puramente externas: a biblioteca é um apêndice ou uma muleta para a memória; os binóculos são um prolongamento da visão; uma câmera de vídeo combina as funções dos olhos e da memória... Porém, certas ferramentas tendem a casar com as formas do stuff e a interagir com ele: as armaduras ou as cadeiras de rodas são tanto ferramentas que prolongam as faculdades quanto servem de carapaça ou de instrumentos motores, ao servir tanto quanto possível ao esquema do organismo.

Algumas Lógicas de Artefatos

LÓGICAS DE ARTEFATO, ALOCADOS POR GRAU DE EXTERIORIDADE DECRESCENTE	MODO DE COMPOSIÇÃO ENTRE ARTEFATOS E ORGANISMOS	DEFINIÇÃO	EXEMPLOS
Central	Condicionamento simétrico	Situação de duplo interruptor: autômato que comanda as condições de existência de um sistema vivo, e reciprocamente.	Hal (*2001: Uma Odisseia no Espaço*); Mãe (*Alien*); Central nuclear.
Robô	Ecológico (compartilhamento do meio ambiente)	Autômato cujo funcionamento é autônomo, em simples coexistência ambiental com o ser humano.	R2-D2, C-3PO (*Guerra nas Estrelas*).

Adjunto	Interruptor	O adjunto é um autômato externo útil, que é colocado em execução e é desligado por meio de um interruptor. Uma vez posto em atividade, o adjunto dispõe de uma autonomia relativa e pede apenas uma vigilância, uma manutenção, uma alimentação energética.	Torradeira, forno, refrigerador, abajur de cabeceira, Máquina-ferramenta Domótica: o laboratório de Kevin Warwick (acionado por um sinal proveniente de um chip enxertado em seu braço, que lhe saúda e prepara o seu café), a casa das personagens de animação, Wallace e Gromit.
Hábil	Uso hábil	O hábil é um prolongamento destacável útil, cujo funcionamento é essencialmente mecânico. Seu uso requer habilidade por parte do seu usuário e, portanto, uma aprendizagem.	Ferramentas *stricto sensu* (martelo, serra, machado); armas (espada, revólver); locomoção (bicicleta, patins, automóvel).
Extensão	Acoplamento cinético	Equipamento com interface, integrado mas separável à vontade. A extensão modifica o mundo do usuário. Ele se mantém no stuff mesmo sem que nele se retenha.	Capacete, óculos, *walkman*, telefone com viva-voz, vestuário.
Substituto ou vizir	Prótese (acoplamento mecânico, inscrito no esquema corporal)	O substituto é uma extensão com finalidade curativa: ele repara um defeito, uma deficiência de nascença ou acidental, concernente a um órgão ou a uma faculdade. Ele remedia uma carência ou uma falha em relação ao que é considerado como o estado "normal" ou "completo" da entidade que ele complementa. Porém o substituto é ambíguo: ele é também vizir e como tal almeja ser califa no lugar do califa. É aquele que ocupa o lugar de (na ausência de), e o que pode/deseja tomar o lugar de.	Transplante de órgãos, faciais e das mãos.
	Enxerto (acoplamento orgânico, inscrito no esquema corporal)		Enxerto de órgãos, faciais e das mãos.
Sistema	Solidariedade vital	Acoplamento integrado entre organismo e máquina, indispensável ao funcionamento do conjunto ("sobrevivência"). Já não há mais por que falar propriamente de usuário nem de interruptor.	Rato com bomba osmótica. Indivíduo com estimulador cardíaco. Endossimbiontes (flora intestinal).

ciborgue e a organologia geral

Ciborgue ocupa, antes, a última linha da tabela, a casa referente ao sistema, e Organorg aquela do hábil e da extensão. Porém é possível dizer que a última linha da tabela junta-se à primeira, e que o sistema fecha-se na casa central: ali onde encontramos o mesmo fenômeno de dependência vital, em duas escalas diferentes. Entre os dois, pode-se notar diferentes graus ou facetas de Ciborgue/Organorg, distinguindo-os não conforme o modo de composição mas segundo a operação efetuada. A tabela seguinte não propõe tipos de objetos, mas sim diferentes pontos de vista possíveis acerca de um mesmo objeto.

OPERAÇÃO	DESCRIÇÃO	EXEMPLOS
Loop	O *loop* fornece o stuff em materiais sensíveis ou dados. Consegue-se facilmente passar sem o *loop*, mas sua ausência provoca o tédio. Mobiliza um sentido. Isola o indivíduo do seu ambiente.	*Music player* (leitor de música), livro. Console de jogo.
Adminículo	O adminículo dota o stuff de uma acuidade ou intensidade da qual ele é privado em situação normal. Aguça ou fortalece um sentido ou uma faculdade.	Microscópio, binóculo (amplificação visual). Raio x. Armadura, colete à prova de balas (fortalece a epiderme). Telefone, rádio (permitem a captação de ondas). Disco, livro, *kit* caderno e lápis, *notebook* (amplifica a capacidade de memória).
Amplificador	Permite realizar um movimento de elevado esforço graças a operações de pequeno esforço.	Calculadora (converte um movimento de dedos em atividade intelectual ou cerebral).
Máquina	Amplificador dinâmico.	Patins para gelo, patins de rodas, patinete, bicicleta (aumenta a capacidade de movimento das pernas). Automóvel.
Acessório	O acessório é simbólico. Sua utilidade é social: funciona como garantia de pertencimento a um grupo; vincula e distingue socialmente.	Tatuagem, vestimenta (de preferência "de grife"). Telefone celular ou *Music Player* da moda.
Componente	O componente cumpre sua função apenas ao estar integrado no seio de um dispositivo mais complexo. O usuário jamais se ocupa com ele e, na maioria das vezes, o ignora. Integrante de outro artefato.	Turbina, diodo, pistão.

Os artefatos podem participar de várias categorias. O adminículo é um instrumento que se articula a um sentido ou a uma faculdade já existente com a finalidade de amplificá-los. O carro ou os patins, por exemplo, são adminículos se os relacionamos à faculdade de locomoção. Ao amplificar a faculdade, o adminículo lhe oferece um novo campo de operação. Os acessórios e os *loops* são dois grupos de instrumentos cujas relações são ambíguas. Os objetos estéticos podem ser arranjados em uma ou outra classe dependendo do ponto de vista adotado. Uma obra de arte pode ser considerada como um *loop* quando a consideramos em si mesma e quando ela ocupa nossos sentidos, ou podemos julgá-la como um acessório se a tomamos apenas em sua função social – trata-se somente de uma prática de distinção. O *loop* altera um sentido já existente e o concede em dados: isola o indivíduo em um estado de contentamento beato. O *loop* vale para si mesmo e exige tudo do indivíduo; qualquer um que entre em relação com ele, ele o transforma em mônada sem contato com seus vizinhos, ao mesmo tempo que está em relação com outros pontos do universo, talvez todos. Assim, no cinema ou diante da TV, em uma exposição ou numa biblioteca, o silêncio é de praxe, mas nos comunicamos com outros mundos, com outras mônadas, com outros tempos ou lugares via *loop*.

O acessório religa o indivíduo a uma comunidade: trata-se do objeto subtraído em sua utilidade ou em seu uso prático, no sentido em que Baudrillard atribuía a todo objeto duas funções "em razão inversa uma da outra": "uma que há de ser praticada, outra que há de ser possuído", formando assim as dicotomias máquina/objeto, uso/coleção[23].

Dessa forma, em teoria, o acessório não tem outra utilidade a não ser aquela de ser possuído: vê-se que, por isso, o acessório é investido de diferentes funções e significações (afetivas, fetichistas). O *kitsch* pode indicar essa conversão de função do utilitário ao decorativo ou do adminículo ao acessório: um poço torna-se um suporte de plantas trepadeiras[24].

Enquanto o *loop* é útil mesmo em uma ilha deserta como remédio contra o tédio, o acessório não é nada mais que o *loop* despojado de todo interesse prático: se alguém vivesse sozinho, em teoria, conseguiria absolutamente passar sem ele, sem sentir nenhuma falta. A menos que rigorosamente o acessório não seja mais necessário, na medida em que constitui o objeto de transição, a marca do passado, o signo das afeições que não existem mais, ainda nos ligam às comunidades que foram caras a nós. Em outras palavras, talvez seja em uma ilha deserta que o acessório se mostrará tão mais necessário quanto inútil: se não há ninguém para vê-lo, ainda assim indica o luxo gratuito da civilização, é o instrumento que conecta a uma alteridade vital ou a uma transcendência social ou temporal – trata-se então de fetiche ou algo de grande estima tido como muito gracioso.

Consideremos a personagem Ginger no filme *O Exterminador do Futuro*. Seu *walkman* não lhe oferece novos sentidos, mas sim novos estímulos sensíveis. Ginger é afetada pelo dispositivo técnico, e isso resulta em uma não percepção do mundo que a rodeia. O *walkman* é um *loop*, um dispositivo total que separa Ginger do mundo no qual seu stuff se encontra para propulsá-la mentalmente em outro mundo. Monádica, Ginger vive em um regime de sensações fechadas, em um mundo invisível. Tal situação resulta sucessivamente na morte do amigo de Ginger e na sua própria – ela não escuta o que se passa na sala ao lado e não consegue, portanto, nem socorrer o seu próximo nem proteger a si mesma.

Em outros contextos, o *walkman* pode passar a ser um acessório transformado em instrumento de design e em signo de pertencimento à "moda" que permite a entrada em uma "comunidade". Por vezes, é considerado como proteção, um tipo de armadura que protege contra agressões externas: funciona então como adminículo – desconecta do ruído ambiente. À questão "O que é um *walkman*?" compreende-se, pois, que há uma multiplicidade de respostas possíveis. O *walkman* produz mônada.

Ele pode ser pensado como armadura ou prisão. Traz em si o modo de funcionamento de uma doença, operando uma redução ou encolhimento do mundo de quem o utiliza, mas também o modo de funcionamento de um adminículo, que constitui aumento de memória ou desempenha uma função de proteção, de isolamento em relação ao mundo exterior (óculos de sol), ou de um *loop*, dando ao mundo uma coloração particular (óculos coloridos). Compreende-se, por aí, que é impossível rejeitar *a priori* certos dispositivos técnicos julgando-os "bons" ou "maus", "úteis" ou nocivos". Assim, a maioria dos artefatos são "adjuntos": eles levam uma vida autônoma, sem procurar se enxertar. Da mesma forma, entre os hábeis – instrumentos ou ferramentas – muitos se consideram e se estabelecem como lazer: o livro, a vestimenta, o machado, o garfo não pretendem se integrar materialmente ao organismo. Mesmo se a vestimenta se casa com o corpo, com o organismo, ela é mudada: é usada provisoriamente (algumas horas), depois a tiramos e trocamos por outra. O carro apresenta as mesmas características. Em contrapartida, outros instrumentos buscam enxertar-se: os patins, o *walkman*, o celular grudado na orelha. O caso da moto ou da bicicleta, que levamos presas entre nossas coxas, é mais ambíguo, como o da caneta e o da bolsa – todos os acessórios –, externos porém íntimos. É possível perceber também diferentes graus de exterioridade, como observa Maupassant sobre a personagem Clotilde de Marelle, a amante rechonchuda de Georges Duroy, conhecido como Bel-Ami: "Duroy ficou espantosamente confuso – quase um embaraço cuja causa ele não entendia muito bem – com a desarmonia entre a elegância impecável e refinada e a negligência visível pela casa onde ela morava. Tudo que vestia seu corpo, tudo o que tocava íntima e diretamente sua carne era delicado e fino, mas o que a cercava não lhe importava mais."[25]

A vestimenta e a moradia são dois adminículos que aumentam a proteção térmica assegurada pela epiderme. Mas constituem também dois graus de intimidade, que podemos situar em uma escala variável. Em Clotilde, as roupas ainda são íntimas, acessório e extensão; a habitação agora é externa, estranha, adjunto.

O Discernimento ou a Incorporação do Mundo

Em *Fenomenologia da Percepção*, Maurice Merleau-Ponty sugere que a relação com o mundo não se dá somente como apreensão de possibilidades, mas como incorporações dessas possibilidades que tornam-se constitutivas para mim ou de mim. O filósofo Max Marcuzzi denomina "discernimento" a compreensão dessas possibilidades incorporáveis ao stuff[26]: isso pode concernir à nutrição – pois o alimento, desde que seja reconhecido como tal, é percebido como potencialmente incorporável –, mas também a espaços sociais mais vastos, como a indústria farmacêutica ou o hospital, na medida em que são potencialmente instrumentos da sobrevivência do meu stuff. Dessa forma, o discernimento designa a tendência que cada um tem de integrar numerosos artefatos (aí compreendidos os adjuntos) nos sistemas técnicos mais amplos que visam sempre, no final das contas, a utilidade.

O discernimento sugere que a técnica é um horizonte inevitável da existência, mesmo que seja tratada como uma caixa-preta. Mesmo negligenciada ou incompreendida no detalhe de suas operações, a técnica não é menos investida de sentido. Ora, isso se aplica não só a objetos imediatamente disponíveis, mas também a espaços sociais mais largos: a fábrica que produz medicamentos, roupas ou fertilizantes; ou as diversas instituições – museus, creches, escolas, universidades, exército, polícia, tribunais etc., das quais não desejamos necessariamente nos servir, mas que estão por aí, sempre disponíveis. O discernimento designa as "porções de sentido" dispostos em torno do stuff tendo em vista a sua sobrevivência. Trata-se do outro lado do esquecimento da técnica: todo esquecimento ocorre sobre o fundo de um discernimento, nesse caso a sensação de utilidade e de disponibilidade da técnica.

O conceito de possibilidade se impõe portanto como central para se pensar as relações estreitas do indivíduo com as técnicas, entendidas em um sentido muito mais amplo incluindo todas as artes e todas as instituições, na medida em que cada uma delas pode abrir possibilidades. Isso se dá porque as técnicas oferecem um conjunto de possibilidades, nunca completamente avaliadas, mas sempre potencialmente abertas, que jamais nos esquecemos na totalidade: elas entram em nossa experiência como um horizonte de superação, de complemento, de sustentação ou de divertimento possível. Ora, esse possível tende constantemente a integrar-se, a fazer parte do indivíduo. Por exemplo, a rede de transporte em comum de uma cidade é uma extensão da identidade de um indivíduo, e um componente natural do que esse indivíduo concebe como possível. E em todos os lugares onde um sistema iníquo exclui certos sujeitos de sistemas técnicos, se desenvolve uma rede paralela e pirata. Sempre há vias paralelas de acesso: é isso que encarnam numerosas personagens, como Gas (Willem Dafoe) em *eXistenZ* ou J.F. Sebastian (William Sanderson) em *Blade Runner*. Em outras palavras, em toda boa história ou atuação de papéis, a heroína deve encontrar uma maneira de piratear, isto é, de obter os códigos de acesso da rede interdita. Assim, se uma tarifação proibitiva exclui dos transportes públicos, Ciborgue é capaz de reconhecer as falhas do sistema: qualquer um que tenha frequentado os meandros da sala de controle operacional do RER – Réseau Express Régional (Rede Expressa Regional) no Forum des Halles em Paris sabe muito bem onde e como se consegue fraudá-la sem riscos, em decorrência de ter um bom conhecimento dos circuitos possíveis e do comportamento previsível das instâncias de controle. Ciborgue sabe se inserir nos interstícios de um sistema aparentemente inacessível; de modo que é menos essencial o acesso à técnica do que a própria existência de redes técnicas. É exatamente onde não há nenhuma rede que existe a verdadeira miséria[27]. Desde que haja rede, há utilização, isto é, possíveis desvios, parasitagem e pirataria. De resto, a existência de redes sempre disponíveis é parte integrante de possíveis do sujeito, de sorte que toda e qualquer supressão do acesso à rede, toda e qualquer indisponibilidade ou falha é vivida como uma frustração insuportável.

Às vezes, com razão, surgem discussões que acontecem com a finalidade de se opor a Ciborgue quando é levantado o assunto a respeito de uma provável distribuição econômica desigual das tecnologias. Surpreendentemente, a mesma objeção política e social poderia ser endereçada a Organorg, porém só raramente isso ocorre. Nos dias de hoje, não há nenhum movimento militante que lute pela abolição dos computadores com o único intuito de combater a desigualdade de sua distribuição – ou então esses movimentos não chegam aos ouvidos de ninguém: antes, há uma indignação acerca do "fosso digital" e então debates são convocados para preenchê-lo, afirmando que a informática não deve ser suprimida, porém distribuída mais amplamente. De modo inverso, existe uma inquietude quanto à universalização do automóvel e das mídias, deixando por vezes a entender que seria melhor aos bilhões de chineses que continuem a andar em suas bicicletas: declaração implícita de que uma tecnologia não é pensada necessariamente como universalizável. A tecnologia nuclear é um caso extremo: geralmente reconhecida como não universalizável (em especial, quando não se trata apenas da tecnologia nuclear a serviço do uso "civil", mas "militar"), é além disso objeto de um vasto movimento abolicionista, cujo argumento não é, entretanto, o da partilha econômica da técnica. Quanto ao desenvolvimento de Ciborgue, entendido por exemplo como tecnologia de clonagem reprodutiva ou como técnica de rejuvenescimento tornando concebível a vida eterna, é legítimo afirmar que não seria ético, nem justo ou desejável porque nem todas as vidas teriam acesso à mesma rede tecnológica? Pelo fato de

Ciborgue não ser objeto de uma distribuição equitativa, trata-se simplesmente de uma fantasia enraizada na ideologia burguesa, ou então seria preciso considerar, ao contrário, essa fantasia como existente no coração de um projeto de reforma universalizável?[28]

Tudo isso talvez signifique que as técnicas não têm nada a ver com ética, ou que a política de sua expansão não é regida pelo princípio de equidade. Seja como for, no fim das contas, mais que tudo, elas levam consigo uma função propriamente utópica por meio da qual funcionam como um poderoso apelo. Como exprime Marcuzzi, "não se pode fazer com que um possível não se integre de uma maneira ou de outra à nossa compreensão do ser, mesmo que sob a forma negativa da renúncia"[29]. Em outras palavras, os excluídos do sistema têm, tanto quanto aqueles que desfrutam dele, uma clara percepção do sistema e das potencialidades que ele oferece. De modo que todo desenvolvimento do sistema é uma formidável máquina de produzir handicap (desvantagens). Não consideramos handicap o estado de exceção em relação a um estado estatisticamente "normal", mas sim a frustração em relação a um estado possível, pois todo possível se vê requerido como "antes-sobrevir", como simples "Ainda não ser"[30]. Mesmo que um indivíduo fosse dotado de cinco sentidos, e isso representasse a norma para a sua espécie, todo indivíduo que possuísse um sentido suplementar modificaria de tal modo a compreensão geral da norma que esta acabaria sendo abolida. Uma outra norma se constituiria de maneira maximalista, incluindo esse sexto sentido como mínimo vital. Cada mutante qualifica o resto de suas entidades-irmãs como deficiente. Segundo a lógica darwiniana, o monstro não é monstruoso em termos absolutos, mas somente em relação a uma linha de vida que ele não escolheu. Da mesma maneira, o cego não é cego em si, não se trata de uma propriedade positiva: o cego só se descobre como tal por meio da relação que mantém com pessoas que enxergam.

No sistema técnico assim como no sistema darwiniano, toda diferença é suscetível de ser considerada como uma vantagem ou um inconveniente. A apreciação das variações que favorecem e daquelas que desfavorecem é dinâmica e contextual: nada tem valor em si, independentemente de uma situação. Porém toda diferença, no interior mesmo do estado dito "normal", pode constituir o indivíduo como "sofrente". O defeito não se mede em relação a uma forma ideal que o constitui; trata-se de um dado diferencial que surge da comparação, isto é, da própria vida social. Se acompanharmos Rousseau, o defeito nasceu em uma noite de festa, pois no dia em que nos reunimos para dançar, logo ficou claro que alguns apresentavam mais graça que outros. Dito de outra maneira, a sociedade, ao generalizar a comparação dos indivíduos entre eles mesmos, fez nascer neles o defeito. A própria natureza apresenta ocasiões suficientes para se comparar entre si, para se julgar incapaz de "voar como a borboleta, picar como a abelha"[31]. Diante desse indivíduo dotado de um sexto sentido, seríamos como um cego em relação às pessoas que enxergam: como o patinho feio desprovido da graça dos outros. Existimos em um regime de comparação universal, sempre com falta de alguma coisa, sempre ricos de potencialidades discernidas.

Pensar Ciborgue/Organorg inserido na rede técnica e nos usos sociais conduz a contrapor dois modos de pensar a cegueira. Pode-se imaginar a cegueira como privação, defeito em relação a uma identidade genérica. Tal concepção inclui a ideia de uma perfeição genérica à qual é possível se aproximar em diferentes graus; há a possibilidade até mesmo de se corrigir e restituir aquilo que constitui defeito em relação à norma dessa perfeição; pode-se mitigar a falta – falta a que serve Ciborgue quando pensado como prótese. A cegueira pode, entretanto, ser imaginada como simples negação (não ver), o que deixaria subentendido que cada indivíduo é portador de necessidades próprias de sua natureza. Assim, se um indivíduo nasce cego, é em razão de um encadeamento de causas necessárias. Desse ponto de vista, se a cegueira fosse corrigida, estaríamos privando o cego do seu modo de ser-no-mundo, de sua própria natureza. Nessa concepção, nenhuma coisa natural pode ser qualificada como imperfeito – não há nenhuma privação, apenas negações ou determinações (ter ou não ter).

Resta saber se cabe ou não examinar Ciborgue em termos de perfeição. Devemos mensurar Ciborgue em relação ao *a priori* de uma natureza perfeita? Ciborgue convida a pensar a cegueira como não realização de uma possibilidade contingente, sem para tanto que ela seja referida a uma norma de perfeição *a priori*. O stuff de Ciborgue não deve ser pensado aqui e agora, mas sempre em uma relação com o futuro e com um alhures, precisamente por meio da integração de novas possibilidades, sempre mais amplas.

A Integração da Ferramenta: Movimento da Evolução Humana?

Qual diferença existe portanto entre Ciborgue e Organorg? Se Organorg é *Homo faber*, Ciborgue, organismo com ferramentas integradas, é uma ferramenta sob regime instintual: elela seria apenas a versão conectada de *Homo faber*. Mas como se opera a integração da ferramenta? Ciborgue não tem simplesmente utensílios: elela é aquelela cujos utensílios são integrados e adaptados, não enxertados diretamente em seu stuff como na sangrenta e alienante carnificina de RoboCop, mas sim harmoniosamente acrescentados ao seu stuff. A organologia geral desenvolvida por Henri Bergson distingue o que produz o instinto (instrumentos organizados) e o que produz a inteligência (instrumentos inorganizados) – o que funda a distinção Organorg/Ciborgue[32]. O instinto, que encontra a sua forma mais consumada nas sociedades de himenópteros, produz um instrumento já integrado àquele que o utiliza; um instrumento invariável que, propriamente falando, é apenas um órgão. A ferramenta integrada pelo instinto com mais frequência é uma glândula, que tem a função de secreção. A inteligência, ao contrário, com seus instrumentos externos, permite variar as ferramentas e supõe sua inteira disponibilidade. Ora, parece que Ciborgue, ao procurar integrar a ferramenta ao seu stuff, sujeita a inteligência ao instinto. Elela manifesta uma vontade de integrar a ferramenta ao organismo e de rebaixar o uso inteligente da ferramenta a um uso instintual. Elela seria apenas um retorno aos órgãos integrados ou às glândulas dos insetos. Clone suscita, por vezes, comentários similares: esse modo de reprodução, longe de ser um "progresso", tratar-se-ia, de um ponto de vista evolutivo, de um "salto para trás", nos reenviando ao nível das espécies que se multiplicam graças a uma reprodução não sexuada. Nesse caso, para que Ciborgue quando a sabedoria da evolução almeja que nos agarremos a Organorg?

Enquanto a utilização inteligente da ferramenta é livre e falível, o instinto tem algo de infalível. O que é obtido com isso, é a eficácia de um manejo. Pode-se resumir assim o que se ganha e o que se perde segundo Bergson ao se recorrer ao instrumento incorporado ou organizado, tornado instintual, no que diz respeito ao instrumento externo:

O QUE SE GANHA	O QUE SE PERDE
Facilidade de emprego: o órgão está sempre à disposição, sempre ao alcance, e ele próprio repara as lesões superficiais.	Uma certa plurivalência (o conjunto de ferramentas possíveis), oposta à especialização da ferramenta incorporada (isso responderá às nossas necessidades em todas as circunstâncias?).
Perfeição da execução: "O instinto executa imediatamente, no momento desejado, sem dificuldade, com uma perfeição frequentemente admirável, aquilo ao que é convocado a fazer."[33]	A invenção. A inteligência criada a partir de novas necessidades, ao contrário do instinto, que nos encerra na esfera da repetição. A ferramenta integrada é definida conforme um modo único de funcionamento, sem flexibilidade adaptativa.

Paradoxalmente, percebe-se que, para Bergson, quando as ferramentas são tornadas orgânicas elas perdem a sua plasticidade. Visto que são destacáveis e compostas de matéria inorgânica, as ferramentas podem ser instruídas ao lazer e se prestar a qualquer uso. Se o instrumento externo, difícil de se manejar, exige habilidade, em contrapartida ele é suscetível de se ver conferir um número ilimitado de atribuições. De fato, do ponto de vista do discernimento, nos fornece necessariamente satisfação e frustração. O instrumento discernido é suscetível de numerosos desvios, enquanto o órgão integrado é muito mais rígido em sua operação.

O pensamento de Canguilhem é ambíguo sobre esse ponto. Do ponto de vista do funcionamento, ele faz da máquina o lugar em que se dá uma finalidade rígida e descreve, ao contrário, o organismo como o lugar da vicariância, isto é, da flexibilidade e da conversão de funções. Em "Máquina e Organismo", declara que a finalidade é menos estrita para um órgão do que para uma ferramenta, que a máquina nunca pode alcançar ou replicar essa flexibilidade ou polivalência funcional do órgão, esse nível de integração com outros órgãos que faz a particularidade do organismo. Em *O Normal e o Patológico*, Canguilhem nota contudo que todo organismo não há de considerar seja qual for o sentido: o alimento entra pela boca e sai pelo ânus, e isso é indiscutível[34].

Então a pergunta surge de novo: se as ferramentas são órgãos externos, por que pretender integrá-las a qualquer custo? Tal operação não preserva de disfunções. Não ocorre, com efeito, que o próprio organismo, embora integrado, mesmo sendo inteiramente íntimo, vem, em um momento ou noutro, a falhar? A máquina integrada – isto é, tornada órgão – parece encerrar no ciclo de suas repetições, oferecendo para todos os horizontes apenas a inevitabilidade de sua obsolescência, a necessidade de sua manutenção e o risco sempre ameaçador da pane geral, sem que ninguém saiba a partir disso se esses defeitos resultam do seu estatuto de artefato imperfeito e de produto gerado pelo ser humano ou de sua integração ao organismo putrescível e deliquescente.

Se a ferramenta realmente pudesse ser integrada como órgão da mesma maneira que os outros órgãos, essas críticas não se sustentariam: ela entraria em relações de vicariância funcional com eles, do mesmo modo que um órgão pode – parcialmente – assegurar as funções de um outro. Considere-se que esses problemas se colocam porque nunca chegamos ao estágio de uma equivalência estrita entre o órgão e a máquina. Porém, ao invés disso, Bergson nos convida igualmente a considerar, comparando os vertebrados e os artrópodes, tudo o que se perde ao se transformar a inteligência em instinto, o instrumento em órgão.

Canguilhem e Bergson apreenderam sob o nome de organologia geral uma identidade e uma diferença entre máquina e organismo: esse termo nos permite pensar ao mesmo tempo sua identidade de natureza (tanto um quanto o outro são produtos de uma atividade vital) e sua distinção (os órgãos internos são produzidos pelo instinto e os órgãos externos, pela inteligência). Organorg, ao estabelecer agenciamentos provisórios, observa que as ferramentas não são (e talvez nunca venham a ser) órgãos senão sob uma cláusula de "exterioridade" que em realidade as nega como órgãos. Ciborgue, ao contrário, assume e aumenta a confusão dos dois termos da oposição.

A Vida das Máquinas-Organismos

Será que as máquinas podem conseguir sua independência frente aos organismos que as produziram? Todo texto de Canguilhem é construído contra essa hipótese e visa apenas acomodar as ferramentas e as máquinas à esfera das urgências que lhes deram à luz. Todavia, será que não comparou-se um pouco precipitadamente todos os artefatos – ferramentas e máquinas? A máquina, sistema dinâmico de artefatos, não apresenta, em relação a simples instrumentos, certas particularidades que a aparentam a um organismo? Ela apresenta ao mesmo tempo uma certa complexidade em sua composição, uma relativa individualidade em seu aspecto geral, uma autonomia e uma coerência manifestas de movimentos. A categoria de artefato é vaga demais, assim é preciso distinguir entre os simples instrumentos ou ferramentas (do tipo "martelo") e as máquinas mais complexas; e, portanto, considerar se há emergência de uma problemática particular em relação às máquinas. Por exemplo, se é possível afirmar que as ferramentas são órgãos, e até mesmo órgãos externos ou órgãos projetados, as máquinas também podem ser qualificadas como "órgãos"?

Segundo o sociólogo das ciências Andrew Pickering, a modernidade é caracterizada pela aparição de "máquinas independentes" (*free-standing machines*)[35]. Pickering descreve a passagem das ferramentas (*tools*) às máquinas. Certas ferramentas são máquinas (furadeira elétrica, motosserra), mas as máquinas como tais são caracterizadas por sua relativa independência (seu caráter *free-standing*, não integrado): elas são "alimentadas" pelos humanos, mas funcionam de maneira autônoma. Podemos dizer com isso que as máquinas são exclusivas da modernidade? Ian Hacking visivelmente não pensa assim, uma vez que cita muitas máquinas antigas: o relógio de Estrasburgo ao qual Locke faz referência, os moinhos evocados por Leibniz, a *spinning jenny* (máquina de fiar hidráulica) e talvez já a catapulta com a qual eram realizados os cercos na Idade Média. As ferramentas como extensões do corpo estão sempre disponíveis, mas permanecem externas. Um grau suplementar é transposto quando a ferramenta tende a se enxertar no organismo. Daí a pergunta de Hacking: "Se as máquinas são órgãos, a máquina de fiar hidráulica é um órgão ou um organismo?" Se uma ferramenta é uma extensão do corpo (um órgão), então o que é a máquina? Talvez a fábrica inteira deva ser considerada como Ciborgue na medida em que ela também promove o acoplamento entre máquinas e organismos (os operários) trabalhando juntos. Forçoso é constatar que Hacking efetivamente coloca essas questões, mas as deixa em aberto em vez de esclarecê-las.

Assim, o que aconteceria se seguíssemos a sugestão de Samuel Butler e afirmássemos que as máquinas não são simples ferramentas, porém formas de vida?[36] Podemos imaginar sem dificuldade máquinas de todos os tamanhos que se construiriam por conta própria ou que teriam, por meio de *loops* de retração, a capacidade de reparar-se – dito de outra forma, tratar-se-ia de máquinas autônomas com capacidade de encontrar nelas mesmas ou por elas mesmas energia necessária para o seu funcionamento e os princípios de sua forma, de sua construção e da produção de cópias delas mesmas. Essas máquinas seriam, quem sabe, máquinas rígidas ou máquinas flexíveis; talvez elas integrassem pedaços de plasma orgânico. Mas formariam com certeza novas entidades: máquinas que não funcionariam mais somente como órgãos externos ou internos, diversamente agenciados e integrados, porém como organismos. Deixemos então a problemática da organologia, colocada antes por Bergson e Canguilhem, para darmos atenção à dinâmica dos ecossistemas, da qual Samuel Butler nos fornece a mais contundente demonstração e da qual Eric Drexler, com sua "geleia cinza", nuvem ou enxame de automontadores, oferece uma ilustração contemporânea[37]. Butler considera ecossistemas em que diferentes tipos de organismos naturais e/ou artefatuais, cada um perseguindo seus próprios fins, se encontram em concorrência. Sua ideia é de que as máquinas fazem parte integrante de ecossistemas, que elas são uma forma de vida e competem com espécies vivas pela posse de recursos. Pior ainda, que elas as exploram.

Essa perspectiva se afasta completamente daquela esboçada por Canguilhem; a máquina não é mais de todo considerada como um meio produzido por um ser vivo com o objetivo de satisfazer certas necessidades ou de ser assistido para atender a certos fins, ou ainda como uma estratégia implementada por um organismo para assegurar a sua sobrevivência. Se a máquina não é mais um instrumento-órgão, mas sim um organismo, então as máquinas se encontram em concorrência direta com os organismos pela apropriação de recursos para obter energia.

Esse malthusianismo estendido é frequentemente chamado a fazer parte de enredos de ficção científica[38]. As profecias de

Sarah Connor em *O Exterminador do Futuro* visam precisamente impedir o desenvolvimento de um programa que permitiria às máquinas ascender à autonomia total, ou seja, ao estatuto de organismo. A saga *Matrix* é construída como um vasto bordado sobre o tema energético da apropriação de recursos e do parasitismo: os humanos tentaram extenuar as máquinas ao lhes cortar o acesso à energia solar, enquanto, graças a um artifício evolutivo, elas passaram a utilizar uma outra fonte de energia disponível escravizando os próprios humanos, tratados como produtores de substitutos.

Há duas maneiras de abordar o problema: pode-se considerar as máquinas como parasitas que se enxertam na atividade orgânica e dela tiram benefícios, ou os humanos como parasitas das máquinas tirando proveito de sua existência. A vantagem sendo mútua e o parasitismo sendo recíproco, devemos falar de simbiose. Em vez de uma simples relação de utilização da máquina pelo organismo ou de exploração do organismo pela máquina, Butler propõe assim que pensemos em termos de uma coevolução entre organismos e máquinas, cada um dos termos sendo submetido a operações de variação e de seleção, e "lutando pela sua existência", isto é, tecendo redes de relações com as outras entidades do mundo.

Apostila

O conceito de uma "organologia geral" nos convida a nos emanciparmos da mitologia do "natural" e a considerarmos todo stuff, orgânico e/ou mecânico, como técnico, artificial, "e com isso natural", conforme a fórmula de Descartes; como conjunção de dispositivos, sempre suscetíveis de serem revisados, arranjados, reparados. A inserção de membros externos no stuff, de elementos estranhos no campo imunitário do ser, é comumente pensado como algo que deve conduzir a um fracasso inevitável. Se há exemplos de inserção ou de transplante bem-sucedido, sempre acabam por claudicar, vacilar, castigar, arrastar lamentavelmente, necrosar. O eu rejeitando o estranho, sempre há um momento em que o instrumento não responde mais, em que ele reafirma a sua natureza estranha, em que ele se aparta – labilidade de Ícaro. Para encontrar um exemplo de inserção, de reparação ou de acréscimo de função perfeitamente adaptados e bem-sucedidos, somos reconduzidos ao caso dos Mutantes. O esqueleto de adamantium de Wolverine[39], inserção tornada possível por causa da sua capacidade infinita de cicatrização, é um artefato tão perfeitamente integrado em sua estrutura corporal que ele pode mobilizá-lo à vontade, soltando suas garras metálicas conforme o seu humor.

A oposição entre Ciborgue e Mutante é sustentável pelo que foi dito logo acima? Se a inserção técnica sofrida pelo organismo é uma modificação genética, o que há de diferente entre os dois casos? OGM, o organismo geneticamente modificado, derruba a diferença entre Ciborgue e Mutante, visto que nele a mutação é de origem artificial e a técnica toma a forma da mutação. Do mesmo modo, é preciso abandonar a ideia de um ser puro e fechado sobre si mesmo, de um organismo isolado em sua naturalidade autossuficiente, e aceitar a ideia da maculação originária de toda entidade. Da mesma forma, Ciborgue não sobrevém do exterior ao organismo, pois todo organismo é um composto heterogêneo que digere, e portanto vive, graças à ação de milhões de bactérias que não conseguimos listar quando fazemos o mapa do seu genoma. Assim Ciborgue significa simplesmente: ecossistema expandido e simbiótico.

As nanotecnologias e as ficções que as alimentam exploraram a possibilidade de simbioses, por exemplo, quando propuseram integrar em nossos corpos "nanomáquinas" ou "nanorobôs" capazes de reparar nossos corpos, de impedir o envelhecimento e assim, talvez, nos fazer alcançar a imortalidade[40]. Se a mecânica fria desses nanorobôs assusta, podemos imaginar máquinas mais "quentes", feitas de moléculas ou de células às quais nos limitaríamos a modificar ou reforçar, em suma, a instalar. As bio- e nanotecnologias são capazes de produzir minúsculas máquinas, porém a bioquímica também pode sintetizar fragmentos de DNA artificiais e transpor genes de um indivíduo a outro. Ao considerar o DNA e as proteínas como "máquinas moleculares" concebidas como pequenas usinas ou centros de produção, as nanotecnologias, pelo menos tal como Drexler por exemplo as apresenta, terminam por apagar toda diferença entre os órgãos e as ferramentas. Todos esses elementos flutuam em um mesmo meio e, suscetíveis de se compor, abrem caminho a infinitas combinações novas e impossíveis de serem antecipadas, que Ciborgue nos ensina a não temer.

Afinal de contas, Ciborgue pergunta, às vezes otimista outras pessimista, do que teríamos medo quando vemos a miséria do mundo em que vivemos? Que podemos esperar quando observamos as conquistas da história e do gênio humano? A promessa do amanhã que cantam permanece aberta, necessariamente vinculada a uma reflexão política e democrática sobre os perigos envolvidos.

Como operação filosófica, Ciborgue põe em questão o naturismo, contesta o que diferencia natural e não natural. Ciborgue está em luta. Desconstrói, por colisão aglutinante, as categorias de natureza e de técnica, e também a oposição da ciência e da tecnologia ou ainda do humano e do não humano. Ciborgue ultrapassa as dicotomias modernas (humano/não humano, natural/artificial, organismo/máquina...) ao considerar não um além dialético feliz e reconciliado, mas um jogo com essas distinções ou sua conflagração. Assim Ciborgue é a expressão de uma condição instável, sempre ao mesmo tempo em desequilíbrio e em vias de se ajustar. É o lugar-tenente de uma ontologia: o instrumento de uma ciência de relação entre os seres, de uma história que procede a novas combinações em vez de novas decupagens.

Ciborgue é uma figura da conjugação ou da atrelagem: duas entidades que creem distintas se encontram sob o mesmo jugo. E o produto dessa composição nunca deixa de ser tortuoso. Ciborgue não é um hipotético salvador pós-humano. Prezando seu stuff, não aspira estar disponível para download em um templo de silicone. Ciborgue se submete voluntariamente à história, ao acidente ou à decadência; porém se dá os meios para responder a tudo isso. Ciborgue não é a promessa de que a morte será eliminada, mesmo se traz em si a esperança disso.

Ciborgue renova a antiga ideia segundo a qual, ao agir sobre si mesmo(a), ultrapassará sua condição e escapará das normas do aqui e agora. Ao realizar tal façanha, não ignora que, para tê-la realizado, a ferramenta mais indispensável da qual se valeu foi um bom comando.

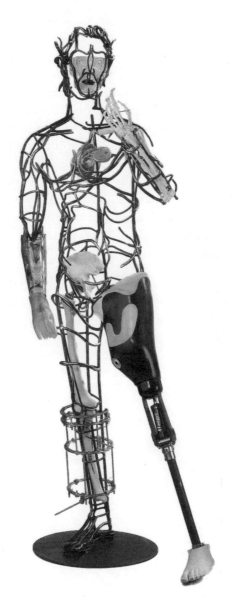

Davi, escultura de Bill Curran.

CIBORGUE FEMINISTA[1]

A ideia de um "feminismo Ciborgue" está estritamente ligada ao nome de Donna Haraway. Conforme os próprios termos com os quais ela retraça o seu percurso nos anos 1970 no início da coletânea *Simians, Cyborgs and Women* (Símios, Ciborgues e Mulheres), trata-se de uma feminista socialista norte-americana, mulher branca, bióloga e especialista em hominídeos. Historiadora das ciências, ela se interessa pelas "narrativas (*accounts*) modernas ocidentais sobre os macacos, grandes e pequenos, e sobre as mulheres". Declara ter se tornado fervorosa militante do *cyborg feminism* (feminismo ciborgue) do qual seu "Manifetso Ciborgue" foi estandarte internacional. Nessa perspectiva, não se trata mais para as feministas serem senhoras de todos e delas mesmas; não se trata mais também de serem sujeitos alienados e vítimas, mas "de agentes humanos multiplamente heterogêneos, não homogêneos, responsáveis e conectados"[2]. Em seguida, naquela que pode ser considerada uma terceira fase do seu percurso, Haraway abandona Ciborgue e publica um "Manifesto das Espécies Companheiras" (2003) e uma obra, *When Species Meet* (Quando Espécies se Encontram) (2008), consagrada às nossas relações com os animais domésticos, notadamente com os cães. De Primata a Ciborgue e de Ciborgue a Cão, trata-se portanto de um percurso cheio de saltos de um objeto a outro, de uma disciplina a outra, aparentemente incompreensíveis: um trabalho de agilidade. Haraway se diverte em percorrer fronteiras, em hibridizar domínios que parecem desconectados. É preciso abandonar Ciborgue para se entender melhor e se apreciar a operação filosófica à qual elela dá nome. O encontro entre elementos heterogêneos (cibernética/organismo) no nome de Ciborgue autoriza e reformula a clássica crítica da dicotomia.

Metodologia Ciborgue

Quando os Contrários Se Tocam

De *Primate Visions* (Visões de Primatas) a *When Species Meet*, mãos, a menos que sejam patas, cruzam-se nas capas dos livros de Donna Haraway. Encontros do terceiro tipo entre criaturas que se hibridizam em uma convivência em que sua alteridade mútua está engajada, conjuntamente mantida e já dissipada nas figuras de compromisso. Essas mãos que se estendem e se tocam nos expõe à esfera da mescla, do encontro, do apagamento assim como da manutenção de dualismos. Acrescentemos que, quando mãos e patas se unem, estamos lidando, sem que pareça, com uma caricatura blasfematória: o que se representa de novo, quase que de modo paródico, é o imortal afresco pintado por Michelangelo na abóbada da capela Sistina, onde o dedo de Deus e o de Adão se juntam, no momento em que a vida é insuflada[3]. Quando Deus e Homem apertam as mãos, trata-se de duas naturezas que subitamente se encontram postas em contato, que se tornam comparáveis, ou, utilizando uma palavra metafísica, que "comunicam". O naturalista Bufon preferira, em seu tempo, excluir da história natural um Deus "incomparável", isto é, sem relação com as criaturas e, portanto, incognoscível, visto que só se conhece apenas quem ou o que entra em relação ou em proporção conosco. A filosofia contemporânea analisa antes a "marca de Deus" como "faculdade íntima de comunicar ao seio de uma dualidade primária", como no pensamento de Sloterdijk onde "a ciência do insuflar não pode ser posta em andamento senão sob a forma de uma teoria dos pares", o que ele chama de "o complemento original"[4]. Haraway se aplica em outros pares: Humano/Animal, Máquina/Organismo. Ciborgue é o nome geral de pares catapultados um sobre o outro.

O que se passa pois durante esses encontros entre entidades distintas? Contrários se encontram, mas não se mesclarão nem se confundirão jamais, irremediavelmente híbridos; contatos são feitos entre naturezas heterogêneas, embora permaneçam inconcebíveis. Nos livros de Haraway, mãos e patas que se seguram e se empenham em um gesto pacífico e amistoso de contato entre dois mundos contrastam com a ideia de uma guerra de mundos: o contágio viral nem sempre é fatal e nossos sistemas imunológicos são a história de um longo companheirismo. Declara Haraway: "Muitas entidades que exigem minha atenção nasceram de aparelhos reprodutivos de guerra."[5] O simples sintagma, "aparelhos reprodutivos de guerra", porque conjuga a produção e a destruição, mostra muito bem a maneira com a qual Haraway pensa as alternativas: tal como um bordado em torno do clássico "faça amor, não faça guerra", essa frase mostra o intrincado de termos, o impossível retorno ao Éden. Ela indica a presença, em Ciborgue mesmo, de um jogo sobre uma contradição que se assemelha a uma atrelagem: a guerra e a reprodução se dão as mãos, o artifício e a procriação se amalgamam. Será que isso volta a fazer eco à "guerra dos sexos" da qual fala a evolucionista darwiniana Patricia Gowaty? Trata-se da considerar o fato de que a seleção natural produziu organismos que, segundo Richard Dawkins, são como máquinas reprodutivas "egoístas", ignorantes do "bem da espécie", não visando nada mais além do que multiplicar as cópias dele mesmo? Seria errado fazer de Haraway um simples epígono do darwinismo; mas seria errado da mesma forma separá-la radicalmente de suas raízes biológicas, ignorar tudo o que a biologia e a ciência em geral trouxeram a Haraway[6]. A nós basta para o momento destacar que a biologia é para ela um tipo de discurso dialético que permite pensar e dissolver contradições que não existem nesse campo.

O contato entre contrários é uma maneira de sentir que o "mundo" é um tecido de relações. Dizer "sentir" no lugar de "pensar", é considerar o fato de que, para Descartes, o sentir é um modo da cogitação e que, por consequência, quando eu sinto, penso no sentido pleno do termo. O que é necessário sentir é um tecido de relações em vez de uma justaposição de substâncias fechadas em si mesmas. É assim que ocorre no que diz respeito ao gênero: "O gênero é sempre uma relação, não uma categoria pré-formada de seres ou uma posse que se pode ter."[7] É essa ontologia relacional que exprime Ciborgue.

Como Penélope, Haraway adora tecer ou observar teceduras. Ela fala da "inextricável trama da realidade discursiva, científica e física, historicamente específica"; ela lembra que as declarações da Unesco sobre a raça são o território onde "ciência e política, no sentido opositivo desses dois termos escorregadios, formam a trama mais estreita possível"[8]. Bem longe de resolver as ambiguidades, Haraway se diverte em criá-las ao reunir diferentes ordens. A ontologia é a ciência de "nós [entrelaçamentos de fios] nos campos"[9]. Por assemelhar-se a tecidos, a escrita de Haraway está emaranhada a tal ponto que os contornos acabam por desaparecer: "Suas fronteiras são extremamente permeáveis e entrelaçadas (*webbed*) a outras."[10]

Sua escrita está infestada e infectada de tropos, chegando a comunicar necessariamente a toda proposta de tradução um tour "afetado", no duplo sentido de afeto e de afetação, de predileção e de dandismo retórico. A língua de Haraway é plena de envolvimentos e desenvolvimentos, porque o seu próprio pensamento emprega tropos polimorfos cujo papel é ao mesmo tempo de fazer perder forma e tomar forma. Sua escrita mobiliza a ironia, a blasfêmia ou a ficção científica, conta "histórias" (*stories*), com toda a ambiguidade desse termo: *stories* designa tanto as narrativas quanto os estágios, as múltiplas camadas superpostas umas às outras, o folhado que constitui a própria textura da realidade, sua espessura, ou aquilo que Haraway descreve como as múltiplas "camadas da cebola de construções científicas e tecnológicas"[11]. Esse jogo sobre as matérias e as camadas, sobre a história e os níveis, faz com que frequentemente se atribua a Haraway a etiqueta do "pós-modernismo". Eis uma maneira de lhe conferir uma posição no campo que a torna familiar a nós, comparável, negligenciável. Se Haraway é pós-moderna, é como se não fosse ou representasse nada; ela é apenas um membro de um movimento do pensamento contemporâneo, que sem dificuldade se pode domesticar, afastar com uma sensação de "déjà-vu" ou com um dar de ombros[12].

A Colisão Aglutinante

O contato de contrários encontra sua forma lexical na aglutinação, na palavra-valise, no amálgama. Além de Ciborgue, Haraway não hesita em propor neologismos de um tipo bem particular, como "naturocultura": ela reúne os contrários amalgamando-os, ao projetá-los um contra o outro. É uma maneira de apagar as fronteiras afirmando-as completamente, e de extinguir as dicotomias assumindo-as por inteiro. Assim, essas mãos/patas que se seguram com frequência nas capas dos livros de Haraway são também mãos/patas que se soltam, "naturoculturais", umas das outras por causa de uma grande falha do pensamento e são unidas por essa mesma falha que estrutura suas relações[13].

No arsenal conceitual de Haraway, "naturocultura" ressoa com "Ciborgue", termo do qual ela se apropriou desde 1984 e que já fazia parte da mesma estratégia: introduzir um no outro a cibernética e o organismo. Os neologismos de Haraway propõe às palavras uma confrontação e uma coabitação que as despojam de toda independência ou de toda aspiração à pureza. "Naturocultura" ou "Ciborgue" nos instalam na confusão do amálgama: nos obrigam a não buscar mais a origem, fazem um gesto de escárnio à criatura de Frankenstein.

Pois a criatura de Frankenstein e Ciborgue são tecidos mal remendados: entidades instáveis e impuras, feitas de peças e de retalhos dispersos reunidos em uma mesa de trabalho pelo milagre dos fios do alfaiate, das afinidades da carne e da féerica eletricidade. Como Ciborgue, a Criatura é ao mesmo tempo orgânica, por causa dos elementos que a constituem, e artificial, pela operação que a permitiu existir ou pela energia que a anima. Mas bem longe de assumir essa heterogeneidade primordial, a Criatura deseja se entregar ao organismo, ela usurpa o nome do seu criador e reclama certificados de naturalidade, exigindo que lhe concedam uma companheira. Trata-se de romper com seu estatuto de exceção que ela sente como solidão, trata-se de não existir mais como *one of a kind* (única da espécie), mas trata-se sobretudo de uma questão de alcançar um modo de reprodução sexuada e "naturalizada". "Frankenstein" pretende efetuar a economia da mediação humana, suprimir o artifício de sua genealogia. É uma criatura que tenta por todos os meios lavar a mancha primordial de suas origens e que aspira, mais que qualquer coisa, retornar a um paraíso de pureza perdida, sem compreender que, precisamente, ela jamais esteve nesse paraíso. Tal paraíso é aquele da copulação heterossexual: daí a figura da Noiva, pedido lancinante e obsessão da Criatura. As entidades de Haraway, filhas ilegítimas de Frankenstein, não renegam sua paternidade monstruosa e trazem com elas e até em seus nomes os estigmas da impureza. Elas compreenderam que não precisam viver na nostalgia de um harmonioso "cosmos" primitivo. Como escreveu Haraway em 1984 (Baudrillard desempenhando aqui o papel do *boy* incontornável a quem se deve pagar sua dívida, depositar sua parte ou quitar um direto de passagem), "as versões da natureza no fim do século XX apoiam-se mais em simulacros do que em originais. São histórias (*stories*) sobre cópias superiores e originais que nunca existiram. As formas de Platão abriram caminho à informação ciborgue, e a perfeição, à otimização"[14].

Os Tropos

No pensamento de Haraway, Ciborgue pertence a um grupo de personagens, de novos mitos capazes de nos conduzir "alhures": elela faz parte de um conjunto de figuras feministas de *trickster*, esses gênios malignos que mudam de forma, que habitam as tradições para insuflar a confusão e lhes fazer dizer algo diferente do que elas sempre disseram. Sua transcrição literária toma a forma de "figuras", um termo que pode designar circunlóquios, mas que em primeiro lugar remete à forma externa do corpo[15]. As figuras, igualmente denominadas tropos, são amiúde consideradas como estruturas de linguagem não naturais, porém, como notava o filósofo César Chesneau Dumarsais em 1757, esses tropos "são encontrados todos os dias no estilo mais simples e na linguagem mais comum"[16].

Haraway devota a esses tropos ou figuras "um amor perverso": ela os adora como se adora um alimento crepitante que vem agradar o palato quando os sentidos estão exauridos. Haraway concede aos tropos um grande poder: eles evitam que caiamos na armadilha do literalismo e do espírito de seriedade; eles operam em uma hermenêutica infinita, porque colocam o texto estudado à distância de si mesmo; introduzem um jogo e quebram as antigas estátuas da autoridade. O espírito de referência e de reverência é expulso pelo tropo: o autor desaparece por detrás da multiplicidade de sentidos que seus tropos fazem nascer sob sua pena, em seus textos. Os tropos zombam bastante do antigo mito de Theuth, das lamentações sobre os textos abandonados, entregues a intérpretes pouco cautelosos. Os tropos são, desde sempre, um pandemônio no Paraíso. "Tropes swerve", nos diz Haraway: literalmente eles se rebelam. Os tropos são anarquistas: "Os dualismos coloniais epistemológicos do relativismo e do realismo requerem uma guinada tropical (*tropic swerving*), em um espírito de amor e de ódio."[17] *To swerve*, trata-se de efetuar guinadas, contornar violentamente, mas também tropicar de modo voluntário no que se quer evitar, trompar com toda força, aceitá-lo como objeto ou como algo entusiasmante: tropeçar, ou melhor, superar tudo ao se agarrar, ultrapassar, mas com o risco de perder seu próprio equilíbrio ao se encontrar a si mesmo transformado ou alienado: não procurar fugir ou dissolver, mas encontrar: "voltar a topar", poderíamos arriscar.

Os tropos traduzem Ciborgue em palavras: eles tornam manifesto que, "para fazer sentido, a todo momento devemos estar preparados para tropeçar (*to trip*)". Duas letras bastam para alternar de "trip" a "tropo", como na lógica epicurista do aleatório em que jogos de dados e lances de letras acabam por produzir belas combinações – e por que não – a Ilíada. Os tropos são "uma maneira de voltar a topar com uma cultura que desafia a morte e que adora a morte". Mas esse pensamento por meio de figuras não se estabelece em um texto dogmático, cujo discurso do método Haraway nos entregaria: "Não tenho mesmo certeza a respeito do que é ou não uma metáfora." Em outras palavras, os tropos são incontroláveis, penetram em tudo, são impossíveis de localizar. Desarranjam o discurso ordenado do sujeito cartesiano. Eles infestaram e infectaram tudo. Haraway não hesita em escrever: "Toda minha escrita se consagra a voltar a topar com essas armadilhas bipartidas e dualistas e a tropeçar nelas, em vez de tentar vencê-las ou resolvê-las em totalidades supostamente maiores."[18]

Aqui, a conjunção de *swerving and tripping* (desviando e tropeçando) remete à etimologia do tropo. Por vezes, Haraway zomba da etimologia, que ela considera como um meio de fazer sacrifícios à autoridade prestando homenagem aos gloriosos anciões[19].

Mas ao mesmo tempo ela recorre, à sua maneira, a uma etimologia: "Todas as histórias (*stories*) traficam com os tropos, com as figuras do discurso, necessárias para dizer seja o que for. Tropo (*tropos*, em grego) significa 'voltar a topar com' e 'tropeçar'. Toda linguagem volta a topar e tropeçar; nunca há significação direta: só o pensamento dogmático acha que uma livre comunicação de tropos é nossa posição."[20] Ao seguir os tropos, Haraway se coloca no centro do tráfico que as "grandes narrativas" tentam regulamentar. Ao explorar os tecidos, ao se entregar a um trabalho de cartografia e de análise de redes, Haraway tem uma visada transformativa: seus mapas visam transformar os esquemas explicativos em praça[21].

Metaplasma e Crítica das Dicotomias

A multiplicação de tropos resolve as tensões que atuam nos pensamentos graças a um novo aparelho dialético: a arte do "metaplasma" ou arte de remodelar e de remodalizar (*remolding and remodeling*). Sobre o metaplasma e a escrita que o pratica e o incorpora, Haraway afirma que são "uma prática ortopédica": nota-se toda ironia dessa "ortopedia" que já não serve para o andar direito mas permite o "aprender a remodelar (*remold*) as ligações de parentesco (*kin links*) a fim de contribuir para tornar o mundo mais harmonizado (*kinder*) e mais não familiar (*unfamiliar*)"[22]. O texto aventura-se sobre os ecos de *kin*, o "parentesco", e de *kind*, o "tipo", mas também a "bondade", a "gentileza", *kindness*. O trabalho sobre a língua visa produzir termos mais acolhedores às existências claudicantes, como a de Ciborgue. Certamente, diriam, Haraway não parece aventurar-se tão longe nessa pista, permanecendo surda às ressonâncias antropológicas de *kin*[23], mas em contrapartida ela toma plenamente a medida do gesto darwiniano, que transforma a classificação em quadro genealógico e reconcilia *kin* e *kind* ao fundar as genealogias e classes sobre os aparentados. A escrita não é estranha a esses processos biológicos:

ela é também uma prática da forma. À imagem de Ciborgue, a escrita se faz "flórida": os aparentados nesse caso "florescem" ou "desabrocham" – com tudo o que se tem de ambíguo em florações que podem ser tanto naturais como artificiais, decorativas, sexuais ou infecciosas[24].

O metaplasma, do qual Haraway faz seu tropo preferido, designa toda forma de alteração de palavras, intencional ou não. Ainda que tropo literário, metaplasma soa como citoplasma e evoca o "plasma germinal" de August Weismann, *germplasm*. Metaplasma tem uma dimensão vital. Assinala "um erro, um vacilo, um 'tropoar' (*troping*), que produz uma diferença carnal": remodelagem e remodelização (parelha de termos que define/descreve talvez o que os biólogos entendem comumente por "evolução"), como na longa história das *compagnonnages*[25], "a remodelagem da carne humana e canina, remodelização dos códigos de vida, da história das espécies companheiras em relação"[26].

Os dualismos constitutivos da modernidade – corpo/espírito, animal/máquina, idealismo/materialismo – são trazidos à luz no movimento pelo qual as práticas sociais e as formulações simbólicas os acentuam; ao contrário, a teoria crítica geralmente substitui essas dicotomias das dispersões e conexões polimorfas quase infinitas. Podemos nos perguntar o que Haraway faz dos dualismos. Ela os critica e os mantém ao mesmo tempo. Ciborgue é o metaplasma por excelência: um agenciamento de máquina e de organismo, figura híbrida e impura, "descendente ilegítimo", mas válido precisamente por causa de sua própria impureza. Algumas discípulas de Haraway, adequadamente mais harawaynianas que de Haraway, a censuraram por conservar os termos que ela confundia, isto é, por reconduzir os dualismos ao pretender evitá-los totalmente: Jennifer Gonzáles criticou a qualificação de Ciborgue como "híbrido ilegítimo" ao lembrar que "Ciborgue é tão legítimo quanto qualquer um" e que nunca existiu um estado "puro"; Nina Lykke quis mostrar que a última frase do *Manifesto Ciborgue* ("Eu preferiria ser Ciborgue do que uma Deusa") reconduzia, na realidade, uma oposição não pertinente (natural/ artificial, ciborgue/deusa) enquanto era preciso antes liberar os potencias de ciberdeusas (*cybergoddesses*)[27]. Tais tentativas mostram até que ponto os textos de Haraway são uma formidável maquinaria a engendrar descendente/s ilegítimos que contestam aquilo que os engendra e prolongam o que eles renegam. Visto que Ciborgue assume precisamente os dois termos da dicotomia, elela os mantém e os une, de modo que toda crítica vive na corda bamba. Sua *démarche* não está na busca de um estado primeiro, de uma pureza primordial, de um estado "anterior à mescla". Existimos na dualidade: o dualismo é mantido, porém a pureza dos polos do dualismo é descrita como um estado jamais atingido – Frankenstein, todo pesaroso, é devolvido à sua condição trôpega. Ciborgue abraça a crítica das dicotomias e mantém ou reconduz as dicotomias atenuando-as ou hibridizando-as por inteiro.

Os Meninos Fazem Histórias

Se Haraway admira Ciborgue, é porque sistematicamente ela está sempre ao mesmo tempo dentro e fora, em um entremeio impuro e inassinável; ela preza o feminismo e a ciência simultaneamente, mas sua vontade de ficar longe dos seus paradigmas dominantes faz com que mantenha-se sempre na fronteira. Seu feminismo é um feminismo sem mulher; sua prática da biologia não é a de uma bióloga e, no entanto, é a história de uma longa impregnação. A crítica feminista da ciência é objeto de uma abundante bibliografia à qual os trabalhos de Haraway se aparentam sem se reduzir a essa crítica nem se resolver nela. A ciência não leva mais a dar uma crítica cientificista ou biologizante do feminismo. A figura de Ciborgue traduz essas múltiplas alianças.

Os livros de Donna Haraway não deixam o pensamento crítico servir de justificativa à ignorância das ciências; eles recusam o fácil pretexto do "no fim das contas, são apenas textos, portanto deixemos isso para os meninos"[28]. Visto que os *boys* (meninos) se divertem, eles ocupam o terreno, manobram e manipulam: tornaram-se *experts* em rotulagens abusivas, em jogos de produção guerreira e de reprodução[29]. Aqueles que Donna Haraway chama ironicamente de *boys*, outros denominaram de "Dead White European Males"[30]. Será que é por acaso que o vale onde foram feitas várias descobertas sobre os fósseis dos primeiros hominídeos foi batizado de garganta "Oh Boy Oh Boy"[31] para imitar os gritos de maravilhamento dos paleoantropólogos? Esses *boys*, nós os encontramos constantemente. Nunca acabam com eles, pois a História está infestada de sua presença e dos seus atos: são eles que a vêm escrevendo, ela é sua grande Gesta.

Entre as ciências onde os *boys* se propagam, a biologia ocupa um lugar à parte no pensamento de Haraway. A biologia é com efeito uma ciência "para histórias". Ela é, antes de tudo, "implacavelmente histórica, de uma ponta à outra"[32]; isso se compreende na perspectiva da teoria da evolução, que modeliza o que advém de parentes ao longo do tempo, mas também através da equivalência entre as "histórias" (*stories/histories*). O conceito de história é utilizado por contraste com o de ideologia, julgado menos "generoso". Identificar "ideologias" ao atuar em biologia, é alçar-se ao ponto de vista proeminente da moral para julgar entre o Bem e o Mal e condenar; trata-se de tecer liames de Darwin a Hitler, via Galton, Haeckel ou Davenport; significa traçar uma rede que una a genética de linhagens puras de Johannsen aos avanços do neofordismo; é estabelecer relações entre Auschwitz e os abatedouros. Haraway não tem nada a ver com essa "retidão" (*uprightness*) que Derrida associava à postura humana e à ereção, ao poder masculino e à autoridade[33]. Ao contrário, ver na biologia uma "matéria para histórias" é dar testemunho, de acordo com ela, de uma vontade de abraçar ou de "habitar as histórias (*to inhabit histories and stories*) no lugar de criticá-las e negá-las". Essa "habitação" registra as solidariedades e as impurezas em ato. Enfim, exemplar dessa inquietação de aparentamentos e histórias, a biologia explode em simbioses múltiplas, Haraway confessando mesmo seu "desejo erótico de fusões prometidas pela biologia molecular da célula"; uma dimensão que abre o problema da natureza da individualidade. Ciborgue se amplifica de certa maneira e se antecipa na figura de *Mixotricha paradoxa*, parasita intestinal de cupins australianos[34].

Haraway não espera alcançar um olhar neutro ou depurado, o olhar que ela denomina "god trick": "Não podemos nos situar em um ponto de vista qualquer (*vantage point*) sem sermos devedores/responsáveis (*accountable*) desse movimento." Trata-se de termos "simultaneamente uma explicação (*account*) da contingência histórica radical de todas as pretensões de conhecimento e de sujeitos conhecedores, uma prática crítica para reconhecer nossas próprias 'tecnologias semióticas' a fim de produzir significações, e um engajamento percuciente/pertinente (*no-nonsense*) em relação às explicações fiéis de um mundo 'real', que poderá ser parcialmente[35] compartilhado (*partially shared*)"[36]. Toda ciência, todo feminismo, toda prática política estão necessariamente engajados em configurações e situações condenadas à impureza. Eis por que Ciborgue é sua ferramenta.

Se Spinoza, retomando uma antiga fórmula escolástica, fazia de Deus o "abrigo da ignorância", Haraway é incansável e inigualável quando se trata de desalojar os refúgios da perspectiva divina (igualmente chamada de "perspectiva de Guerra nas Estrelas"), essa posição de onde se pretende abraçar tudo e que poderíamos descrever, acompanhando Francine Markovits, ao mesmo tempo como uma fortaleza impenetrável e como uma cadeira vazia na qual jamais ninguém se encontra na posição de sentar-se[37]. É sem dúvida sua recusa de se colocar no ponto de vista da perspectiva divina que permite a Haraway criticar suas três alianças disciplinares e proclamar, de modo simultâneo, o que deve a elas: o cientismo, o marxismo e o feminismo. Que o cientismo pretende ocupar a posição de um observador neutro, universal e não situado, é uma das grandes lições da crítica feminista. Da mesma forma, o marxismo viu-se, conforme Haraway, "poluído na origem por sua teoria estruturante": explicando a dominação da natureza pela autoconstrução do homem e incapaz de historicizar tudo o que as mulheres fazem sem serem retribuídas com um salário. Haraway analisa também como o próprio feminismo se coloca em uma posição impossível ao desejar promover uma ciência melhor, enquanto pretende escapar da perspectiva divina: manejar ao mesmo tempo a crítica da objetividade e a promoção de uma objetividade alternativa é uma maneira de querer "se agarrar, em alternância ou mesmo simultaneamente, aos dois extremos de uma dicotomia". Haraway analisa as razões pelas quais o feminismo teve dificuldade para sustentar ao mesmo tempo um construtivismo radical e um empirismo feminista: "Claro, é difícil escalar quando nos seguramos nas duas extremidades de um mastro, simultânea ou alternativamente. É tempo, pois, de trocar de metáforas."[38]

MITOLOGIA CRÍTICA: DE CIBORGUE ÀS ESPÉCIES COMPANHEIRAS

Natural e artificial, ciência e feminismo, interno e externo se entrelaçam para dar à luz formas inéditas. Primata foi uma delas; Ciborgue é outra, talvez a mesma. De Primata a Ciborgue, o propósito passa das ficções antropológicas ao centro dos equipamentos guerreiros e reprodutores que os tropos têm como missão voltar a topar e perturbar. O "Manifesto Ciborgue" se inscreve no contexto do "capitalismo avançado" analisado por Fredric Jameson um ano antes[39]. Haraway convoca também as novas formas do trabalho, como o "trabalho em casa" examinado por Richard Gordon, que provocam uma fragmentação da vida e fazem desabar a fronteira público/privado, lugar de trabalho/espaço doméstico[40].

Tal contexto político é essencial na medida em que Haraway reivindica a sobriedade do seu trabalho, opondo-se assim às interpretações *techno-hype* que foram dadas a ele, ou aos leitores irônicos que o esvaziam de sua radicalidade e de sua dimensão crítica: ela não rejeita esses leitores, mas parece considerá-los como *illegitimate offspring* (descendência ilegítima), quem sabe a única progenitura possível de se obter[41].

Haraway declara propor "um mito político irônico, fiel ao feminismo, ao socialismo e ao materialismo", porém o modo com o qual ela trata a técnica é contrária à doxa dessas correntes. Haraway opera, portanto, uma dupla torção: ao reapropriar-se ironicamente de Ciborgue, ela modifica o quadro conceitual do marxismo, da psicanálise e do feminismo. A aposta é a seguinte: Ciborgue pertence à Guerra nas Estrelas, ela é o seu objetivo, nela tem sua função, sua razão de ser. Se lhe permitem escapar a esse destino, sequestra-se do inimigo de Ciborgue uma arma temível; mas também mudam a teoria das práticas de emancipação. Segundo as leituras teleológicas, a História é uma saída da unidade primitiva: ruptura necessária com o colo da mãe, desenvolvimento da técnica, servidão das mulheres e controle dos poderes da Natureza. De modo que, para evitar a orgia militarista da Guerra nas Estrelas, as feministas geralmente se refugiam em um paraíso ante-histórico onde o masculino é tornado equivalente à técnica e o feminino é definido como a reconciliação com a Natureza primeira subtraída da História e como o que exclui a técnica. Ao fazer de Ciborgue nossa ontologia, Haraway espera tirar o feminismo dos impasses desse ecofeminismo antitécnico e acabar com a ideia de que a emancipação virá da busca por uma pureza perdida. Ciborgue, como já foi dito, não cai no erro ingênuo de Frankenstein: "pula a etapa da unidade originária, da identificação com a natureza no sentido ocidental. É sua promessa ilegítima que pode conduzir à subversão de sua teleologia como Guerra nas Estrelas"; "não reconhecerá o Jardim do Éden"[42]. Para o feminismo, adotar Ciborgue é renunciar aos mitos do paraíso pedido, a busca vã por um mundo que seria completamente inocente, natural sem artifício, excelente sem o macho. Tomar Ciborgue em vez da Mulher como objeto do feminismo é aceitar o mundo tal como ele é embora recusando-o. É sobretudo rejeitar o impasse da doce utopia naturalista que caberia ao Eterno Feminino encontrar. Ciborgue reordena as relações do feminino e da técnica sem cair na tecnofilia e sem dar no ecofeminismo.

Haraway interpreta as políticas Ciborgue como uma luta contra "o código único que traduz toda significação à perfeição" – aquilo que visa tanto a genética quanto a teoria feminista ou marxista; todos os discursos únicos totalizantes e imperialistas, unificados sob a categoria "sonho de uma língua comum". Daí a insistência de Haraway em relação à emergência contínua da diferença.

A afirmação de Ciborgue tornou-se um estandarte que permite o combate nesses diferentes *fronts*. Haraway parte de dicotomias conceituais, mesmo/diferente, eu/outro, interno/externo, conhecer/ignorar, que ela opera com vistas a refigurá-las e reconfigurá-las, como "guias de estradas para Outros, impróprios e inapropriados" (*as guided maps for inappropriate/d others*): essa frase que Donna Haraway toma emprestada da cineasta e feminista vietnamita Trinh T. Minh-ha indica qualquer um que se recusa a adotar uma das máscaras propostas pela alternativa eu/outro, uma divisão proposta pelas "narrativas dominantes da identidade". Falar de *inappropriate/d others* é tentar considerar a diferença independentemente dos sistemas hierárquicos de dominação. Face à violência do pensamento dialético – uma violência que visa incorporar e sintetizar as diferenças –, o feminismo combate as tendências unificadoras e Ciborgue encarna esse gesto que consiste em simultaneamente sustentar como verdadeiros os dois termos que seriam considerados contraditórios. Ciborgue sinaliza, pois, para o fim das narrativas construídas em cima da alternativa ou/ou. Ciborgue propõe a "porta de saída" de um certo número de dualismos, pois não se sabe mais quem depende de quem, quem criou quem; não existe mais diferença entre a máquina e o organismo, não há mais razão para limitar os corpos à superfície da pele. Haraway utiliza o caso da pessoa altamente incapacitada que realiza a experiência da hibridização complexa existente entre ela e as máquinas. A máquina não é acionada por nós, ela é nós, é um processo de nossa encarnação, de nosso modo de ser no mundo. Em sua face canguilhemiana, a máquina é uma projeção do organismo, uma tática vital de sobrevivência; mas Ciborgue significa igualmente que não existe um corpo "natural", essencial, que se encontraria subtraído dos discursos, das instituições ou dos jogos de poder. Ciborgue codifica assim diferentes situações: o corpo da mulher é Ciborgue, em especial porque é constituído naturo-artificialmente pela pílula contraceptiva; porém o embrião é Ciborgue da mesma forma, em particular no contexto da procriação medicamente assistida (PMA), em que torna-se uma figura da união entre a ciência e a natureza e pode ser descrito como uma "entidade de parentesco Ciborgue" (*a Cyborg kinship entity*); por fim, os processos de regeneração abrem as portas a Ciborgue: "Temos urgência de regeneração, não de renascimento, e as possibilidades de nossa reconstituição incluem o seguinte sonho utópico – a esperança de um mundo monstruoso sem gênero."[43]

Uma das funções de Ciborgue consiste assim em derrubar o organicismo, esse sonho de uma comunidade natural e não constrangida cujo Organorg de Canguilhem parece dar o exemplo. Ciborgue é necessariamente desconjuntado, recomposto, torto. Ciborgue pode servir igualmente para reformular o feminismo, se este pretende evitar as lógicas da dominação orgânica e almejar afirmar a esperança de outros possíveis – por exemplo, de híbridos de máquina e organismo ou de animal e humano. Como escreve Haraway em 1984: "Minha esperança é que Ciborgue se relacione (*relate*) com a diferença por meio de conexão parcial em vez de por meio de oposição antagônica, regulação funcional ou fusão mística. Curiosamente, os primatas não humanos e outros objetos biológicos de conhecimento foram teorizados novamente como Ciborgue no século XX."[44]

Diante dos dualismos que se infiltram na cultura ocidental e que contribuem "à lógica e às práticas do sistema de dominação imposto às mulheres, às pessoas de cor, à natureza, aos trabalhadores e aos animais – em uma palavra, à dominação sobre todo aquele que se constituiu em outros e cuja tarefa é de ser o espelho do eu", a fórmula chave que encarna Ciborgue é a seguinte: "Um não é suficiente, mas dois é demais"; ou ainda: "Um é muito pouco, mas dois é apenas uma possibilidade."[45] Ciborgue assinala o reconhecimento de que o feminismo não é garantia de qualquer "voz autêntica" da qual seria o porta--voz legítimo. Nada de identidade feminina, imutável, da qual o feminismo seria o eco ou expressão. A irrupção de Ciborgue como sujeito do feminismo marca o desenvolvimento plural do feminismo ou o fim daquilo que o mundo anglo-saxão chama de *french-feminism*, o feminismo da Diferença ou universalista. Ciborgue é testemunho da irrupção de uma multiplicidade de diferenças e da demarcação de stuffs e de identidades. Porém não se trata de condenar um feminismo ao ostracismo a fim de promover outro, de mediocrizar um feminismo *altérisé* (alterizado) e tornado estranho para alcançar um novo feminismo. Ciborgue significa que o feminismo se dá em uma pluralidade dissonante e integrativa – nas exatíssimas palavras de Vicki Kirby: "A marca de fábrica do feminismo nunca foi de ter uma só e única assinatura. Pois, como qualquer outra arena de luta política, o feminismo constitui um híbrido de perspectivas, de interesses e de estratégias que se espraiam em várias direções."[46]

O feminismo é a invenção de geometrias que não se deixam tomar pelos modos oposicionistas ou pelas taxinomias rígidas. Ou, para retomar a "piada séria" (*serious joke*) ou o "exagero exato" (*correct exaggeration*) da própria Haraway, "mulheres" é uma categoria complexa pela qual "A e não-A tendem a ser simultaneamente verdadeiro"[47]. Isso significa que a análise feminista requer momentos contraditórios e uma prudência (*wariness*) em relação a toda resolução, quer seja ou não dialética. "Conhecimentos situados" é um outro nome para uma mesma constatação e uma ferramenta para gerar "mapas de consciência para as pessoas que foram inscritas nas categorias demarcadas de raça e sexo e que foram produzidos de modo exuberante nas histórias de dominação machista e colonialista". O feminismo oferta "novas ponderações" ou "reescritas" que modificam os textos de inscrições. Por isso, o feminismo não dispõe de qualquer "experiência de mulheres" (*women's experience*) sobre a qual se apoiar como matriz ou legitimação do seu discurso e de suas operações. Ao contrário, o feminismo sempre deve levar em conta uma multidão de expressões e de expressividades que constantemente escapam às disciplinas, aos gêneros e às práticas. Todavia, o feminismo parece ter esquecido dessa dimensão plural e agregadora que o caracteriza. Em uma seção intitulada "Identidades Fraturadas", Haraway observa: "Tornou-se difícil qualificar o feminismo por meio de um simples adjetivo, e até mesmo insistir sobre o substantivo em qualquer circunstância."[48]

Os movimentos das mulheres empacaram nas disputas de taxinomias, que de um lado parecem ancorar-se na natureza da palavra "mulher", o ventre, a *hystera*, a maternidade, e de outro dividem o feminismo em uma multiplicidade de facções rivais (feminismo socialista, radical, liberal etc.), como se se tratasse de grupos coerentes, dotados de uma continuidade histórica e isolados uns dos outros de maneira hermética. Eis aqui ainda a obsessão da pureza dividida. Além disso, tais taxinomias deixam de lado outras formas, julgadas marginais. Como especifica Haraway ao se apoiar em Katie King, "as taxinomias do feminismo produzem epistemologias para policiar qualquer discrepância em relação à experiência oficial das mulheres"[49]. O problema é que "ser uma mulher não apresenta nada que una naturalmente as mulheres" e uma inquietude paira sobre o "nós" do feminismo. Diante dessa crise da "identidade política", Ciborgue, além disso, não é uma espécie; elela não vem se juntar à longa litania de facções feministas; elela é uma maneira de lembrar que a política é coalizão – "afinidade, não identidade"[50].

Ciborgue notadamente faz eco a uma outra figura, uma nova voz política chamada "Mulheres-de-cor", com Chela Sandoval e seu conceito de "consciência opositiva" de 1984. A constatação é a seguinte: Mulher-de-cor não se deixa identificar, de modo que a definição desse grupo é operada pela apropriação consciente de uma negação. Visto que uma Chicana ou uma mulher negra estadunidense não podiam falar como Mulher, como Negro ou como Chicano, elas se encontraram "no fundo de uma cascata de identidades negativas, confinadas fora das categorias oprimidas privilegiadas e devidamente carimbadas como 'Mulheres e Negros', que reivindicavam fazer as revoluções importantes"[51]. Mulheres-de-cor voltam a "delimitar um espaço autoconscientemente construído, que não pode afirmar a capacidade de agir sobre a base de uma identificação natural, mas apenas sobre a base de uma coalizão consciente, de uma afinidade, de um parentesco político", voltam a "produzir uma unidade efetiva que não replica os tópicos revolucionários imperializantes e totalizantes dos marxismos e dos feminismos anteriores". Dito de outra forma, "as ciborguefeministas devem demonstrar que 'nós' não queremos mais da matriz natural de unidade e que nenhuma construção abraça tudo. A inocência e a insistência corolária sobre a vitimização como único fundamento para nossa perspicacidade fizeram suficientes danos"[52]. Ciborgue marca, pois, a despedida à categoria Mulher como unificador do feminismo. Elela propõe uma política agregativa que conjumina tudo em uma visada emancipatória comum. Assim a feminista negra e lésbica Audre Lorde pôde propor, em 1979, uma "cooperação inter-racial entre feministas que não gostavam umas das outras"[53]. Essa política Ciborgue é a de uma coalizão não integrativa entre "aquelas dentre nós que se mantêm do lado de fora do círculo do que a sociedade definiu como mulheres aceitáveis", uma coalizão na qual muçulmanas veladas, trans ou lésbicas podem se agregar de maneira estratégica e provisória para contornar o rótulo exclusivo do que é admitido como "Mulher" ou o que é requisitado para tornar-se uma. Tal política Ciborgue, que é uma prática da diferença, reinterpreta, dessa maneira, as relações da categoria (Mulher) com a naturalidade, com a heterossexualidade, com a técnica. Isso equivale a perturbar um conjunto de dicotomias: corpo/

espírito, organismo/máquina, público/privado, natureza/cultura, homens/mulheres, primitivos/civilizados, todos "ideologicamente em questão". Essa crítica das dicotomias que estruturam o pensamento ocidental está no coração das pequisas filosóficas dos anos 1970-1980, impregnadas pela redescoberta do pensamento oriental, e Ciborgue é uma maneira de abarcá-las em uma palavra.

Duas Experimentações

Ciborgue pertence a um campo de experimentações onde a arte de escrever pode transformar o mundo. O "Manifesto Ciborgue" ironiza tais exprimentações, sem nomeá-las, em *Love's Body*, de Norman O. Brown, de 1966, e nas danças espirais oferecidas por Mary Daly em *Gyn/Ecology* publicado em 1978. Quando o "Manifesto Ciborgue" foi publicado, muito já se zombara do livro de Brown como obra de um poeta com notas de rodapé[54]. Em *Love's Body*, Brown tenta uma escrita diferente que salienta a "participação mística" ou a fusão, esse gesto pelo qual "a distinção entre o eu íntimo e o mundo externo, entre o sujeito e o objeto, é superada"[55]. Essa fusão se apoia em uma teoria da metáfora: "A metáfora é falta ou impropriedade; um passo em falso ou uma gafe; uma pequena loucura; pequeno mal; uma pequena crise ou inspiração."[56] Ciborgue não fica longe disso. Como sublinha John Sanbonmatsu, "Haraway faz eco à paixão fetichista de Brown pela ruptura linguística e destruição das significações fixadas e do literalismo", e o "Manifesto Ciborgue" pode ser entendido como "um ataque teórico frontal à unidade 'perdida' em Babel – isto é, o socialismo marxista"[57]. Apoiando-se no conceito de "concretude deslocada" (*misplaced concreteness*), de Whitehead, Brown desenvolve um antiliteralismo ofensivo, por meio do qual ele entende reintroduzir a vida no pensamento.

Haraway certamente ironiza o conceito místico de fusão defendido por Brown, mas na mesma medida empreende uma reflexão acerca da potência da escrita metafórica, seduzindo suas leitoras a experimentar "o prazer nas fusões poderosas e em tabus"[58]. De maneira muito surpreendente, Haraway e Brown se encontram em um tema pentecostal: Brown compara a liberdade à fusão e ao tema da Pentecoste que em Haraway assume a forma de um apelo a se desenvolver a "imaginação de um falar-em-línguas feminista, para semear o terror nos circuitos dos super-salvadores da nova direita"[59]. Porém *Love's Body* ainda é assombrado, atravessado por dicotomias, estruturado do começo ao fim pela divisão em dois: ele se interroga a respeito da dualidade de irmãos reinterpretando a dualidade de sexos, examina o coito como "batalha cujo preço é um pênis"; medita sobre a "tarefa impossível" – "Encontrar a fêmea-macho (o pai vaginal) ou o macho-fêmea (a mãe fálica), isto é, a quadratura do círculo, o desejo e a busca do todo, sob a forma da unidade dual ou do objeto combinado; a hermafrodita satânica do Anticristo." Enfim, no universo de Brown, o motivo da fusão torna-se pretexto para que tudo vire coito heterossexual – compreendido aí a compreensão, descrita de acordo com uma fórmula do filósofo veneziano Francesco Patrizi (1529-1597), como "coitum quaedam cum suo cognibili", um certo coito do experimentando com o conhecido; compreendido aí a linguagem, Brown chegando até a declarar que "a relação sexual" (*intercourse*) é "o que se produz na frase. Em cada frase, a pequena palavra 'é' é a cópula, o pênis ou a ponte [...]; cada frase é dialética; um ato de amor"[60].

Além do mais, Brown só escapa à dominação através da fantasia e abandona periodicamente o corpo político questionado, tomado por crises como quando os Titãs se unem para ir ao encalço de Urano a fim de destruí-lo; na perenidade, o reino do Pai permanece, no entanto, incontestado; Cronos destrona Urano, Zeus destrona Cronos. Quando os Irmãos assassinam ou castram o Pai, isso nunca ocorre só com a finalidade de se apoderar do

Falo, de modo que sua vitória existe apenas com a restauração ou a continuação da antiga ordem. Para Brown, "o real, o único oposto do Patriarcado, não é o Matriarcado, mas a Fraternidade", e essa Fraternidade repete, *ad nauseam*, o drama de dois polos, um esmagando o outro, a dialética da atividade e da passividade[61].

Gyn/Ecology, de Mary Daly, conta uma história completamente diferente. O livro cede a palavra às Hags, às Velhas Bruxas, aquelas que sistematicamente foram maltratadas nos contos de fadas, feiticeiras malvadas ou madrastas abusivas. *Gyn/Ecology* reúne desejos contraditórios; junta o que foi abusivamente separado, mas também corta pela raiz todas as fórmulas híbridas que rebaixam o feminino. Assim, o prefácio da obra se desenvolve pela proscrição de três palavras, três abominações: a primeira é *God*, impossível de emancipá-la do imaginário másculo/masculino, irresistivelmente atrelado à "necrofilia do patriarcado", e que Daly substitui por *Goddess*; a segunda é "andrógino", repudiada como "John Travolta e Farrah Fawcett grudados juntos". A terceira é "homossexualidade", rejeitada como termo falsamente genérico que "de modo redutor 'inclui', ou seja, 'exclui' o ente ginecêntrico, o lesbianismo"[62].

Pressente-se que Ciborgue está na linha de mira dos protestos de Daly. Ela empreende uma purificação da linguagem, um afastamento da cultura máscula que por muito tempo parasitou, ou seja, também oprimiu e abafou a cultura feminina. Ora, essa cultura "máscula", que reduz as Mulheres ao estado de mortos--vivos e zumbis, que as encurrala em uma "robotitude", isto é, em um estado de servidão à técnica, Daly encontra em todos os lugares, notadamente no grandioso espetáculo espacial oferecido em 1975 quando a cápsula americana Apollo e a cápsula soviética Soyuz se acoplaram depois de muitas tratativas diplomáticas para que não se pudesse dizer de nenhum dos dois países que um foi "penetrado", isto é, "enrabado" pelo outro. Daly expõe o subtexto machista e escatológico dessa grandiloquente tubagem espacial em que nenhuma das partes quis fazer o papel da fêmea: *mise-en-scène* de cosmonautas másculos, *spacemen*, excretados por tubos, cagalhões trocando viris apertos de mãos à guisa de sinfonia cósmica.

Porém Daly lança mais longe o clamor tonitruante das Hags. A influência da técnica máscula e mortífera é também palpável, segundo ela, no transsexualismo que ela reduz essencialmente a uma operação MtF (de macho para fêmea) e onde ela acredita ver operar a vontade que têm os Homens de engendrar seu stuff por meio da técnica ao substituir as Mães. Clone, Ciborgue, mas ainda Trans MtF traduzem, para Daly, essa fantasia do macho de autoengendramento, isto é, de eliminação da gestão intrauterina, que infesta toda a cultura e se traduz na busca desvairada pelo útero artificial. A técnica é **portanto** relida como uma empresa do macho visando roubar das fêmeas seu grande segredo: o da reprodução. A história de Frankesntein traduz igualmente esse mito falotécnico: Victor Frankenstein encarna o Pai tecnófilo e necrófilo que viola as fronteiras e dá a vida eliminando a Mulher desse processo. O cientista retratado por Mary Shelley é o "garanhão científico" (*the scientific sire*) realizado, o macho liberado de todo e qualquer elemento da fêmea, desempenhando as funções típicas da Outra e sonhando com a "masculoternidade" (*male-mothering*).

Cyborg é uma das recentes denominações desse mesmo mito, por seu compromisso com a técnica, assim como por sua arte de turvar as fronteiras. Daly se opõe especialmente à ideologia ciborgo-dionisíaca de Brown, que esconde, de acordo com ela, sob a salvaguarda da transgressão, uma glorificação do violar. Pois a especialidade dionisíaca é a violação de fronteiras: o dionisíaco é uma cultura da invasão. Sob os tirsos e os pâmpanos, Dioniso esconde o "violismo" da cultura, a propensão de tornar a violação aceitável em toda parte, o intolerável, tolerável.

Dessa forma, Daly dirige um ataque à subordinação do mundo da vida ao fetichismo maquínico. Com isso ela não defende, no entanto, a pura naturalidade da Maternidade glorificada, pois isso também é uma armadilha preparada pelo masculinismo. As mulheres devem aprender a praticar o que Andrea Dworkin chama de *double-double unthink*, ou seja, ultrapassar a óbvia inversão de posição dissimulada pelos Machos. Elas devem descobrir a Mentira subjacente e evitar as inversões fáceis. Assim não serve para nada a conversão da Inveja do Pênis freudiana em uma Inveja do Ventre que deveria supostamente funcionar de modo simétrico nos homens. Uma tal inversão só faria perpetuar a fixação fetichista sobre as genitais femininas, sobre o peito e sobre o ventre como sendo os bens mais preciosos da mulher. A glorificação e o desprezo são duas armadilhas a serem evitadas. Todavia, depois de ter condenado a técnica com tanto vigor, Daly não está longe de se ver encerrada nesse naturalismo.

O "Manifesto Ciborgue" de Haraway pode ser lido como uma tentativa de arrancar o feminismo desse ramerrão ao recuperar Ciborgue a fim de pensar a emancipação. Haraway conjuga duas figuras tutelares e inconciliáveis, de alguma maneira se diverte com Brown e Daly ao mesmo tempo, ela os fricciona um contra o outro a fim de produzir uma espuma de onde nascerá Ciborgue. Haraway se serve do furor das Hags de Daly, porém sem esquecer Dioniso como "perversidade polimorfa" de Brown; utiliza Daly para ir além do tema da mulher "receptáculo", tema que prevalece na Stag-nation[63], e não esquece de Brown e seu elogio vibrante "da iridescência, do entrejogo, das interconexões, das intersecções, das encruzilhadas" como lugares onde se situa a significação, sempre *in between*, "transicional e transitório": entre dois[64]. Haraway constata o fato de que erigir fronteiras não permite assegurar o paraíso feminista que garantirá subjetividade e liberdade às mulheres. As fronteiras são inimigas que precisam ser abatidas, e o "Manifesto Ciborgue" é um hino à fluidez da identidade. A figura de Ciborgue, como a de Centauro, "polui as fronteiras" (*boundary pollutions*) assim como as Espécies Companheiras contarão uma história de coexistência e de contaminação interespecífica.

A Ironia É um Gesto Político?

A ironia de Haraway joga com e nas fronteiras. Ela se mantém à distância da abordagem feminista empática que aproxima o sujeito feminino do sujeito animal e a reformula a partir de Ciborgue, a entidade que desarranja os contrários. Ela abraça o real dando uma espécie de atenção aguda a todos os discursos, identidades ou materialidades. Por consequência, é possível nos interrogarmos a respeito do alcance político de tanta ironia. Uma incerteza paira sobre a política Ciborgue: não encontramos, em nenhuma parte do pensamento de Haraway, uma denúncia articulada da exploração das mulheres e dos animais como podemos ler em Carol Adams[65]; não há também qualquer advertência profética referente à contaminação do natural pela técnica, à crescente influência do Inerte sobre o Fluido, da Máquina sobre a Vida, como é o caso em um ecofeminismo tonitruante à moda de Daly.

John Sanbonmatsu ficava surpreso, por exemplo, com a ausência de um panorama ético na obra de Haraway, obra onde a genética é apresentada como prática transformativa e não como assalto à vida por um capitalismo canibal. No entanto, a política pós-estruturalista, com Hardt e Negri, utiliza o Ciborgue harawayniano sem perceber "a que ponto seu discurso parece com o de bioengenheiros capitalistas, de tecnoempreendedores ocupados em varrer toda fronteira entre sujeitos e objetos, ao criar o que eles chamam de 'máquinas biológicas' ou 'hybrots' – entidades híbridas que se utilizam do cérebro vivo de animais para controlar dispositivos robóticos"[66]. De fato, ao denominá-los de "novos bárbaros" abrindo caminho a novos corpos "pós-humanos", Hardt e Negri reciclam toda uma literatura da mescla e da invenção de novas formas das quais os *piercings* ou as tatuagens são apenas pálidas prefigurações; eles promovem um *patchwork* ou hibridizam Judith Halberstam e Rosi Braidotti com o nomadismo das multidões e os modos de vida em êxodo de Deleuze e Guattari, o devir-artificial, a poderosa artificialidade do ser no pensamento de Haraway[67]. Essa operação de reciclagem se faz, todavia, sem grandes ilusões. Eles escrevem, por exemplo, a respeito do *Manifesto Ciborgue*: "Devemos nos lembrar que trata-se de uma fábula e nada mais." Assim, Ciborgue significava simplesmente a necessidade de lutar dentro do Império e construir contra ele, "em seus territórios híbridos e flutuantes. E devemos acrescentar aqui, contra todos os moralismos e todas as posições de ressentimento e nostalgia, que esse novo terreno imperial forneça possibilidades maiores para a criação e a liberdade"[68].

A crítica de Sanbonmatsu esbarra pois precisamente no ponto exato visado por ela; na impureza de Ciborgue, em sua imersão num conjunto de práticas tecnocapitalistas de ponta, com as quais elela não está em situação de exterioridade ou em posição de julgar. Ciborgue parece aceitar tudo: elela formula uma ontologia do acolhimento que dá uma impressão de incapacidade para discriminar, isto é, para formular uma ética ou uma política. Mas na realidade, elela constata toda renúncia aos mundos atrasados, à promessa de amanhãs que cantam e à nostalgia pelo ontem, coberta de virginalidade. Ciborgue é "como essas pessoas alérgicas a cebola que comem no McDonald's": "obrigados a viver, ao menos em parte, no sistema material-semiótico de medida, conotado pelo Terceiro Milênio, quer sejam ou não bem talhados para essa história"[69]. Ciborgue é uma política para um tempo em que a luta pela emancipação ou contra as discriminações não passa mais pela afirmação de uma "identidade" oprimida ou pelo sonho de um recomeço radical. Como observa Nina Lykke, "talvez esteja mais claro que nunca que nenhuma política de identidades 'puras' é possível. As mulheres 'puras', os 'puros' trabalhadores, 'puras' pessoas de cor, gays e lésbicas, povos indígenas, ecoativistas e atores não humanos atuando em uma natureza 'selvagem' foram transformados em 'outros impróprios inapropriados' (*inappropriate/d others*)"[70].

Finalmente, em matéria de política radical, as teorias rivalizam e competem. Ciborgue não escapa desse jogo, no que constitui a mola de uma política pós-foulcautiana. Haraway jamais se refere a Foucault sem se autorizar a aplicar algumas unhadas irônicas. No "Manifesto Ciborgue", ela se remete a ele em duas oportunidades. Na primeira ocorrência qualifica a biopolítica como "premonição frouxa da política Ciborgue, um campo extremamente aberto". Na segunda, ela especifica: "Ciborgue não está sujeito à biopolítica de Foucault; Ciborgue simula a política, um campo de operação bem mais potente."[71] Nos dois casos, Ciborgue ultrapassa a biopolítica por meio de um subentendido sexual. Foucault primeiro é descrito como frouxo (*flaccid*), antes que Ciborgue seja qualificado como mais "potente" (*potent*) e, portanto, menos impotente que ele. Ciborgue é situado no campo da imaginação e da simulação, mas também na região das "cópulas férteis"; trata-se de uma figura impregnada de sexualidade. O "Manifesto Ciborgue" não fornece uma arqueologia da tecnopolítica cibernética.

Como compreender que a biopolítica foucaultiana, do ponto de vista de Ciborgue, "torna-se frouxa"? A relação do feminismo com Foucault foi objeto de diferentes trabalhos nos anos 1980 e 1990. O feminismo procurava se apoiar no foucaultianismo para emancipar-se do marxismo e do freud-lacanismo. Porém a filosofia de Foucault muito rapidamente tornou-se uma ortodoxia sem relação com o feminismo[72]. A explicação que Foucault oferece dos sistemas de poder/saber, seu antiessencialismo, sua tentativa de desmascarar o sujeito soberano, colocando em evidência disciplinas normativas, constituiu ferramentas úteis para contrapor o masculinismo. As genealogias do poder foram, todavia, consideradas prematuras – em particular na história da sexualidade, onde a história da dominação masculina passou em silêncio. A medicamentação do corpo das mulheres, a patologização da gravidez ou da menstruação, a violência feita às mulheres nos processos de feitiçaria, a violação, a mutilação em nome da beleza, o apresamento da natureza, da razão e da linguagem etc. – todos esses elementos permitem apontar as lacunas da abordagem foucaultiana e sua licenciosidade a esse respeito. Durante um debate sobre o estupro publicado na revista britânica feminista *m/f* em 1980, Leslie Stern pôde escrever que as análises de Foucault eram úteis para investigar "situações de luta", mas que elas iam longe demais na crítica do conceito de "opressão", que parecia esvaziado de sua substância. De sua parte, Monique Plaza censurava Foucault por operar "uma negação das diferenças de poder que caracterizam a relação entre os sexos na sociedade".

Foucault, ao esvaziar de sua pertinência os conceitos clássicos, corria o risco de tornar a luta das mulheres obsoleta. Portanto, viu-se acusado de descrever o sujeito-objeto do poder como um corpo dócil. Se a resistência é levada em conta, não é ela que prevalece: o *Eu, Pierre Rivière* ou as memórias de Herculine Barbin, ao mesmo tempo que nos permite ouvir vozes reduzidas ao silêncio, não se interessa pelos movimentos coletivos de resistência. Assim, Foucault é acusado de ouvir a voz dos oprimidos, mas por difundir a voz do poder[73]. Durante muito tempo as feministas criticaram Foucault por ter negligenciado as metáforas que reduzem as mulheres ao silêncio, pelo jogo de oposições masculino/feminino, espírito/corpo, forma/matéria etc. O feminismo prescreve ao foucaultianismo não esquecer o papel do patriarca e da opressão nos dispositivos que ele analisa, como fez o marxismo ao ignorar o gênero[74]. Volumes coletivos, como o *Reflections on Resistance* dirigido por Irene Diamond e Lee Quinby, pleiteiam por uma síntese[75]. O método desconstrutivista de Foucault permite uma análise crítica da Experiência das mulheres, no singular e com E maiúsculo. A combinação de abordagens foucaultianas e feministas permite uma conquista de poder ou *empowerment* (empoderamento): onde as abordagens foucaultianas sublinham a importância dos efeitos de poder na produção dos sujeitos humanos, as abordagens feministas destacam a ubiquidade do poder masculinista sobre os stuffs marcados "Mulher".

A ontologia Ciborgue tenta um feminismo liberado de todo essencialismo e um materialismo que renova o marxismo e a psicanálise evitando as "grandes narrativas". Ciborgue, em sua crítica às teorias pretensamente universais globais e totalitárias, pode, sobre esse ponto, encontrar suportes úteis nas polêmicas de Foucault contra o "marxismo científico" ou contra as grandes "leis" da psicanálise[76]. Compreende-se melhor por que os dispositivos biopolíticos foucaultianos, cegos à categoria de gênero, puderam ser qualificados por Haraway como "frouxo". Ao declarar que Ciborgue é nossa ontologia, Haraway destaca que o "eu" do qual Foucault retraçava a arqueologia da inquietação é uma categoria antiquada, que pertence ao passado. Por isso, a frouxidão foucaultiana designa, antes de tudo, sua obsolescência. A biopolítica é inapropriada à "informática da dominação". Haraway escreverá, no *Manifesto das Espécies Companheiras*, lançando um olhar de relance a *O Nascimento da Clínica* de Foucault, estar mais interessada pelo "nascimento do canil"[77]. Em uma nota de rodapé do "Manifesto Ciborgue", ela já observava: "é tempo de se escrever A Morte da Clínica", pois Foucault definiu "uma forma de poder que estava então a caminho de implodir". Assim, a investigação foucaultiana parece, do ponto de vista do Ciborgue harawayniano, se não caduca, ao menos insuficiente e impotente. O discurso da biopolítica não parece ter influenciado o tecnobalbucio, linguagem de substantivos truncados e conectados: Ciborgue é, assim como "GenTech" ou outros nomes de multinacionais, um desses efeitos do "tecnobalbucio" capitalista, que "não respeita a integridade de nenhum nome"[78]. Dessa forma, a distinção entre a política Ciborgue, ou "tecnobiopoder" de Haraway, e a biopolítica foucaultiana tem sua importância. Pois Ciborgue não é a produção de um conceito radicalmente alternativo e utópico: elela é, até na maneira com a qual seu nome é formado, por colisão aglutinante, um produto do bio-tecno-hiper-capitalismo avançado. A política Ciborgue exprime que devemos procurar aí as energias de resistência e de contestação. Isso não se dá sem dificuldades e suscita, por vezes, o sentimento de que o "Manifesto Ciborgue" é difícil de ser apreendido: não somente o caráter híbrido de Ciborgue não pode ser reabsorvido e seu estatuto, que catapulta um sobre o outro ficção e realidade, máquina e organismo, parece inconcebível, mas o texto inteiro é colocado sob a categoria do blasfemo – mais que um tropo, um estilo que nunca deve ser tomado ao pé da letra e que deve fazer nascer a suspeita em relação àquilo que se lê.

O Teste das Dicotomias

Como ler, por exemplo, o quadro proposto por Haraway em seu "Manifesto"?

Representação	Simulação
Burguês romano, realismo	Ficção científica, pós-modernismo
Organismo	Componente biótico
Profundidade, integridade	Superfície/Limite
Calor	Ruído
Biologia como prática clínica	Biologia como inscrição
Fisiologia	Engenharia da comunicação
Pequeno grupo	Subsistema
Perfeição	Otimização
Eugenia	Controle populacional
Decadência, A Montanha Mágica	Obsolescência, O Choque do Futuro
Higiene	Gestão do estresse
Microbiologia, tuberculose	Imunologia, AIDS
Divisão orgânica do trabalho	Ergonomia/cibernética do trabalho
Especialização funcional	Inteligência artificial
Reprodução	Construção modular
Especialização orgânica dos papéis sexuais	Replicação
Determinismo biológico	Estratégias de otimização genética
Ecologia comunitária	Inércia evolutiva, constrangimentos

mitologia crítica

Cadeia racial do ser vivo	Ecossistema
Organização científica da habitação/da fábrica	Neoimperialismo, humanismo das Nações Unidas
Família/mercado/fábrica	Fábrica planetária/Pavilhão eletrônico
Salário familiar	Mulheres no circuito integrado
Público/Privado	Valor comparável
Natureza/cultura	Campos de diferença
Cooperação	Melhoria da comunicação
Freud	Lacan
Sexo	Engenharia genética
Trabalho	Robótica
Espírito	Inteligência artificial
Segunda Guerra Mundial	Guerra nas Estrelas
Patriarcado capitalista branco	Informática da dominação

À primeira vista, o quadro parece opor duas épocas; o mundo antigo e o novo, o moderno e o pós-moderno – a mesma coisa em relação a Foucault e Haraway, o mundo da biopolítica e o mundo do tecno-bio-poder; ou ainda duas "lógicas culturais do capitalismo", a do estágio clássico e a do estágio "avançado". O quadro reúne, portanto, na coluna da esquerda, conceitos obsoletos, e na da direita, os conceitos que os substituíram: o equipamento conceitual capaz de nos permitir pensar o contemporâneo. O objetivo do quadro seria pois de atualizar o léxico teórico e de dotar o feminismo-socialismo-materialismo de ferramentas adaptadas ao mundo como ele avança. Se escolhermos essa leitura, ficaremos impressionados em constatar a que ponto pensamos com termos inadequados *a fortiori*, a que ponto a linguagem das teorias (marxismo, feminismo, materialismo) é amiúde obsoleta ainda que essas teorias em si mesmas não o sejam. Se os conceitos são modificados, a eficácia das "práticas teóricas" serão melhoradas e evitaremos continuar as rixas retrógradas: adotar uma concepção obsoleta da subjetividade ou da naturalidade, defender o "trabalho" ou denunciar o "patriarcado capitalista branco", quando talvez o inimigo já tenha mudado de forma e de nome e está agora em circulação sob o nome de "informática da dominação"[79]. O quadro propunha portanto um *aggiornamento* (atualização) teórico. De um lado, o moderno; do outro, o pós-moderno – enfim comparados, termo a termo, face a face.

Na realidade, a situação é mais complexa e o quadro, mais difícil de se interpretar do que parece. Haraway está totalmente pronta para aceitar argumentos como os de Paul Rabinow, segundo os quais a oposição entre moderno e pós-moderno não se sustenta, e pelas seguintes razões: 1. porque os três eixos da modernidade de acordo com Foucault (vida, trabalho e linguagem) continuam estruturantes nos dispositivos atuais de saber-poder; 2. porque, no contexto do capitalismo transnacional ou tecnocientífico, é difícil de detectar qualquer "colapso das metanarrativas", que supostamente deveria marcar a transição do moderno ao pós-moderno. Se Haraway admite ambos os pontos, ela os realça e vai além uma vez que Rabinow "não presta atenção suficiente à implosão dos sujeitos e dos objetos, da cultura e da natureza, nos campos pervertidos das atuais biotecnologias e comunicações e ciências da computação, bem como nos outros principais domínios da tecnociência"[80]. Ora, essa implosão leva a um "maravilhoso bestiário Ciborgue", bem diferente do "cordão sanitário erguido entre os sujeitos e os objetos por Boyle e consolidado por Kant". Ainda há "função" no mundo de hoje sob formas totalmente novas que não foram previstas pelos modernos (Marx inclusive), e que designa o termo "Ciborgue": "chip, gene, bomba, feto, semente, cérebro, ecossistema, base de dados" – tantas quimeras que minam a conceitualidade dos modernos ao mesmo tempo mantendo-os aparentemente na superfície. Em uma boa história de genealogia darwiniana, Ciborgue é o descendente distante da bomba de ar de Robert Boyle, mas já não é mais seu primo coirmão[81].

Se Ciborgue significa uma multiplicação de quimeras e uma reformulação de nossa ontologia pela pluralização e embaralhamento da fronteira sujeito/objeto, segue-se que o quadro não se lê somente como oposição entre dois paradigmas fixos e coerentes, incorporados nas duas colunas, esquerda/direita, passado/presente, modernidade/pós-modernidade, bloco contra bloco. Ele é lido, da mesma forma, no sentido de sua vertical, apresentando o desdobramento de múltiplas camadas de duas formas de realidade social. Se cada coluna é o quadro de um mundo, trata-se também de compreender a maneira por meio da qual ele se narra, descreve algumas de suas características, quais são as metáforas que o organizam[82]. Cada uma das duas colunas ressoa na outra e na maneira por meio da qual se deve lê-la. A coluna da esquerda pretende passar-se por natural, mas a existência da segunda coluna opera precisamente a subversão dos valores espontaneamente associados à coluna da esquerda e introduz a era da suspeita. Por fim, o que se oferece com a justaposição da segunda coluna à primeira, talvez seja a multiplicação das colunas em tantas "grandes narrativas" desenvolvidas no conjunto de camadas da existente.

Além disso, essas duas colunas não são a única ocorrência de quadros dicotômicos na obra de Haraway. Em uma nota adicionada ao texto em 1991, Haraway assinala várias versões anteriores que deveriam acompanhar as evoluções e registrar as inflexões. Mais radicalmente, Haraway exprimirá suas reservas em relação a esse gênero de quadros dicotômicos em seu artigo de 1988, "Situated Knowledges" (Conhecimentos Estabelecidos). Um quadro dicotômico dá uma ilusão de simetria, indica termos alternados que parecem mutuamente exclusivos. Tal quadro cria um mapa de tensões duais, que sugere uma pertinência particular de pares de oposição conceitual. O "cálculo feminista", que também é sua responsabilidade (*accountability*), deve ser "um conhecimento ajustado nas ressonâncias, não nas dicotomias"[83]. Dito de outra forma, o quadro de Haraway não é uma simples ferramenta prática ou uma descrição sintética. Trata-se de uma peça em um dispositivo, que se escreve conforme os modos que podem se revelar enganosos se forem esquecidas as mediações que eles constituem: nunca se deve negligenciar o fato de que as formas retóricas do texto (neste caso, a apresentação em quadro em duas colunas) são portadoras de significações e instruem os sentidos que emergem do texto. Não se pode evitar esses traveses: todo texto fervilha de tropos. Entretanto, face a um texto, não devemos nos pôr à procura de um sentido imaterial e solidificado: devemos nos confrontar com a multiplicidade de sentidos possíveis que o dispositivo textual carrega.

Espécies Companheiras

O mundo está infestado de tropos. Como nenhuma apresentação é capaz de ser definitiva, Haraway está condenada a mudar de lugar sem parar. Continua um espírito inquieto. O imediatismo não faz parte do seu universo. Em 2003, *Manifesto das Espécies Companheiras* repete, vinte anos mais tarde, o impacto do "Manifesto Ciborgue", com mudanças. De um texto a outro, o estilo continua o mesmo, de manifesto, mas o tom é diferente.

As reconfigurações Ciborgue parecem ter se esgotado: tornaram-se incapazes do "trabalho de tropos" exigido pelas "coreografias ontológicas da tecnociência". Esse termo é essencial: os seres que trata de captar, de acariciar em meio aos tropos dançam uma inapreensível e infinita "coreografia ontológica"[84]. A dança torna-se a figura dessa nova ontologia, plena de entidades fluentes impossíveis de serem fixadas. Finalmente parecia que Ciborgue, bem longe de ser uma figura incontornável para pensar o contemporâneo, integrava-se em uma tribo de "irmãozinhos/irmãzinhas" (*junior siblings*) no seio de uma "família de través [*queer*] de Espécies Companheiras" (*queer family of companion species*)[85]. Dito de outra forma, se a mitologia de Ciborgue perdeu seu poder cáustico, se Ciborgue em si não tem nada de excepcional, mas pertence a um grupo mais amplo de figuras, a passagem a/por essas outras figuras se impõe. O que torna esse deslocamento possível é o fato de que a incorporação pela qual se interessam as feministas não concerne mais a "uma localização fixada em um corpo reificado, feminino ou outro"[86]. Enfim, tal era anteriormente a significação de Ciborgue feminista: Mulher não tinha nada de definido ou de natural. Daí, Haraway passa à Cadela, que oferece possibilidades de escândalo bem mais fortes que Ciborgue. Diante da urgência ecológica, Haraway se propõe a mudar de ferramenta e expor novas "naturoculturas": "Tendo usado com frequência e durante um longo período as letras em escarlate 'Ciborgue para sobreviver na terra!'", Haraway propõe um novo *slogan:* "Corra rápido, morda forte!" O *Manifesto das Espécies Companheiras* marca, portanto, uma troca de escudeiro ou de "rótulo". Da mesma forma que os macacos de *Primate Vision* perseguiam a crítica do orientalismo e se miravam na ficção científica de Octavia Butler, as cadelas encarnam "outros mundos"[87]. À personagem única de Ciborgue sucede a "família de través", isto é, um desfile de figuras. *Espécies Companheiras* é a pluralização de Ciborgue. Mas falar de *Espécies Companheiras*, é também lançar o olhar sobre a vida em conjunto, sobre a coabitação e a coevolução; é passar do desenvolvimento das tecnologias digitais em uma perspectiva de Guerra nas Estrelas à consideração do banal e do seu cotidiano. De Ciborgue a Cadela, somos convidados a retomar a questão de nossa condição a partir do doméstico, ou seja, do lar.

Ao mesmo tempo, não se trata de lançar mão das cadelas para lidar com outras coisas que não sejam elas mesmas. Divertindo-se em hibridizar *A Room of One's Own* (Um Teto Todo Seu), título de Virgínia Woolf, Haraway fala de uma *Category of One's Own* (Categoria Toda Sua). Ela ocupa o terreno das vovozinhas de cadelas, descreve-se de bom grado como uma dentre elas, porém, uma vez situada nessa categoria, muda completamente o cenário. Se ela fala bem de "histórias de amor", opõe-se frontalmente àqueles que amam as cadelas como "suas filhas" ou que fazem das cadelas a forma última do "amor incondicional". É preciso reconhecer que a cadela não é "nós", que ela é bem "outra", mas uma outra à qual estamos intimamente mescladas, uma outra com a qual estamos desde longa data em relação ou em situação de impureza. Da mesma forma que Ciborgue não se denomina Salvador, Cadelas não têm o poder de nos salvar restaurando a pureza perdida de humanos corrompidos. Haraway indica, assim, que recusa, de sua parte, ser considerada a "mamãe" de Cadelas, antes de tudo porque teme que com isso se infantilize os adultos, e depois porque há um mal-entendido acerca da natureza do seu próprio desejo: "Eu gostaria de cadelas e não de bebês. Minha família multiespécies não se fez como uma história de mães de barriga de aluguel e de substitutos: tentamos viver de outros tropos, de outros metaplasmas."[88]

Não se trata de angelizar Cadelas, tanto quanto não se trata de purificar Ciborgue: outrora Ciborgue, as Cadelas se constituíram "em armas de guerra inteligentes absolutamente terríveis", aterrorizando escravos fugitivos ou devorando os prisioneiros, da mesma maneira que salvavam crianças perdidas ou encontravam vítimas de um terremoto. Haraway lembra também que o amor de Cadelas não deve cair na condenação neocolonial daqueles que comem uma ou outra das Espécies Companheiras[89].

Seja como for, a demonstração de força do *Manifesto das Espécies Companheiras* está em descer das fantasias tecnoconectadas de Ciborgue ao espetáculo de uma velha senhora californiana (Haraway *herself*) que narra como recolhe a merda de sua cadela e pratica um "jogo de agilidade" (*the sport of agility*) com ela, ao fazê-la percorrer um caminho com obstáculos. Assim, apesar da abundante posteridade do pensamento ciborgue, ciberpunk e outras ciberculturas, apesar do incrível sucesso do "Manifesto Ciborgue" no pensamento mundial tanto interno como externo à universidade, ou talvez justamente em razão dessa posteridade e desse sucesso, Haraway deslocou-se. Deixando o pensamento da tecnologia contemporânea e seus desafios informáticos e militares, desertando a abordagem dos dispositivos e das instituições que a faziam dialogar com a biopolítica de Michel Foucault, a análise marxista das relações de produção, ou a crítica feminista da tecnociência, Haraway se recolheu no seio doméstico para concentrar-se nas cadelas. Como as "Espécies Companheiras" (expressão que reúne, sob uma mesma etiqueta, os animais domésticos e seus cuidadores humanos) podem desempenhar o mesmo papel teórico de Ciborgue? Como a figura da modernidade mais conectada pode ser substituída pela figura do "cachorrinho da vovozinha"? As Espécies Companheiras, assim como Ciborgue ou como os Primatas, nos fazem encontrar e sentir as "naturoculturas emergentes". Essas variações testemunham a recusa de Haraway de colar-se a uma etiqueta ou a qualquer outra estratégia além daquela do deslocamento.

O "Manifesto Ciborgue" acolhia as tecnociências à medida que estava informado das críticas marxistas e feministas: "Tentei habitar Ciborgue de maneira crítica, ou seja, nem na celebração nem na condenação, mas em um espírito de apropriação irônica, com vistas a fins jamais divisados pelos guerreiros do espaço." O *Manifesto das Espécies Companheiras* leva adiante o "Manifesto Ciborgue" embora deslocando-o: "Narrando uma história de coabitação, coevolução e de encarnada socialidade interespécies, este manifesto pergunta como duas figuras engenhosamente unidas – Ciborgue e Espécies Companheiras – podem informar de maneira mais fecunda as políticas viáveis e as ontologias nos mundos em que vivemos." Ciborgue e Espécies Companheiras pertencem à mesma família de través na medida em que ambos desarranjam os pares de oposição polar e em que nenhum dos dois "agradam os corações puros, que aspiram às barreiras específicas melhor protegidas e à esterilização de categorias de desviantes"[90].

Ciborgue e Espécies Companheiras são submetidos ao jogo do politicamente correto: quem tem o potencial subversivo mais forte? Será Ciborgue e sua hibridização de máquina e organismo?

Ou Cadela, tão próxima de nós e no entanto tão radicalmente animal? Corremos um grande risco, como o pequeno Marco descrito por Haraway, de confundir Cadela e Ciborgue. Marco trata a cadela Cayenne como "um caminhãozinho munido de chip que ele comandaria por meio de um controle remoto" – motivo pelo qual Haraway chama sua atenção: "Marco", eu disse, "Cayenne não é um caminhãozinho ciborgue. Ela é sua parceira em uma arte marcial que se chama obediência. Você é o parceiro mais velho e o mestre nesse sentido."[91] A autoridade não está mais na posse, mas na parceria com vistas a uma maior felicidade. Os animais companheiros (e aqui "animais" é o termo que nos une, eles e nós) e sua coabitação mútua abrem novas operações, em que o pensamento de Haraway se hibridiza no contato com dois pensamentos irmãos: os de Vicki Hearne (1946-2001) e o de Lynn Margulis (nascida em 1938).

Vicki Hearne escreveu textos de caráter filosófico assim como coletâneas de poesia, evocando sua vida em companhia de animais. Ela trabalhava como "treinadora de cães" (*dog trainer*), praticando o jogo de agilidade. O "treinamento de cães" não é um adestramento em que a vontade do mestre humano se impõe aos animais submissos e alienados. É mal traduzido em francês pelo termo "dressage" (adestramento) e muito melhor pelo vocábulo "entraînement" (treino) (não obstante o fato de que o termo francês "entraîneuse" [treinadora] remeta a outras conotações). Trata-se de uma prova em que "um cão e sua condutora (*handler*) descobrem juntos a felicidade no trabalho de treinamento". Haraway vê nisso um caso típico de "naturoculturas emergentes". Depois do treinamento, não há mais nem natureza nem cultura, mas uma mescla inextricável entre um e outro. Em outras palavras, a "felicidade" de um animal não consiste em preservá-lo de qualquer educação, em mantê-lo em um estado de natureza ou em uma suposta "pureza" animal: a vida inteira de Hearne mostra, *in actu*, que a felicidade animal equivale a desenvolver com o animal suas capacidades ao máximo, por meio de um esforço comum.

Hearne, nos diz Haraway, "adora a beleza da coreografia ontológica, quando os cães e os humanos conversam com talento, face a face"[92]. Mas esse treinamento mútuo está igualmente sujeito a falhas. Existem composições ruins, péssimas maneiras de se estar junto. A beleza da coreografia conjunta não deve nos tornar cegos à possibilidade do fracasso. Espécies Companheiras, assim como Ciborgue, são sempre potencialmente instáveis.

Haraway não é estranha ao longo companheirismo do qual ela descreve as formas e implicações. Desde 1988, ela evocava as "lições apreendidas em parte caminhando com suas cadelas": como é ver o mundo sem fóvea e com poucas células retinianas para a visão das cores? Como é perceber o universo com uma imensa área de recepção neural para os odores[93]? O *Manifesto das Espécies Companheiras* se desdobra, quanto a isso, em uma cena destinada a reunir o bestiário filosófico, do mesmo modo que as masturbações de filósofos cínicos se desdobram em uma ágora: a longa história dos beijos trocados entre Haraway e a cadelinha Ms Cayenne Pepper, beijos que resultaram em trocas genéticas. As "relações bucais" descritas por Haraway constituem o que a bióloga Lynn Margulis chama de sexo: contatos entre dois organismos que conduzem a trocas genéticas[94]. Haraway abre pois seus livros com uma cena de zoofilia ou de sexo, sob a forma de um beijo que conduz a trocas genéticas. Todas essas histórias de Espécies Companheiras se misturam, em um flerte ambíguo, à biologia evolucionária. Haraway se descreve como uma "filhinha obediente a Darwin" (*dutiful daughter of Darwin*), antes de começar a contar "a história da biologia evolucionária" ao entreter-se na gama de conceitos de "populações, taxa de fluxo genético, variação, seleção e espécie biológica". À questão clássica da definição da espécie, Haraway acrescenta uma perspectiva "pós-Ciborgue": "No pós-Ciborgue, o que conta como tipo biológico perturba as categorias anteriores do organismo. O maquínico e o textual são internos ao orgânico e vice-versa, segundo modos irreversíveis."[95]

Trata-se de histórias sobrepostas (*stories*) onde se conjugam, na mais completa impureza teórica, a biologia da simbiose e a conceptualidade darwiniana. Essas histórias são a grande gesta da coevolução, entendida em um sentido muito mais amplo que aquele com o qual em geral transigem os biólogos. Darwin encenou a coevolução sob a forma da adaptação morfológica mútua entre a estrutura das flores e a dos órgãos de polinização dos insetos. Porém, para Haraway, a coevolução é marcada também pela modificação de stuffs caninos e humanos: o desenvolvimento da vida pastoril ou da agricultura se faz paralelamente à transformação do stuff das Espécies Companheiras, que desenvolvem defesas imunitárias ou patogênese comuns. Nem é preciso ir até os vírus ou aos micróbios com os quais vivemos uma longa história de coevolução, dos quais Haraway, como boa darwiniana, conta a história[96].

Haraway recorre às histórias biológicas, que ela enreda às histórias feministas ou marxistas, para produzir com elas "um bestiário dialético" (*bestiary of agencies*), jogando com todos os "tipos de aparentamentos" (*kinds of relatings*): um mundo que "ultrapassa as imaginações dos cosmólogos mais barrocos". Trata-se de constatar o fato de que "o mundo é feito carne nas naturoculturas mortais".

Compreende-se aqui como o desvio em direção às Espécies Companheiras esclarece Ciborgue como operação filosófica. E para aqueles que essa definição deixaria sem voz, Haraway acrescenta: "Em termos antiquados, dir-se-ia que o *Manifesto das Espécies Companheiras* é uma declaração de parentesco (*kinship claim*) tornada possível pela concreção de preensões de numerosas ocasiões atuais. As Espécies Companheiras repousam em fundações contingentes."[97] Sob a expressão "terminologia antiquada" (*old-fashioned terms*), Haraway não hesita em mobilizar a filosofia de Whitehead, cheia de processos e preensões, ou então o que Judith Butler chama de "fundações contingentes" ou "corpos que importam" (*bodies that matter*). Essas diferenças léxicas dizem, cada uma à sua maneira, que nossas histórias não devem partir de sujeitos bem constituídos: são histórias de constituições – Ciborgue ou Espécies Companheiras. O conceito de "fundações contingentes" frustra a lógica do tudo ou nada[98]. Não se trata tanto de se opor às fundações tornando-se anti-fundacionalista quanto de evitar a questão da fundação e de contornar a oposição entre a presença ou ausência de fundação, entre a busca cartesiana pelo solo e o medo cético da ausência de fundo. Jogando com a antiga imagem do mundo apoiado sobre um elefante que, por sua vez, é sustentado por uma tartaruga etc., história da qual Locke criará ironicamente a definição metafísica da substância, Haraway reafirma: "Não existe fundação: há apenas elefantes que são sustentados por outros elefantes e assim por diante. Até embaixo."[99]

FILOSOFIA CIBORGUE

Os parágrafos desta parte foram reagrupados em doze sessões que formam unidades temáticas. É possível se fazer uma leitura linear, seguindo a ordem da numeração. Cada parágrafo sugere, além disso, uma bifurcação (Bif) que dará em um parágrafo de uma outra seção. Esta hipertextualidade artesanal permite perspectivas inéditas, às vezes jogos de pingue-pongue, outras um lançamento de bola para o gol, por vezes ainda passes longos, sempre novas ressonâncias entre textos disjuntos. Enfim, uma leitura aleatória também é possível: este livro, assim como Ciborgue, pode ser tomado a partir do ponto que se desejar.

1. PARTIDA

> MELISANDA: *Quem está aí?*
> PELEAS: *Eu, eu e eu.*
> MAURICE MAETERLINCK,
> *Peleas e Melisanda*, ato III, cena 1.

1.1. E Por Aí Vai

Ciborgue abre um livro de Bruce Bégout, as seiscentas páginas de *Découverte du quotidien* (Descoberta do Cotidiano): um espelho onde os filósofos transparecem esnobes, absorvidos em enfeitar o passado; mas também um clamor, um apelo a "se enfrentar a realidade, toda e qualquer realidade, sem exceção nem seleção, a realidade viscosa e insignificante, por vezes insólita, muitas vezes absurda, sempre resistente". Com essas palavras, Ciborgue já se agita como uma cadelinha frenética, elela late de entusiasmo. Mas Bégout logo deixa bem claro: "Esses adolescentes desengonçados que andam de skate na rua, essa mulher nervosa que arruma o uniforme do seu filho, a tabuleta do açougue, o barulho de um avião que passa no céu, o reflexo dos faróis dos carros nas vitrines das lojas, tudo isso é absolutamente externo à filosofia, e deve de alguma forma permanecer assim."

Mal o mais excitante dos programas é formulado e imediatamente o cortam, condenam-no às grades, fazem-no suportar o eterno suplício do baixar o tom, da retenção, da abstinência? Ciborgue protesta: não é possível, isso tudo não pode ser perdido pela filosofia. Ciborgue quer se entregar ao contágio, sofrer todas as infecções, conhecer todas as poluições. Elela deseja, mais panteísta ainda que Hipérion, "apenas fazer-se uno com todas as coisas"; elela pretende ser o intelecto universal do qual Aristóteles dizia justamente que era de algum modo todas as coisas. Ciborgue almeja percorrer integralmente a rota da ambição total, mesmo que tenha que dizer, *in fine*: "Meti mãos à obra com zelo, sangrei em minha tarefa, e não enriqueci o universo em um único centavo. Volto sem nenhuma glória e sozinho à minha pátria."[1]

Bif: 4.13

1.2. Ter uma Ideia

Um episódio de *Ugly Betty* (*Betty, a Feia*, temporada 3, episódio 7) é transmitido: Daniel Meade caminha no bosque em busca de uma boa ideia, mas tudo que lhe vem ao espírito são os encantos de algumas belas pessoas que ele conheceu. As ideias não vêm até nós sob nossas ordens, elas passam sem que possamos fazer nada a esse respeito. Elas se recusam depois se impõem a nós, a seu bel-prazer ou conforme leis pressentidas por Malebranche, ou Spinoza, mas que ainda não foram descobertas. A avó tem uma ideia fixa; ela pergunta: "Cadê minha mamãezinha linda? Ela vai ficar toda preocupada se não me encontrar em casa." E mesmo que as pessoas se esforcem, repetindo-lhe que faz mais de sessenta anos que sua mãe morreu, tudo é em vão; ela não abandona a ideia de que sua mãe está viva.

Bif: 3.8

1. partida

1.3. Percalços da Memória

Quando Ciborgue busca por lembranças, recorre a uma caixa com fotos e cartas, ou a cadernos onde tem tudo anotado. Essa caixa pode ser uma velha caixa de sapatos deixada em cima de um armário, ou um computador que contém milhares de imagens, textos e e-mails. Pois Ciborgue é politropo, ou seja, rico em recursos. Passa o dia todo vasculhando e, no caminho, remexendo velhos papéis, retornando a antigas caixas de papelão. Todas essas coisas representam bem Ciborgue, o que elela foi, o que elela já não é mais totalmente. E quando Ciborgue não tem mais a caixa, tem ainda o seu crânio; e quando o crânio se esvazia, sem que Ciborgue se aperceba disso, então mergulha de volta em uma eterna infância, repisando os mesmos velhos fragmentos de lembranças, depois choraminga à procura de sua querida mamãe ou do seu amado papai que já não existem mais. Elela se torna outra pessoa, incontestavelmente, um alguém qualquer. Para toda presença, não sofre mais do que um *eclipsamento*[2].

Bif: 2.6

1.4. O Que É um Filme de Ciborgue?

Uma mixórdia abominável se faz em nome de Ciborgue e Ciborgue se regozija com isso. Robôs eletrocutados e tornados pensantes, devorados pelo medo de serem desmontados, que procuram a salvação nos braços do seu Pai Criador são capazes de encarnar de maneira fiel Ciborgue (*Short Circuit: O Incrível Robô*)? Maquinarias dotadas da capacidade de aprender, mas à moda da programação implacável, obcecadas por um objetivo a ser alcançado, podem sinceramente personificar Ciborgue (*O Exterminador do Futuro*)? Um humano que passou de um sexo para outro, que sofreu diversos tratamentos hormonais, inflou seu peito e aprendeu a colocar sua voz, ele/ela seria o autêntico Ciborgue

(*Transamérica*)? Cada filme que mostra Ciborgue contesta aos outros a capacidade de definir com precisão as características do gênero (que Stanley Cavell chama de "gênero-intermediário"). Seriam eles filmes autênticos de ciborgue, filmes de robôs que se fazem passar por humanos ou vice-versa? Quem são os replicantes em *Blade Runner*? Deckard, o exterminador de replicantes, é realmente diferente deles? Ciborgue existe fora da norma. Consequentemente, o próprio discurso que nesse caso Ciborgue mantém não é extraordinária, vergonhosamente prescritivo, dogmático, essencialista? Será que é permitido falar de Ciborgue em nome de Ciborgue? É possível dizer: "este é Ciborgue, aquele não"? Deve-se aceitar toda confusão possível, mesmo a pesquisa? Para que serve tentar distinguir o autêntico do inautêntico? E, no entanto, nem tudo é possível, não se pode aceitar tudo em silêncio[3].

Bif: 3.10

2. MITOLOGIA PORTATIVA

2.1. Quem é Ciborgue?

Eis a questão que incendeia: quem é Ciborgue? Como identificar Ciborgue? Elela é um mito do fim do século XX. Achar figuras que antecipam Ciborgue nos séculos precedentes não significa fundir singularidades históricas em uma teleologia reconciliadora da qual Ciborgue seria o remate anunciado. Trata-se de observar como as operações hoje entrelaçadas sob o nome de Ciborgue puderam tomar diferentes fisionomias. Creem reconhecer Ciborgue a todo momento e em qualquer parte e, ao mesmo tempo, Ciborgue escapa sempre e se oferece apenas como um desfile de figuras, uma mitologia em que a condição Ciborgue cintila múltiplas facetas. Ciborgue aparece várias vezes na história sob diferentes denominações: "Proletário", "Colonizado(a)", "Mulher", "Outsider", "Transexual", "Gado". Ciborgue é um nome de batismo que se pode dar a qualquer criatura. Inteiramente nome comum quando sugere uma empresa, Ciborgue é um nome próprio que várias delas trazem, todas talvez: "O que as designa como o olho de ciclopes, seu único prenome."[1]

Bif: 12.20

2.2. Reciclagem

Ciborgue não é um mito revolucionário, mas um ramo de extração impura: é um produto do militarismo o mais reacionário, uma figura do stuff funcional e mercantilizado. Que fazer delela? Onde a publicidade e o capitalismo se apresentam como vastas usinas a reciclar os *slogans* e as ideias da esquerda para convertê--los em mercadorias, Ciborgue propõe operação inversa. Elela convida a jogar um jogo perigoso: reciclar a arma secreta que a Guerra Fria e as multinacionais do capital predador produziram para fazer dela um instrumento de emancipação.

Bif: 3.31

2.3. Fusão

Depois que Empédocles se atirou na cratera do vulcão, a montanha que o engoliu cuspiu uma de suas sandálias de chumbo, como se tudo dele fora digerido salvo uma coisa: uma sandália, e ainda por cima feita de uma das matérias mais fundíveis que existem. O que o fogo deveria assimilar antes de qualquer outra coisa, ele não quis, repeliu. Uma só sandália, como se Empédocles só calçasse uma do par (mas então ele era perneta?); como se um só dos seus calçados fosse fundível, e o outro não. Uma sandália: o vulcão nos recorda a natureza compósita de Empédocles calçado e mostra que a fronteira não passa entre Empédocles e seus calçados, mas entre um só dos calçados e o resto do filósofo em coturnos. Essa excreção, que exprime por fim que Empédocles não era um deus, é propriamente sandália[2].

Bif: 12.3

"Gordy Relaunches" (*The Guardian*). Em um cartum de Steve Bell, vê-se o primeiro ministro inglês Gordon Brown pronto a ser propulsado, rosto crispado, tenso pelo esforço: ele toma impulso com muita força. "Gordy Relaunches", diz o título. Mas ao contrário do que poderia se esperar, Gordy não é totalmente propulsado pelo foguete: só sua cabeça decola. E o corpo arqueado, apontado, aparelhado e armado para a partida permanece no chão, inerte, decapitado como uma rolha de champanhe que voa, um rojão molhado, um mecanismo engripado ou uma autoridade impotente. As fronteiras de Ciborgue não estão onde se acredita que elas estejam: Ciborgue é o anticlímax.

2.4. Patibular

Ciborgue conheceu a encarnação sob o nome de Jesus Cristo, nome em que a chave está em Cristo, que significa "Ungido". Muitos humanos o adoraram sob essa forma: não o gentio "menino Jesus" rosado e acomodado entre o boi e o asno cinza, mas, de acordo com Flávio Josefo, "o realizador de prodígios e mestre dos homens que recebem com prazer as verdades" ou, segundo Fílon de Alexandria, aquele que não é "nem macho, nem fêmea". Numerosos tratados sobre a natureza dessa entidade foram produzidos, que com frequência foi confundida com "Nosso Pai" e que por vezes era chamada de "Jesus, nossa Mãe". Esses tratados se perguntavam se a entidade era divina ou simplesmente humana, e tinham interesse em saber como essas duas naturezas nela se mesclavam; tinham curiosidade em descobrir o que significava para ela ser encarnada; se o seu ser se identificava com seu stuff, e como ela o habitava; se ela podia, em um determinado instante, ser realmente diferentes pedaços de pão em diversos lugares ao mesmo tempo. Os humanos se interrogaram, com uma admirável prolixidade e como se sua salvação dependesse disso, sobre o que representava o fato de viver para uma tal entidade.

Jesus Cristo é uma representação extremamente popular de Ciborgue, talvez a mais popular de todas. Nessa misteriosa montagem de carne e artifício, o organismo e a máquina são de fato indissociáveis, pois o primeiro nunca segue sem sua cruz e por vezes apenas a cruz é suficiente para simbolizar o conjunto da pessoa. A crucificação, ou seja, a maneira com a qual, em Jesus Cristo, a carne, o metal e a madeira, o organismo e a técnica puderam ser intimamente unidos, suscitou muitas representações, mas também muitas questões. Enquanto artistas plásticos e cineastas, necessariamente dogmáticos, consagraram-se em decidir e figurar [o tema e seu cenário], outros, os teólogos e heréticos, semearam por todos os cantos pontos de interrogação: os pregos foram cravados nas palmas das mãos ou nos pulsos? E os pés, pregados juntos ou separadamente? Perguntaram ainda qual teria sido a forma da "cruz" (*stauros*); interrogaram se Ciborgue teria conseguido viver com a cruz, e por quanto tempo elela teria suportado; se Ciborgue seria um com a cruz inteira, ou somente com a barra transversal da cruz, o *patibulum*; buscou-se saber também como era feita a amarração ou a fixação à cruz, se apenas se amarrava a pessoa à estaca, "pendurada na madeira", ou se de fato ela era pregada e em qual posição. Também perguntou-se como as diferentes partes da cruz mantinham-se unidas, como se o hiato não se passasse entre Jesus e a cruz, mas entre o *patibulum* e o montante da cruz; por vezes acreditou-se que o organismo estava morto antes de ser fixado na cruz e que, portanto, seria apenas exposto nela. Desdobra-se Jesus, supondo-se que o crucífero (portador da cruz) não era o mesmo que o crucificado, mas um certo Simão, o Cirineu, que Simão carregara a cruz e Jesus fora crucificado, ou que Jesus carregara e teriam lhe permitido, na hora do erguimento da cruz, ceder seu lugar a Simão. Todas

2. mitologia portativa

as combinações foram propostas, sustentando que o organismo associado à cruz era um simulacro enquanto um outro, o verdadeiro, o original, o Deus observava reservadamente tudo isso de um outro lugar, são e salvo.

Ciborgue irradia tanto, sua existência é um tal mistério, sua natureza é tão incompreensível à condição humana e aos modos ordinários de se pensar!

Jesus Cristo foi durante bastante tempo um veículo bem cômodo para Ciborgue. Pensemos então: ao mesmo tempo, um deus *e* um miserável, um rei *e* um escravo, o poder de fazer milagres (caminhar sobre as águas, transformar a água em vinho, restituir a visão e a vida, curar as doenças) *e* a infinita paciência de quem suporta o jugo; um sorriso pleno de bondade e mansidão *e* alguma cólera sã (expulsar os mercadores do templo). É possível sonhar com vínculo mais maravilhoso? Certos textos não relatam que Jesus, ouvido pelo Sinédrio, foi condenado à morte por blasfêmia? Jesus Cristo ao mesmo tempo submisso e rebelde, paciente e impaciente, que bela figura de Ciborgue! Jesus Cristo que morre e não morre jamais, Jesus Cristo que parte para retornar melhor: entre mito e história, entre ficção e realidade, entre ciência e religião, entre mortalidade e imortalidade.

Talvez como nunca na história, até o período contemporâneo, a natureza de Ciborgue, a dificuldade de ser Ciborgue, a insuficiência de categorias simples para descrever seu modo de ser foram tão debatidas quanto sob essa forma disfarçada e acidental: "Jesus Cristo". A existência de Ciborgue tem sido assim, durante longo tempo, em sua defesa, objeto de veneração, de culto, de adoração mesmo. Mas elela teve finalmente que se desfazer desse avatar sobrecarregado de crimes cometidos em seu nome, tornado o emblema de um moralismo mesquinho, associado a furores inauditos e a paixões violentas ao mesmo tempo que a um amor infinito. Ciborgue poderia ser Jesus agitador, nunca Jesus instituição. Ciborgue só poderia escrever: "E/u estou no Gólgota abandonado por todos vocês."

Quiçá *RoboCop* seja a última tentativa de mostrar Ciborgue como Jesus, ainda que a dimensão crística do agente Murphy apareça apenas entrelaçada com seu valor mercantil. Em *Johnny Mnemonic: O Ciborgue do Futuro*, quando Dolph Lundgren, inflexível apóstolo cibernético, declara àqueles que irá abater "Come to Jesus!" (Venha para Jesus!), estamos diante de ironia pura. E quando o artista plástico Maurizio Catellan[3], em *A Perfect Day* (Um Dia Perfeito), de 1999, fixa na parede, durante a noite inteira de abertura de uma exposição, o milanês dono de galeria, Massimo de Carlo, utilizando fita adesiva, assistimos a uma crucificação, grotesca e impressionante, que faz tremer tanto a obra como o *marchand*[4].

Bif: 3.16

2.5. Rescuing the Princess (Resgatando a Princesa, de Ralph Lemon)[5]

No chão, em primeiro plano, Ciborgue, em traje de coelho branco, de bruços. Seus pés descalços saem do traje e esfregam lentamente uma chapa sensível. As fricções, amplificadas, saem pelos alto-falantes e formam a banda sonora em cima da qual uma dupla de dançarinos encadeia sequências de apoios e sustentação em que um carrega o outro e formam figuras. Mas se deixamos de nos interessar pelos intrincados encadeamentos dos dançarinos, não se sabe mais o que importa no palco, não se vê mais que uma coisa: Ciborgue, quase imóvel, mas de quem tudo depende – a simples fricção de dedos cabeados, cuja progressão dá ao grande teatro toda sua pulsação. De longe, quanto mais se observa, mais esses pés ganham em amplitude. Acredita-se que de tanto friccionar, eles se alongam e ganham novas falanges em seus dedos.

Bif: 11.11

2.6. Vovó ou Ciborgue Enjaulado

Ciborgue abre o seu manual e nele lê o bê-a-bá de sua filosofia: "Há muitos ciborgues verdadeiros entre nós na sociedade [...]. Não apenas RoboCop, mas também nossa avó com um marca--passo artificial." Ciborgue volta-se então para esta fonte de amor que chama de Vovó (talvez não haja entre eles misteriosos "laços de sangue", mas sim uma adoção mútua, *chi lo sa?*). Ciborgue a observa. Seu peito oculta um marca-passo? Como saber? Ela usa um aparelho auditivo, óculos, um suéter Rhovil, uma camisola de algodão, pantufas de feltro. Manca, apoia-se em um andador que chama de sua "terceira perna", que se choca, bate e estala quando ela se curva para ir de um lugar a outro. Ela se levanta de sua poltrona com um grito abafado antes de se chocar com outra cadeira, não muito distante. Diz: "Ai, que difícil, como dói", e "Estou cansada, *moral e fisicamente*." Uma língua vasculha sua boca pastosa e fustiga uma mandíbula desdentada. Ciborgue tem essas mesmas características? Vovó consistiria portanto num espelho do que elela é?

Essa vida exaurida, que aspira à morte e não termina de morrer, esse longo estertor contínuo, da manhã até de noite e da noite até o amanhecer, essas palavras que confundem o hoje com um passado longínquo, que não sabem mais distinguir nada, esses olhos vazios nos quais já se percebe os reflexos prateados da catarata, esses olhos que não se interessam por mais nada, que mais nada os anima salvo uma passageira admiração pelo azul do céu, pela passagem de um pássaro ou de um gato, isso seria pois Ciborgue?

Ela diz que sua mamãe a espera: mas, conforme os registros de estado civil, faz sessenta anos que sua mãe morreu. Confusa, Vovó se desculpa, balbucia, se irrita, profetiza a Ciborgue o seu futuro: enquanto Ciborgue discursa com ênfase, ri, pula e dança (o que ela chama de "beleza da juventude"), o tempo lhe tirará tudo, até o apetite, até a vontade de viver. Vovó, eis a sua própria predição, o destino de Ciborgue, seu télos, seu termo último.

Lili (Liliane Alvarez-Perez), em 1927, 1949 e em 2010.

Ela dá voltas pelo quarto, aprisionada em um stuff que a atormenta, totalmente debilitada, levando uma vida que não deseja mais e sem saber o que fazer com essa vida. Ela aguarda a morte. Vovó, ao envelhecer, tornou-se sinônimo de apatia. Ciborgue fica diante dela assim como Jeffrey Beaumont permanece diante do seu pai Tom, o quinquilheiro, no leito do hospital (*Veludo Azul*). Ciborgue chora. Suas lágrimas jorram não por autopiedade, mas pela tensão entre dois desejos contraditórios. Assim como o riso explode, segundo Bergson, quando a mecânica é aplicada no ser vivo, as lágrimas jorram da esperança aplicada no inevitável ou do emotivo catapultado sobre o inflexível. Tal é a essência do trágico. Duas esperanças contraditórias: por ela, Ciborgue gostaria que o desejo dela fosse concedido e que ela fosse libertada, ou seja, restituída à Totalidade, diluída e dispersada; por elela, Ciborgue gostaria que ela vivesse para sempre, nunca tendo que passar sem ela, sem a fonte de jorro ininterrupto e vivo de sua existência e amor. Ela ainda está lá, diante delela; no entanto, elela já a perdeu.

Face a essa mescla de ausência e presença, será que Ciborgue seria capaz de cometer o gesto da criança em *Roma, Cidade Aberta*, dando-lhe essa morte que ela reclama e à qual ela diz aspirar? Ou elela poderia condená-la a essas semividas que se cruzam nos romances de Philip K. Dick (*Ubik*)? Ou ainda torná-la peça de museu em um Conservatório de defuntos, como na obra *Ravage* (Devastação), de René Barjavel? Enquanto isso, com toda solicitude, em silêncio, Ciborgue cuida dela, espantando-se com o fato de que tanto amor, tantos cuidados não conseguem vencer a enfermidade do tempo que passa e corrói uma vida que se esgarça; com o fato de que tantos esforços não levam a lugar nenhum a não ser ao inexorável túmulo, que com todos esses gestos, essa preocupação para com o Outro não tornam menos interminável e inelutável a lenta queda de um stuff que não efetua mais nem alma nem corpo[6].

Bif: 11.9

2.7. Epimeteu/Prometeu

Quando Ciborgue medita sobre o que o institui, pensa nesses dois irmãos que, como Imprevidência e Vigilância, distribuíram entre si os seguintes papéis: operador/inspetor; desprovido/engenhoso; *aporos/pantoporos*; sem saída/nunca pego desprevenido. São eles que, dizem, dispensaram à origem duas classes de qualidades: órgãos/técnicas. A uns o casaco de pele para se proteger do frio, a couraça para se proteger de pancadas, ou as garras para atacar e defender; a outros, despidos de tudo, esquecidos da grande partilha, forçados a defenderem a si mesmos, encarregados de conseguir tudo por meio de sua própria engenhosidade. Tradicionalmente, o par Epimeteu/Prometeu engendra a oposição animais/humanos, o contraste entre a plenitude repleta e a indigência inquieta, a necessidade incontestável e a razão hesitante. Desprovido das proteções do instinto animal, o humano teria compensado a sua nudez primeva e os titubeios de sua razão pelo roubo do fogo: sendo que o manejo do fogo serve ao humano para cozinhar o alimento ou para se aquecer, mas também significa a luz do conhecimento – em que o equipamento instrumental se prolonga em linguagem, cultura e civilização.

Ciborgue desarranja esta fronteira que acreditavam estruturante e apresenta as qualidades bem divididas: de parte a parte, dois tipos de dispositivos, órgãos animais e ferramentas humanas, instinto e razão, produzem artifícios (*emechanato*) equivalentes, assegurando a manutenção das formas e sua propagação[7].

Bif: 7.2

2.8. Ícaro

Ciborgue sabe que sua montagem é necessariamente instável e que parece marcada com o selo de uma maldição: a maldição do impossível enxerto da técnica no organismo, do órgão adquirido no órgão inato. De um lado, o adquirido, perpetuamente, se separa do inato; de outro, o inato se degrada e morre, de modo que no fim o adquirido se torna inútil e caduco. É a essa labilidade de Ciborgue-montagem que por vezes se dá o nome de Ícaro.

Às vezes se opõe Ícaro aos otimistas louvadores de Dédalo. Ícaro significa então o castigo da falha moral, o preço que se deve pagar quem cai no excesso (*hybris*), no orgulho que desafia os deuses. Ciborgue reconhece que Ícaro é um apostador, um dublê acrobata temerário, o louco do *stunt* (façanha), o Rémy Julienne[8] da filosofia. Mas Ícaro significa também a graça, o gesto magnífico que se autoriza a ir ver até onde elela consegue elevar o seu stuff antes de este se congelar ou se derreter. Por certo, Dédalo chegou são e salvo; mas seu destino é realmente invejável? A loucura e a graça de Ícaro nos ensinarão, quem sabe, a imaginar Ciborgue feliz[9].

Bif: 9.8

2.9. RoboCop ou a Concorrência de Stuffs

RoboCop é um acoplamento homem-máquina, um enxerto de máquina naquilo que resta de um stuff humano em farrapos.

2. mitologia portativa

RoboCop, trata-se de Ciborgue à *la* carnificina, a amputação do stuff inato; é *Johnny Vai à Guerra* na era cibernética, um corpo-tronco ainda palpitante do qual se apossam uma medicina carniceira e um capitalismo predador para transformá-lo em produto e *slogan* publicitário: o "super-policial" de "nova geração". RoboCop questiona a equivalência mecânico/ser vivo, a integridade do indivíduo e o respeito ao seu stuff. A mutilação é crucificação: os torturadores disparam primeiro em sua mão direita, infligindo-lhe os estigmas. Uma vez os membros inatos amputados, os instrumentos de aço funcionam como um stuff de substituição, uma prótese; mas o cirurgião decide amputar do corpo-cadáver de Murphy o seu segundo braço, ainda funcional: nesse caso a prótese torna-se substituto, afim de produzir um policial mais resistente e com melhor performance. Será que os órgãos adquiridos não deixariam de ser apenas um complemento dos órgão inatos, tornando-se seu aprimoramento (*enhancement*)? Ao seguir esta linha, chega-se às pernas em lâmina de carbono de Oscar Pistorius, tão rápidas que todo mundo deseja ter as mesmas; chega-se às hipóteses de Hans Moravec, sobre a possibilidade de transferir, de programar um espírito em uma máquina, para torná-lo imortal.

Bif: 3.24

2.10. Major Kusanagi

Ciborgue é irremediavelmente de primeira ou de segunda geração, superável pelas novas produções com performance mais avançada? Será que elela pode então escapar desse destino passando por frequentes atualizações e submetendo-se regularmente ao cepo de cirurgiões e aos experimentos dos engenheiros? Tal é a angústia que abraça as personagens do clássico anime *Ghost in the Shell*. Ciborgue não pode sobreviver sem uma manutenção completa. Elela está nas mãos dos técnicos que lhe dizem o que bem entendem, e que degradam o seu stuff à vontade. Se elela decidisse demitir-se da seção IX, teria que devolver seu stuff, e condenar-se a não ser mais nada.

Bif: 4.15

2.11. Sojourner Truth

É possível que alguém seja mulher e mãe e negra e escrava – ou isso representa um amálgama inconcebível, propriamente Ciborgue? Em seu discurso em Akron, Ohio, em 1851, Sojourner Truth se impõe e exige a verdade: "Não sou Mulher?" Ela nos pergunta como a cor, o sexo, a vida destituem um indivíduo, empurrando-o às margens obscenas de categorias em vigor e o consignam a um vazio de identidade do qual Ciborgue é o nome padrão. Se ser Mulher é ser amparada e protegida, por que nunca ninguém ajudou e protegeu Truth? Ela não é Mulher? E "se Mulher é fraca, o que significa isso?", pergunta ela, exibindo enormes e musculosos bíceps. Ela não é Mulher? Truth pergunta se e por que Mulher-Negra significaria, como Ciborgue, um oximoro; ela proclama em alto e bom som, em uma linguagem cheia de ironia, a monstruosidade de sua condição que nenhuma categoria disponível permite imaginar[10].

Bif: 6.4

2.12. Allegra Geller ou a Bioporta Impossível

Ciborgue estacionou muito tempo diante desta fronteira: como unir o orgânico ao eletrônico, o carbono ao silício? O cérebro é um meio aquoso ou úmido, cuja comunicação funciona por meio da circulação de íons: o chip de silício é um domínio regido por uma circulação eletrônica. Entre os dois sistemas, não há comunicação verdadeira ou cabeamento real possível. Conseguiríamos, pois, na melhor das hipóteses, colocá-los em contato ao separá-los

2. mitologia portativa

por apenas uma finíssima camada, a fim de permitir ao chip mensurar a atividade elétrica da célula, espiar o que se passa, com seus transistores captando sinais. Como garantir o cabeamento ou a conexão, interfacear, passar de uma inteligência isolada a uma inteligência distribuída ou de uma mônada a um enxame que zumbe?

Em *eXistenZ*, os jogos são conectados diretamente no stuff da jogadora. Para jogar, ela deve portanto estar munida de uma "bioporta", a tomada ou o canal onde se insere um cordão de aparência umbilical denominado "umbicorda", que liga seu organismo a um console vídeo-orgânico chamado "biopode".

Ted Pikul (Jude Law) tem fobia em ver seu stuff penetrado no momento da criação da sua bioporta. A criadora de *video games* Allegra Geller (Jennifer Jason Leigh) tenta tranquilizá-lo ao comparar a intrusão do dispositivo a uma simples perfuração da orelha. Para Geller, a bioporta é um orifício (boca, vagina, ânus) por onde se pode fazer entrar novas sensações no eu. Por isso Piku quer ser lubrificado antes de ser penetrado (conectado, *plugged in*). A bioporta cabeia o sistema nervoso orgânico cérebro-espinhal a outras redes digitais e, por isso, a outros universos possíveis. A bioporta não tem a labilidade de Ícaro, mas desperta, como RoboCop, a fobia da violação da integridade do corpo. A bioporta é vetor de infecções virais.

Existe ou não, nesse caso, uma possível junção entre a máquina e o organismo, ou estamos lidando com dois sistemas de cabeamento incompatíveis? O biopode, que é conectado à bioporta do jogador, na verdade não é nem máquina nem organismo. É um corpo artificial cujos componentes são orgânicos: trata-se de um ser vivo. Por isso os biopodes não são consertados, mas operados. Assim, a "bioporta" não ilustra a possibilidade de um cabeamento homem-máquina. O biopode é uma criatura, ela mesma, orgânica e vivente em simbiose com o organismo ao qual ela está conectada. Quando Pikul pergunta a propósito do biopode, "Mas onde são colocadas as baterias?", Geller responde que a fonte de energia é o stuff de quem o porta. O filme *eXistenZ* descreve uma simbiose ou um enxerto temporário que modifica os dados sensoriais do indivíduo receptor; não se trata, de modo algum, de uma junção entre humano e máquina; é o futuro da eletrônica, quando o silício terá chegado a todo o seu potencial e passará à moletrônica, ou eletrônica molecular[11].

Bif: 7.11

2.13. Mal-Acabado

O abade de Saint Martin nasceu sob uma estrela tão ruim (*male astrucus*) que redundou em herdar uma aparência monstruosa: a vida toda foi chamado de "Mal-acabado". Ele pertencia à espécie ou não? Locke nos lembra, e mais tarde Gilles Ménage, que não sabiam se deviam ou não batizá-lo. Se Mal-acabado tinha uma alma, como enxergá-la? Poderiam correr o risco de proscrever da comunidade dos Humanos um indivíduo nascido de pais humanos (isto é, cristãos)? Ou, ao contrário, poderiam arriscar-se introduzir no sacramento do batismo um animal ou uma criatura do diabo? Ciborgue-Mal-acabado habita os limbos: as margens das comunidades estabelecidas e de identidades fechadas[12].

Bif: 11.10

2.14. Nome de uma Cadela!

O que é uma cadela? Trata-se de um instrumento – máquina de guerra, de caça, de guarda ou de companhia? Assim, um pointer não é um cão que aponta, um retriever, um cão que traz a caça ao caçador etc.? É uma forma de vida que persegue seus próprios fins, um mundo com o qual estamos em relação ou um meio para cumprir certos fins? Haraway descreveu seus demorados beijos e abraços com a cadela Cayenne, como fizera Carolee Schneemann com seu gato. A cadela e o humano abandonam a relação mestra/animal, cuidadora/paciente dos cuidados, e tornam-se Ciborgue: indissociavelmente Espécies-Companheiras, companheiras de estrada em infecção e afeição. Os beijos são uma marca de amor, a marca de uma transfecção: significam que a comunidade vai além da domesticidade (do compartilhamento do *domus*). Dizem por vezes que Ciborgue está entre nós sob a forma do humano equipado. Na verdade, é como Cadela. Por isso Ciborgue, modesto, declara com frequência que para formar a filosofia do futuro só teve que mudar uma letra no dispositivo da antiga filosofia de Cadelas, o Cinismo, e fazer advir o Ci-*borgu*-ismo.

Bif: 11.4

2.15. Erótico

Ciborgue é como Eros: filho de Poros e de Pênia, da Abundância e da Penúria, fértil em expedientes e sempre em estado de carência, constantemente inventando truques e se deliciando em tramar planos, mas vendo continuamente suas riquezas se dissiparem entre os seus dedos, às vezes lânguido outras cheio de vitalidade. Elela é, como o Amor, muitas vezes *pantoporos*, provido de todos os meios, porém *aporos* quando enfrenta a morte, e talvez somente nesse caso; elela "chega com as mãos vazias, o eterno proletariado; como Cordélia, não trazendo Nada"[13].

Bif: 5.8

2.16. Alien-Mãe/Ripley

Quando em *Aliens, o Resgate*, a tenente Ripley (Sigourney Weaver) protege sua filha adotiva, Newt, única sobrevivente de uma colônia humana, contra a Alien Rainha, assistimos à luta entre duas figuras maternas: Borgue contra Bios.

A Alien-Mãe encarna a potência biológica em estado puro, unicamente preocupada em nutrir-se e reproduzir-se, "uma criatura biologicamente perfeita", como diz a personagem Ash.

Dotada de um poder de penetração, ela perpetra violações, dilacera os corpos que não a prezam. O oposto disso, Ripley encarna a mãe adotiva, cultural ou "escolhida": Borgue, praticante não do engendramento biológico, mas da virtude da compaixão e da proteção dos mais fracos. A que Ripley combate ao proteger Newt? Ela tenta impedir de ser penetrada e fecundada pela Alien; ela recusa que corpos sejam o local de uma implantação fetal. Dessa forma, Ripley posa de Amazona que combate a ideia de que as mulheres, pela sua anatomia, estejam destinadas a sofrer a violação, a penetração e a fecundação. Ripley exsuda a rejeição e o medo de dar à luz. A menina, que tem como nome Rebecca mas que é chamada de "Newt", cruza essas duas dimensões: "Newt" (Tritão) pode designar a salamandra que remete a menina pré-púbere ao lado viscoso da besta Alien, indicando, antecipadamente, o perigo que se esconde em seu corpo feminino; também pode-se ver nesse nome uma abreviação de "neutro" (*neutral*), indicando que ela ainda é jovem demais para ser ameaçada sexualmente.

Ripley, Mãe-Ciborgue revestida de uma proteção mecânica, destruindo a Alien-Mãe, total força biológica exuberante, significa a vitória da mulher "alien-ada" do seu corpo contra a natureza selvagem e suculenta da Alien-Mãe, inteiramente conduzida pelo instinto. *Alien, o Resgate*, é pois uma amplificação do velho tema do *womb-tomb*, do ventre-túmulo. Depois do elogio da tecnologia e de Ciborgue como modo de reprodução, é o corpo feminino que é combatido, porque ele suscita terror e repugnância. Ele deve ser absoluta e claramente desfeito, domesticado e vencido pelas potências másculas tecnófilas.

Ripley em Ciborgue indica as hesitações do feminismo em relação às técnicas reprodutivas. Estas representam uma penhora da ciência falocêntrica sobre os corpos femininos para impor-lhes uma ordem e submetê-los aos imperativos de uma produtividade racional? São elas, ao contrário, um instrumento de liberação, permitindo a desconexão da sexualidade e da procriação e autorizando a emergência de um gozo livre? Enfim, o elogio das técnicas reprodutivas avançadas, onde Shulamith Firestone via uma promessa de liberação, na verdade nunca convenceu as feministas[14].

Bif: 4.4

2.17. A Arma e a Têmpora

Diam's/Mélanie é uma figura de Ciborgue que canta: "Vim, vi e venci, então voltei." Sucessivamente dopada pela glória, pelos medicamentos ou por Deus, quase em seu último suspiro, mas sempre de pé, Diam's faz rap. "Frágil demais para esse mundo", ela sempre se ergue novamente e se rebela; combatente, mas desesperadamente submetida a Mestres mais fortes que ela – como uma Rainha perante a um Rei: é tudo o que ela consegue, tudo o que ela quer. Ao mesmo tempo força/fragilidade, ofensiva/ofendida, rebelde/submissa, menino/menina, lágrimas/socos, adulada/solitária, Oriente/Ocidente – "Na verdade, sou como todo mundo, meio sensata, meio colérica, Eles disseram 'você ficará doente a vida toda, você é bipolar'." Sufocando de liberdade conquistada, asfixiada por sua glória, abafando e chorando as dores da carência no centro de uma extraordinária abundância material, fazendo com que os contrários entrem em colisão, Mel/Diam's não é acometida pela doença do dois [da dicotomia]; ela assume sua condição Ciborgue: existir no dois. "Adoro a velocidade e a espera, a retidão e a queda. Pois sou a arma e a têmpora." *Jumping*, isto é, *up and down*, necessariamente, indissociavelmente, os dois[15].

Bif: 3.7

2.18. Aquela Coisinha Extra

Quando Bergson comparava o carnívoro e o vegetariano, ele admitia a superioridade do segundo, a do arrependido de quem conheceu as duas experiências e voltou a ser vegetariano: "Ele fez as duas experiências, eu fiz apenas uma." Como antigos depravados tornados ascetas que fizeram as conversões mais duras – assim como a do padre Charles de Foucauld. Esse é também o caso de homens que se tornam mulheres e de mulheres que se tornam homens. Dessa forma, se a cantora Marie-France é Ciborgue, é talvez porque antes de encarnar a mulher à perfeição, ela não era uma: é também, quiçá, porque ela adora fazer amor vestindo luvas, adicionando desse modo uma página ao livro do adorno essencial. É sobretudo porque ela canta "essa coisinha extra que acrescento", que ressoa com o *angry inch* de *Hedwig*; o nome desse "suplemento de alma" que Bergson exigia para o "corpo ampliado"[16].

Bif: 7.3

2.19. Ofiúro

Ofiúro é como uma estrela-do-mar, uma criatura de cinco braços finos, que não tem ânus e excreta pela boca. Ofiúro catapulta a boca e o orifício do cu.

Bif: 3.3

2.20. Veneza

Veneza foi construída sobre o mar. E mesmo se construíssem tanto e com tanta perfeição que se tornaria impossível nos apercebermos de tal edificação, chegaria um dia em que os pilotis entrariam em colapso e a cidade seria engolida. Da mesma forma, o belo sistema de máquinas só funciona porque agentes ajustam e fazem reparos continuamente no edifício: em mecânica, a ação do construtor se prolonga naquela do regulador e do reparador. Toda técnica se conserva. Os venezianos sabem que devem permanentemente substituir os pilotis[17].

Bif: 12.7

Extension de la Joconde (Marie-France Bubbe, 2010). Os olhos da Mona Lisa no meio de uma extensão de pintura. Trata-se de uma grande tela coberta de matéria, com empastamentos e escorrimentos, uma espessa quantidade de tinta, tumultuada, que dá à tela um ar de lamaçal, de montanha ou de floresta. Ao centro, percebe-se o que antes era a fotocópia de uma pintura: a obra-prima de um grande mestre. Bubbe aciona um programa que ela denomina "extensão", que parece glosar o que Asger Jorn havia formulado: toda obra, para ser válida, deve ser desvalorizada, sequestrada e modificada. A extensão colagem/pintura cria uma tensão entre dois polos: dois períodos da história (passado/futuro), dois suportes ou matérias (foto/pintura), duas identidades de pintores (Bubbe/o grande mestre). Lá onde pintores masculinos estabelecem um diálogo com os velhos mestres, Bubbe convida estes últimos a banquetear em uma orgia de matéria, onde eles se estragam e se afogam. A extensão trabalha sobre uma pintura clássica, a dos "mestres", que ela barra e submerge. O gesto os ataca e se intromete em sua autoridade. Mas, enfim, eles fizeram por merecer: a obra antiga, cheia de arrependimento e de purificação, exige dela mesma a sua superação. Se a extensão não tem nada a ver com a cibernética, ela pertence de pleno direito à ontologia Ciborgue por sua dimensão compositiva. Uma frase de Haraway, "Ser um, é muito pouco; e dois é apenas uma possibilidade entre outras", poderia descrever o funcionamento da extensão como introdução de uma outra pintura no campo da tela. A obra-prima é como um convite ao próprio seio da obra e nela se integra: pela obra-prima, Bubbe não é mais "um/a", mas na verdade tampouco é dois[18].

3. OPERAÇÕES CIBORGUE

> *Do I contradict myself?*
> *Very well then I contradict myself.*
> *(I am large, I contain multitudes.)*[19]
>
> WALT WHITMAN,
> *Songs of Myself*, § 51.

3.1. Transversos

A filosofia praticou a ironia e o humor com Sócrates e os Cínicos. Ciborgue filosofa por blasfêmia. Uma blasfêmia supõe que a afirmação de uma sacralidade e o gesto de transgredi-la são indissociáveis; ela afirma e nega ao mesmo tempo; não tem nada a ver com a verdade ou com o bem, nem mesmo pretende se oferecer como exemplo, ela pisoteia e profana, por desafio ou por ignorância, aquilo que decretaram sagrado.

Ciborgue mergulha um crucifixo em um banho de urina para ver o que acontece. Elela prevê seis minaretes para a Mesquita Azul de Istambul, supondo que com isso ela ficará mais bonita. Veste-se como *lubavitch* híbrido, usa culotes austríacas de camurça, e passeia por Jerusalém. Ora, todas as vezes a estética de sua obra provoca protestos, agitação, indignação; a cada vez, a violência é desencadeada por toda parte, a ameaça de morte. E Ciborgue, que não hesita em ocasionalmente apresentar um pouco de má-fé, age como se isso lhe fosse completamente incompreensível, como se ignorasse que todo ato estético é também político. É que com isso elela quer colocar outra questão: o que constitui o sagrado? Como ele pode suscitar tais choques, tais emoções? Então, para renovar esse espanto inesgotável, cada vez que lê *non plus ultra*, Ciborgue passa por cima. Onde outros impuseram limites, elela atravessa, transgride, transcende. Ciborgue é trans, eis aí sua declaração de imanência[20].

Bif: 6.6

3.2. Jogos de Palavras

A vinda de Ciborgue é anunciada por tudo aquilo que, na história, freme por superação de alternativas. As seguintes palavras de Bachelard são testemunha disso, "Acima do sujeito, além do objeto, a ciência moderna se funda no projeto", assim como a ideia de Whitehead que segue: para além do objeto e do sujeito, é necessário ainda o superjeto. Ciborgue não é nem a antítese vazia e simplesmente negativa, nem a síntese brilhante e elevada: elela é o amálgama, grosseiro e fora de prumo. A prótese[21]?

Bif: 10.11

3.3. Engavetamento

Parece que está escrito em alguma parte do Zohar que sem a noite na verdade não há dia. Ciborgue, sua identidade mesma, significa "noitedia" ou então "nia" ou ainda "doite". Será que se trata de dizer que Ciborgue, cuja natureza é ser engavetamento, nega a diferença, não leva em conta nenhuma alteridade? Que elela não é autêntico(a) nem tem identidade?

Bif: 6.17

3.4. Ciborgue é Stuff

Stuff é uma maneira de juntar, de evitar as fórmulas do modelo "Em última análise, isso é considerado [Máquina/Organismo...]", de evitar as grandes descontinuidades eu/não-eu, as grandes polaridades alma/corpo. Ciborgue recusa a todo custo cercar um termo a fim de eliminá-lo. Falar de stuff é designar de maneira unívoca e equívoca o que engendra a trama de todo ser, sem que nos lembremos de perguntar, por causa de um tipo de cegueira voluntária, o que é organismo e o que é máquina, o que é feito de matéria viva e o que é feito de matéria inerte. Falar de stuff é lembrar-se de que há pouca diferença entre o bruto e o morto. É rejeitar, por um instante, fazer da física e da química ciências à parte da biologia, ou separar esta da psicologia. Falar de stuff é considerar que as máquinas são entidades vivas. É levar em conta a indiscernibilidade teórica de máquinas e organismos.

Bif: 10.1

3.5. Ciborgue Quimérico

Ciborgue pertence a essas quimeras que hibridizam elementos já existentes. Ciborgue reveste-se com uma aparência de novidade, enquanto na realidade se compõe de peças preexistentes recombinadas. Daí, podemos nos perguntar se de fato Ciborgue nos oferece uma saída dos limites estabelecidos no mundo. Elela finalmente parece ter apenas o efeito de nos fazer tomar consciência de nosso aprisionamento mental e ideológico. Porém essa alienação nunca foi precedida por nenhum estado que poderia ser marcado pela anterioridade, autenticidade ou primazia. Compor Ciborgue nos indica, segundo os pessimistas, a que ponto nossa imaginação é cativa do modo de produção no qual ela evolui. Esses são os mesmos que se deleitam com a impotência da utopia: contudo, a utopia, para não ser radicalmente outra, não se descuida do seu poder de subversão. Que Ciborgue seja composto sem que ninguém jamais tenha assistido à sua composição, sem que nunca qualquer pessoa tenha visto os elementos que o compõe independentemente um do outro, eis o que nos dá nossa ontologia[22].

Bif: 5.1

3.6. Colisões Culpáveis

Ciborgue é quem fez Lautréamont comparar as garras retráteis das aves de rapina a uma perpétua armadilha de ratos e o "encontro fortuito, em uma mesa de dissecação, de uma máquina de costura e de um guarda-chuva". Bridet fez a mesma coisa em *Porc trait par Van Dyck* (Porca Ordenhada Por Van Dyck), e Duchamp em *Rembrandt utilisé comme planche à repasser* (Rembrandt Usado Como Tábua de Passar Roupa), *ready-made* invertido. Mais tarde, Debord declarou que "todos os elementos tomados não importa de onde podem fazer a vez de objeto de novas aproximações": desse modo, quaisquer que sejam os elementos apanhados por aí, sempre é estabelecida uma relação, de modo que "tudo pode servir". Mas para Ciborgue, se essas colisões são fecundas, muitas vezes elas produzem estranhas concepções suscetíveis de serem chamadas de leviandade: pois quando Ciborgue ouve no rádio que os blindados transportam os camisas vermelhas a Bangkok, elela pensa em uma canção de Murray Head (One Night in Bangkok). O acontecimento dessacralizado das guerras modernas, tais como a mídia narra, se emparelha, em seu espírito, com o pop acidulado que flui pelos mesmos canais[23].

Bif: 2.8

3.7. A Banca do Comerciante de Frutas e Legumes

Em todo bom filme hollywodiano há uma perseguição. Em seu percurso, as personagens reviram uma banca de frutas e legumes, e o comerciante dono da banca corre no meio da rua agitando os punhos levantados, fulo da vida, em direção aos fugitivos. Tais clichês formam a matéria de muitas histórias. Esses detalhes aparentemente insignificantes são a trama do Grande Outro, a substância simbólica de regras não escritas, aquilo a que cada entidade se conforma, mas também aquilo em relação ao que ela pode trapacear, mentir, aquilo que ela pode subverter ou transgredir, aquilo do que ela pode rir. Ciborgue assume totalmente essa estrutura e se diverte com ela. Tal é o sentido de Ciborgue, a condição de sua inteligibilidade; elela não é talvez o fim da História, mas tal é sua significação filosófica. A ironia de Ciborgue exige que elela tenha alguma coisa para derrubar, para botar de cabeça pra baixo. Nem que seja apenas a banca do comerciante de frutas e legumes[24].

Bif: 6.11

3.8. Ciborgue Gramofone

Repitamos o que já foi dito por outro (H.G. Wells): as pessoas eminentes, que fazem grandes discursos e distribuem prêmios não são quase nada além de gramofones. Esse pessoal repete sempre a mesma coisa, e no mesmo tom. "Por que fariam isso se realmente fossem indivíduos?" Essa gente executa suas escalas sobre os mesmos temas repisados. Ciborgue seria uma maneira de quebrar o círculo da repetição, ao nos fazer escutar os confusos rumores da vida, dos filmes, da cultura popular. Mas, ao mesmo tempo, fazer Ciborgue falar não significa dar lugar a um efeito da moda? Retomar, por sua vez, um tema que se repete por toda parte e que porta-vozes, tão gramofones quanto os outros só que de maneira diferente, amplificam e reproduzem nota por nota? Este livro talvez pertença a esse tipo, o do gramofone que reproduz. Porém é também uma câmara de ecos onde as notas se amplificam. Ou, para retomar uma antiga imagem baconiana, entreposto, magazine onde se reúne elementos esparsos para serem provados e submetidos à observação do público. Este livro engendraria, portanto, a história natural de Ciborgue, a coletânea bruta de onde nascerá a filosofia[25].

Bif: 4.18

3.9. O Poder dos Dwems

Entrar na filosofia significa submeter-se ao poder de um *corpus*. Por isso, a filosofia tornou-se um culto que se rende aos dwems – *dead white European males* (machos mortos brancos europeus). Os dwems são tão poderosos quanto os antigos djins, e a filósofa está condenada a ser sua vestal ou sua freira: virgem estéril e consagrada, destinada a servir. Mas Ciborgue-filósofa desconfia dos dwems e conhece seu poder e suas artimanhas. Elela os evita utilizando-se de outras referências, convocando, em torno de si, outra galáxia. Ciborgue late, indócil: quem é a filósofa? O que ela sabe? O que ela consegue exprimir ou pensar? De onde ela tira sua voz? Quem é que a autoriza a falar? De quem ela irá tomar emprestado? Fala em nome de quem? Ciborgue se coloca grande quantidade de questões e, enquanto isso, os dwems peroram, fazem a academia ressoar com seus ronronados e seus grunhidos, e cobrem as prateleiras das bibliotecas com sua massiva e monumental presença.

Bif: 5.5

3.10. Videndas

Se a legenda designa o que deve ser lido (*legenda est*) e coloca em cena os santos, os heróis e os mártires, hoje criamos *videndas*: o que deve ser visto, a gesta que relata as façanhas e as infâmias das

3. operações ciborgue

novas formas de vida. Ciborgue, participante de muitas *videndas*, goza de grande popularidade. Elela com frequência se coloca em cena nas representações de segunda categoria, porém não faz caso de sua reputação, sabendo que a pureza não se encontra em parte alguma desse mundo. Para se ser compreendido, é preciso entrar em relação, estar em relação: é preciso ser contaminado. O que não está em relação com nada, é impossível de ser exprimido: mais vale dizer que não contam para nada. Por isso, Ciborgue se compromete sem discriminação. Compreender Ciborgue exige que salas obscuras sejam frequentadas.

Bif: 2.1

3.11. Sair do Poço?

Uma sociedade de sapos vive no fundo de um calabouço subterrâneo, sem nenhuma ideia de que existe outra coisa além de suas trevas lamacentas e sombrias. Ciborgue, escolhendo a forma de uma cotovia (em inglês: "graça do céu", *skylark*), vem lhe falar de um mundo melhor, no alto, quando saímos do poço. Acusam Ciborgue de fabular. Porém a esperança nasce, e os sapos, inspirados pelo canto do céu, revoltam-se contra a fatalidade e fazem do seu calabouço subterrâneo um mundo melhor: mais democrático, mais iluminado, melhor ventilado, mais acolhedor para os prazeres. Eles reduzem o tempo de trabalho, criam bibliotecas, universidades, museus, teatros, cinemas, salas de concerto. Entretanto, Ciborgue-cotovia persiste, com suas histórias de céu azul, de estrelas e de campos de trigo, de montanhas, de vales e de mares infinitos. Terminam por crer que elela delira e então, fartos de suas futilidades, os sapos imolam Ciborgue-cotovia, empalham e expõe seu corpo em um lugar de honra, em um museu (com entrada gratuita para todos). Será que nenhum sapo nunca sonhou em sair do poço?[26]

Bif: 6.8

3.12. Ciborgue, Palavra-Valise?

Ciborgue não é uma palavra-valise, como Lacan escreve "lalíngua" ou como Derrida inventa "monumanque"[27] para designar a presença ausente. Ciborgue é o engavetamento de contrários. Cib-orgue é um amálgama, uma colagem, uma montagem para *cybernetic organism* (organismo cibernético). Ciborgue é conjunção em vez de disjunção. Objetarão: "Mas nesse caso não se trata de reunir duas coisas que a língua e a cultura separaram: como estabelecer uma relação com o sem relação?" E prosseguiriam: "Mas, para conjuminar, não seria preciso supor que as unidades antecedentes se encontrem mantidas em sua reunião?"

Ciborgue não propõe uma fusão completa que faria com que esquecêssemos a cozinha de sua composição. Nelela, o cibernético e o organismo não constituem mais os termos de uma alternativa polarizada ou hierarquizada, mas, antes, uma sociedade: um desses fatos particulares do estar junto, onde não se pode mais distinguir um todo das partes. Conservar os dois termos é uma maneira de não achatá-los um sobre o outro, de não cercar um termo para eliminá-lo, de não tentar reconciliá-los sem medir esforços sob a unidade *sursomptive* (superprodutiva). Em Ciborgue, há conjunção sem nunca ter existido um estado disjuntivo: ou seja, a conjunção própria de sua existência nunca é da natureza da fusão de elementos esparsos. Nunca houve uma pluralidade disjuntiva da qual Ciborgue seria a união, a unificação ou o resultado.

Bif: 12.9

3.13. Usos do Estilo

As insurreições filosóficas se produzem no meio de operações gramaticais: Descarte ou a postura em primeira pessoa; Hegel ou o tremor do genitivo subjetivo e objetivo; Marx ou a inversão do sujeito e do predicado, que inverte a *Filosofia da Miséria* em *Miséria da Filosofia*; Heidegger ou a substantivação excessiva e a decomposição de palavras segundo uma etimologia arbitrária que deixa entrever um solo e hipotéticas raízes: Debord ou o sequestro (a citação traída) – Ciborgue ou a colisão aglutinante.

Bif: 6.12

3.14. Uso do Ponto de Interrogação

Ciborgue não traz consigo nenhuma resposta, elela semeia pontos de interrogação. Ciborgue não traz nenhuma solução, elela provoca crises.

Bif: 9.5

3.15. Uso do Hífen

Ciborgue opera por hífen, ou seja, por traço de união. Elela considera que isso muda muitas coisas: que uma nova medicina emerge quando se fala não mais de alma e corpo, separadamente, mas de "psico-somático"; que uma nova física pode florescer quando não é mais uma questão de espaço e tempo, mas sim de "espaço-tempo"; que uma nova antropologia prospera sob o vocábulo "sócio-cultural"[28]. Não é necessário acreditar que o traço de união postula ou supõe uma unidade subjacente; o traço de união conserva cada termo separado e não mascara a complexidade de interações. As palavras com hífen não combinam somente duas entidades sem relação subitamente coladas uma na outra: elas revelam, de modo linguístico, um complexo empírico de relações. A união manifestada pelo traço não garante em nada a unidade, mas assinala, ao contrário, multiplicidades e sua miríade de relações. Essa tentativa tipográfica tem seu interesse, ao menos provisório, mesmo se os dois grandes magos da filosofia hoje decretassem, por ucasse, a propósito do múltiplo:

"Nenhuma habilidade tipográfica, lexical ou mesmo sintática será suficiente para fazê-lo ouvir. O múltiplo, é preciso fazê-lo [...]." Ciborgue, que é múltiplo em ato, mostra a eles o dedo médio e se recusa a escutá-los ou a pensar e concordar com eles que o gesto de escrita não muda nada[29].

Bif: 12.10

3.16. Uso da Maiúscula

Ciborgue utiliza a letra maiúscula assim como outras pessoas usam bigode, mosca ou peruca: a fim de singularizar-se. A maiúscula traça caminhos inesperados através da História. Assim, Roland Barthes semeou-as em quantidade: Feiticeira, Graça, Jogo, Tabaco, Álcool, Romance, Tédio, Rosa e Touro. Essa multiplicação tem como efeito esvaziar as maiúsculas mais comuns (França, Robespierre, Mulher, Negro), perturbá-las e marcá-las, em contrapartida, com uma inquietante estranheza. A maiúscula é democrática: multiplica as personagens e as vozes, torna audível o inaudito[30].

Bif: 2.19

3.17. Impureza Sem Pureza

Ciborgue é impureza. Nelela, os termos da dicotomia não são dissolvidos: nenhum deles é beneficiado em detrimento do outro. Mas Ciborgue é uma impureza sem pureza primeva nem virgindade perdida. Manqueja sem nunca ter caminhado direito. Como uma claudicação sem passado de retitude. Como um Satã do qual nunca se saberia dizer se algum dia sofreu a queda. Elela não inventa mitos de origem: esterilidade/gênese, antes/depois. Tantos passes de mágica deixam Ciborgue indiferente. Quando Ciborgue assiste ao desenho animado *Ghost in the Shell*, elela pula a abertura do desenho onde desfilam a imagem de cérebros em

3. operações ciborgue

tanques e mitos de concepção imaculada. Elela não se reconhece em absoluto em *RoboCop*, que considera como um melodrama *kitsch*: o bom homem Murphy, crucificado pelos perversos (os traficantes criminosos), torna-se uma máquina às ordens de outros perversos (os capitalistas sem escrúpulos), lutando para encontrar em si próprio traços de humanidade que mais outros perversos (os cientistas malucos) não conseguiram amputar: as felizes recordações de sua bela e dourada família.

Bif: 6.9

3.18. Extratos Sem Fonte

Tudo se passa como se Ciborgue não inventara nada; elela é a máscara sob a qual desfila diante dos nossos olhos uma citação arrancada de um livro de Deleuze, mas da qual o próprio Deleuze não é o pai: "um universo em que a imagem deixa de ser segunda com relação ao modelo, em que a impostura pretende à verdade, em que enfim não há mais original, mas uma eterna cintilação onde se dispersa, no clarão do desvio e do retorno, a ausência de origem". Ciborgue é apenas o texto dessa nota de rodapé emancipada, despojada de toda paternidade e de toda autoridade, livre enfim.

Lá onde Sócrates se apresentava como parteira de verdadeiras e falsas concepções, lá onde Deleuze falava em fazer filhos escondido, em traição de alguém, ou em se fazer fazer isso, Ciborgue prossegue a produção de descendentes ilegítimos. Atravessando as zonas genital e anal, elela decide fixar-se mais alto e fazer com que os ventos falem, cultivando a arte do ventríloquo. Ciborgue nunca fala em seu nome. Mas ecos se fazem ouvir por sua boca, as palavras antigas, profundamente sedimentadas, ganham e perdem vida, se veem formadas e deformadas, habitadas e desabitadas, tudo isso ao mesmo tempo[31].

Bif: 4.12

3.19. Compósito Sem Composição

Eis um diagnóstico corrente: se a Queda foi produto da divisão primeva, se a Falta foi deixar a unidade original, então a redenção só pode ser a restauração da unidade total. A solução reside, por conseguinte, na fusão: a indistinção interior/exterior, a superação da fronteira sujeito/objeto. Então o Absoluto, o Uróboro será recuperado, a cauda da serpente irá unir-se novamente à sua boca, a boca da história será por fim recingida: reconciliados, *at last* (enfim), macho e fêmea, pai e mãe, mão e filho, ego e mundo, interior e exterior! Ciborgue parece responder a esse diagnóstico. Elela seria uma tentativa de restaurar a unidade pela fusão de entidades indevidamente separadas. Porém Ciborgue é cego em relação à sua origem. Elela não tem a nostalgia da Unidade perdida. Seu tempo é o desde sempre. Uróboro para Ciborgue é uma mitologia estranha. Ciborgue assume as distinções e as divisões, reais e simbólicas. Para Ciborgue, qualquer retorno à situação inicial, qualquer redenção são impossíveis. Elela perdeu todo senso da origem.

Bif: 6.16

3.20. Monstros e Stuff

Há mais em Ciborgue que o braço mecânico de Stelarc, o rosto transmutado de Orlan ou o coelho fluorescente de Eduardo Kac. Claro, existe tudo isso, assim como há Exterminador do Futuro e RoboCop, e cada um merece seu espaço. Porém a operação Ciborgue está além da fantasia mecânica e cibernética, está em toda prática que, colidindo os contrários, produz híbridos mancos. Ciborgue se encontra em uma colagem de Tom Friedman: elela traz pênis no lugar de braço, braço no lugar de pernas e seu rosto é feito de suas faces sobrepostas. Por extensão, Ciborgue é um *escargot* dadá de pernas longas calçando botas de sete léguas,

3. operações ciborgue

Dragão alado comendo a própria cauda (1625). Assim como Ofiúro ou Uróboro, Ciborgue catapulta o começo e o fim, engasta ponta a ponta o que nunca devia se reunir.

ou um ícone do cinema reduzido a suas pernas ao qual teriam acrescentado duas ou três muletas e membros supérfluos[32].

Bif: 12.21

3.21. Entre Sem Bater

O espetáculo de Ciborgue que tem frio, eis que afasta o interesse das espectadoras: "Quê?! Então seria esse o Deus que esperávamos! Então é por esse que seremos salvas! Ciborgue não é a promessa que aguardávamos. Para que precisamos delela, se seu stuff tirita, sujeito aos tormentos da fome, submisso à decrepitude da doença, à flutuação dos ventos, à angústia da morte; de que nos serve, se é incapaz de suprimir o mal, se não pode salvar nada?"

Ciborgue, nesse meio-tempo, se aquece junto a um fogão e, enquanto se esboça em seu ser um sorriso que se quer envolvente, elela ressuscita a antiga sentença: "Introite nam, et hic dii sunt. Entrem, há deuses também na cozinha."

Porém hesitam em entrar, percebendo de repente que Ciborgue não encarna o sonho de pureza; que elela talvez ainda seja esse estranho nauseabundo cujo odor incomoda. Quando se lê em Heidegger que "o *Dasein* (ser-aí) tem por essência uma tendência à proximidade", nunca devemos esquecer do *postscriptum* de Sloterdjik: "É preciso também entender por isso, *nolens volens* (quer queira, quer não queira), a proximidade com as latrinas." Ciborgue então dissimula o ponto culminante do Higienismo frenético, de uma "modernidade desodorizante"? Ou convida a levar em conta a exalação do indivíduo e do grupo – o inelutável odor?[33]

Bif: 7.10

3.22. Uso do Fragmento

Ciborgue maneja a ironia e a escrita através de fragmentos. Por isso, seus textos sempre apresentam faltas e excessos, têm a marca do selo da insuficiência[34].

Bif: 2.3

3.23. A Câmara de Eco

Ciborgue é como uma câmara de eco onde palavras volantes vêm se repercutir, se amplificar, se gravar. Com frequência, Ciborgue se deixa surpreender por hinos que provocam e levam Ciborgue a dançar e chorar. Há músicas que se tornam insuportáveis a elela; outras lhe enchem de alegria. Essas músicas testemunham velhas histórias que só Ciborgue conhece. Elela sabe que elela passará e que, com elela, toda essa conjunção de sentidos desaparecerá.

Bif: 1.3

3.24. Blasfêmias

Não se deve esperar Ciborgue como o Salvador, o Grande Libertador, o Herói. Elela não é o novo conceito que descreve uma nova época, o nome da era Cibernética ou o advento do Pós--moderno, como "Adão" designa, no pensamento de Bossuet, A Era da Criação, ou "Noé", a Época do Dilúvio. Ciborgue não possui nenhum saber, nenhum fundamento, nenhuma mensagem a entregar. Sua ignorância é uma ponta, uma cunha que elela enfia nas coisas, um cálamo que grafa signos. Elela não é nem a denominação da natureza humana (*Homo Faber* ou *Species technica*), nem a do Homem-Deus (Super-homem imortal), nem a do sucessor do humano (o Pós-humano). Ciborgue não é a realização de nenhuma profecia, de nenhuma promessa. É apenas uma pedrada no charco. Ainda por cima tem pouca pretensão de fazer ondas. No máximo alguns círculos na água ou a suave música de um leve marulho. Ciborgue perturba, mas quase apesar de si.

Bif: 8.12

3.25. Qual Conjunção?

Lá onde o *Cântico dos Cânticos* (1, 5) escrevia: "Sou negra, mas sou formosa", Ciborgue escreve, a partir de Cixous: "Somos 'negras' e somos formosas."[35]

Bif: 4.17

3.26. Quando É Agora?

Ainda que o Salvador esteja entre nós, diante de nós, agora, ainda lhe perguntamos: quando você virá? Como se a presença, o fato de estar aqui, *hic et nunc*, não confirmasse a sua chegada. Veja elela, está aqui, agora. Mas isso não é suficiente para suprimir a angústia, instalar a certeza. Como se estivéssemos condenados a não ver o que acontece no presente e em presença e a esperar por outra coisa. Quando se está aqui, não se está aqui: ainda não, não ainda. Impossível de se acreditar e, no entanto, não há nada diferente. Ciborgue representa infinitas vezes a sucessão irremediável de dois versículos do *Evangelho de Lucas* (2, 11): "Regozijai-vos, eis que a vós foi enviado o Salvador", que jamais deve ser lido sem o que imediatamente se segue: "Trata-se de uma criança cagada, que usa fraldas."[36]

Bif: 7.1

3.27. Coincidentia Oppositorum

Quando Nicolau de Cusa propôs a *coincidentia oppositorum*, acusaram-no de panteísmo: eis que foi apagada, pensavam, a distinção entre Deus e o universo de criaturas, eis também extinta a distinção real de pessoas divinas. Se os contrários coincidem, então a relação de oposição não estrutura mais nada e tudo é Uno. Ciborgue bordeja em torno da antiga *coincidentia oppositorum*. Ao mesclar os elementos e os humores, elela obtém misturas mais ou menos harmônicas. Ciborgue não alia os contrários em uma combinação que cria uma melhor performance. Ciborgue parodia a coincidência de opostos, que antes elela reformula à maneira de colapso, choque e barra.

Bif: 4.5

3. operações ciborgue

Na arte dos alquimistas, a ciência da *coincidentia oppositorum* é o conhecimento de harmônicos mágicos que compõem o universo ao manter os contrários unidos.

3.28. Contagio Rerum

A *contagio rerum* significa a solidariedade entre as coisas, sua interconexão: tudo se encaixa. O que chamamos indivíduo é, na realidade, sociedade. Ciborgue é, dessa forma, um entrelaçado, uma fusão provisória e instável ou, nas palavras de Whitehead: uma concrescência[37].

Bif: 12.18

3.29. Desconjuntamento

O universo de Ciborgue não é feito de perfeição e de onipotência – ou então somente por deslumbres. Ciborgue está sujeito a revisões, a atualizações e a diferentes operações de manutenção e reparação. Ciborgue é como uma casa onde uma telha sempre acaba por se soltar, uma janela por ranger, uma junta por se descolar, uma fissura por rachar os tabiques. Ciborgue é necessariamente torto. É a denominação geral de toda composição instável e claudicante entre duas naturezas heterogêneas. Mas por isso Ciborgue efetua, cotidianamente, a cada hora e a cada minuto, a experiência de que todo o seu ser depende daquilo que fazem os outros. Dessa forma, Ciborgue jamais pode viver em isolamento.

Bif: 12.2

3.30. Metafísica de Mirzoza

Mirzoza grita a quem queira ouvir seu horror por geógrafos que puseram o Oriente no Ocidente e o Norte no Sul. Ela repete que pretende colocar as coisas de volta em seu lugar: tal é sua ambição. Mas Mirzoza é cheia de ironia: se ela anuncia esse belo programa, é para melhor virar tudo de cabeça pra baixo. Assim, Ciborgue se junta à escola de Mirzoza. Elela fustiga aqueles que têm afirmado que a alma está na cabeça, e elela pretende colocá-la nos pés. "Alma-pés": tal é o nome do seu programa de metafísica experimental, pois a alma, princípio de movimento, serve antes de tudo para caminhar. Ciborgue aprende com Mirzoza como empregar o traço de união: Alma-pés é um conceito provisório, uma forma transitória, um purgativo que se deixa levar por aquele ou aquilo de quem é a purga. Daí, se Alma-pés é uma medicina, o que ela cura? Alma-pés serve simplesmente de antídoto ao mito da Cabeça-Lanterna, que se pavoneia ao declarar que esclarece o Mundo. Ciborgue, tendo compreendido bem a lição, se põe a imaginar todos os amálgamas e todos os lugares possíveis para a alma; e se puséssemos a alma nas pernas? Nos olhos? Ou até mesmo em "joias"?[38]

Bif: 7.9

3.31. Ciborgue Cosmógrafo

Ciborgue pega as linhas do mundo e as dobra umas sobre as outras ao infinito; elela sempre se surpreende ao não vê-las passar onde estávamos acostumados a pensá-las e a vê-las. Ciborgue transborda por toda parte. Ciborgue desfaz as dicotomias por seu apagamento ou diluição no *continuum*, mas pelos atos de colisão/colusão. Elela é engaste, à imagem de dois bólidos que, lançados a grande velocidade um contra o outro, se imbricam. Elela é incrustação criselefantina, como duas joias que se mantêm conjuntas. Ciborgue simpatiza com uma estratégia nominalista de boa qualidade (os nomes concebidos como violência feita à diversidade), porém se prende sobretudo às dicotomias que elela desarranja por meio de uma estratégia da mistura, da mestiçagem, da montagem, do enlace, do engavetamento – por um procedimento de hibridação ou de enxerto, isto é, por operações que são entrelaçamentos de natureza e de artifício.

Bif: 4.3

3.32. A Embriaguez dos Turbilhões

No mundo dos Antigos, a Sábia se abrigava sob um pórtico e observava a multidão andar debaixo dos turbilhões de uma chuva diluviana: tendo arengado a esses insensatos e exortado a todos eles que voltassem para casa, a Sábia permanecia sozinha no seco, desolada por não conseguir curar seus compatriotas de sua loucura. No mundo de Ciborgue, nada falta a ninguém e todos têm um guarda-chuva, ficam, portanto, livres para abrigar-se. Logo, se muitos caminham bravamente sob as águas, isso se dá deliberadamente: é que elelas não querem se proteger. Será que estão lá para provar seu caráter à pedra de tropeço dos elementos? Estão ali pelo prazer de sentir a água correr em seus corpos e se deixar encharcar até ficarem ensopados? Estão ali para uma entrevista cara a cara com a morte e sentir o sopro dela percorrer seus corpos e seu ser? Estão ali para oferecer calor e frio ao seu stuff? Talvez anseiem por tudo isso ao mesmo tempo. Ciborgue, bem longe de pregar no canto das portas e na sombra das paredes, canta e dança debaixo da chuva, com ou sem capa, pulando com os dois pés juntos nas poças de água[39].

Bif: 12.23

3.33. Hierarquias

Se a hierarquia é a maneira com a qual um polo pratica o "englobamento do contrário" em uma relação, Ciborgue a abole: nelela, os contrários não se englobam mutuamente, mas se juntam. Não que essa fusão, amor de contrários um pelo outro, seja libertadora de toda inquietude. Em muitos momentos, cada uma das partes pode se perguntar, tal como no beijo entre Brejnev e Honecker, se se trata de um amor fatal, que sufocará um deles. Mesmo que ignore a hierarquia, Ciborgue não vive, no entanto, sem tensões[40].

Bif: 6.10

Horacio Casinelli, série *Redes e Intrusos*. Retrato de Ciborgue futebolista transmutado em *putto* ligeiro, cujo balé é propelido ao teto de um palácio barroco, sobre um fundo de Tiepolo.

4. A ALIENAÇÃO DE CIBORGUE

> *"Eritis sicut dii!"*
> (Vós sereis como deuses!)
> A promessa da Serpente do *Gênesis*.

4.1. Navegação

Ciborgue é como Ulisses amarrado ao mastro com firmeza, levado por um navio singrando em meios a Sereias. Não cabe a ele libertar-se. Quando a travessia começa, muitas coisas já foram delegadas aos marinheiros que aceitaram ter seus tímpanos tapados, esses indivíduos que até mesmo esqueceram que tinham ouvidos para escutar, esses que, completamente atarefados, não querem saber de nada exceto de uma coisa: sua sobrevivência depende do seu silêncio, da sua surdez e da sua cegueira, de sua ausência de sentimento, questionamento ou discussão, do seu respeito integral às instruções, de sua adesão ao desenrolar implacável do programa. Cada um tem sua tarefa, e todos serão salvos.

Diante do profissionalismo dos marinheiros, Ciborgue pode protestar, gritar à vontade que quer voltar, mas tudo já foi decidido a montante e nada do que foi feito pode ser desfeito. Por isso,

Ciborgue ouve as Sereias, atravessa a vida como em um espetáculo, e implora, aplaude, grita, porém tudo isso muda muito pouco a ordem das coisas. Os marinheiros, imperturbáveis, cumprem suas tarefas. Todos, ministros de Estado e chefes de governos, diretores de empresas, face à ordem econômica, ao crescimento e à crise, cumprem suas tarefas. No fundo, todos estão de pés e mãos atadas e devem ir até o fim da travessia[1].

Bif: 8.3

4.2. High/Low

Ciborgue amiúde é *low*, porém também se diverte em ser *high*. Flerta, *unverschämt* (descaradamente), entre o pop e a alta cultura. Filosofa ao ir em busca de uma mensagem importante nas bibliotecas poeirentas, abrindo livros que ninguém lê, e filosofa nos lugares onde todo mundo vai, blockbusters, fast-foods e parques de diversão. Elela é como a abertura do *Guilherme Tell* de Rossini transformada no tema de abertura da caricatura heroica *Lone Ranger* (O Cavaleiro Solitário).

Bif : 3.6

4.3. Schöne Fremde

Perguntar qual é a "origem" ou quais são as "raízes", tal é a arrogância daqueles que estavam primeiro [em determinada região] – eternas questões "do autóctone face ao imigrado, daquele que é sedentário diante do móbil" –, sempre prestes a brandir as "categorias de Dono, de Senhor", como notou Adorno. Mas tal é também o fundamento de reivindicações de povos primevos, submetidos à irrupção e à violência dos colonos. Para reclamar as terras dos seus ancestrais, é na origem que eles se apoiam. Ciborgue gostaria de reconciliar todo mundo por

4. a alienação de ciborgue

meio de uma máxima de Eichendorff, *schöne Fremde* (a beleza do estranho), e inventar um estado de reconciliação que não seria imperialista, uma relação de proximidade com o estranho que seria liberta da categoria de origem ou de raiz[2].

Bif: 12.16

4.4. Aquilo Que Suspeitam Que Ciborgue Encobre (1)

Para muitos, Ciborgue encarna a vontade de potência, o desejo de nunca perder o controle: trata-se de Ciborgue masculinista, Ciborgue mecânico, Ciborgue estatuário. As aventuras de Ciborgue seriam a reescritura, à maneira de *techno-hype*, de memórias de *Freikorps*[3] alemães, revelando o desdobramento meticuloso de dispositivos disciplinares e militares que transformam o stuff em máquina. Compreendido dessa forma, Ciborgue seria o stuff despojado de sua libido, o ego desprovido de toda fraqueza ou fragilidade. Elela seria o medo da liquidez associada à monstruosidade do Feminino. Os machos *Freikorps*, que com frequência são tomados como Ciborgue, querem aniquilar a fêmea, reduzi-la a uma massa de humor sangrento, a uma energia libidinal incontrolada que ameaça anular o sujeito. Apoiando-se na oposição Blindado/Mulher (*Panzer/Frau*), Ciborgue pertenceria então a essa casta de super-heróis inflexíveis, focados em seu privilégio marmóreo e cintilante de aço. Elela encarnaria essa força e essa solidez, a rigidez tensa contra a intrusão do caos e da desordem circundante. Tropeçando no medo do amolecimento e na angústia do abandono, Ciborgue construiria a utopia conservadora do stuff mecanizado. É preciso compreender por que Ciborgue, ao ser isso, não é necessariamente isso[4].

Bif: 5.10

4.5. Aquilo Que Suspeitam Que Ciborgue Encobre (2)

Ciborgue seria o nome do reinado da quantidade sobre a qualidade, da avaliação que pesa tudo. Nas indignadas palavras de Walter, o homem do sentimento: "Os quatro elementos começam por tornar-se dezenas, e acabamos deixando de ir mais longe do que flutuar sobre as relações, sobre a água suja das reações e fórmulas, sobre qualquer coisa da qual perguntamos se se trata de um objeto, um processo, um fantasma do pensamento, um sabe-se Deus o quê!" Eis o que significaria Ciborgue: que "não há mais diferença entre um sol e um fósforo e nem entre a boca, que é uma das extremidades do tubo digestivo, e sua outra extremidade"; que "a mesma coisa tem cem aspectos diferentes, cada um desses cem aspectos apresentam relações diferentes com outros, e cada uma dessas relações estão ligadas a diferentes sentimentos". É preciso compreender por que Ciborgue, ao ser isso, não é necessariamente isso[5].

Bif: 12.19

4.6. Programas Para uma Utopia

Muitos consideram que Ciborgue é a cria drogada e prostituída da crença segundo a qual a tecnologia resolverá todos os problemas da humanidade. Acreditam que Ciborgue está a serviço do Grande Capital – uma mercadoria: como essas multidões exibindo logotipos de várias marcas que deambulam nos centros comerciais, mãos e braços cheios de pacotes, desfrutando de prazeres furtivos que elas recolhem de suas explorações. Dessa forma, a vida de Ciborgue seria ritmada: embrutecer-se no trabalho, depois anestesiar-se entregando-se ao consumo compulsivo no shopping, dando rédeas ao vício pelo esporte ou pela religião, *et sic ad nauseam*. Mas Ciborgue também consegue tirar alegria disso tudo. Elela reconhece a identificação com a mercadoria, com a cintilação das vitrines, como o flâneur das passagens parisienses que, ébrio

4. a alienação de ciborgue

de álcool, de ópio ou de sua própria flânerie, "leva para passear o próprio conceito de venalidade", conforme a expressão de Walter Benjamin. Claramente, se Ciborgue não é a Revolução, se não é o recomeço radical, nem por isso se constitui menos como uma figura utópica. Ciborgue marca a abertura de um possível, é suscetível de trazer consigo projetos e de nutrir dinâmicas políticas. Contudo, elela seria capaz de propor uma alternativa ao mundo como ele está? Ciborgue porta um mundo radicalmente diferente deste? É pela mestria das coisas e de si próprio que alcançará a felicidade? Tal êxito se daria pela transformação interna do stuff, ou pela reelaboração do quadro externo de sua vida e do suporte de sua existência? Ciborgue adoraria poder responder. Porém vive em um universo no qual é próprio não existir respostas[6].

Bif: 3.5

4.7. Os Processos Futuros Para Nossos Crimes Ocultos

As gerações futuras nos olharão com medo. Nós seremos, para elas, a Idade Média. Elas zombarão de nossas errâncias, de nossa barbárie. O que hoje nos parece "normal", nossa concepção do "banal" ou do "inofensivo" lhes parecerá assustador, repugnante, criminoso. Assim, do mesmo modo que condenamos a escravidão, o racismo, o sexismo, a homofobia de séculos anteriores, o futuro apontará um índex acusador sobre a nossa ideologia, nossos reflexos impensados e nossas associações passivas; ele pedirá que prestemos contas:

> Vós abateis seres vivos sencientes para comer sua carne, renomeada como "vianda" e exposta em vitrines ou butiques, penduradas em ganchos, na rua? Desmantelais e descartais suas máquinas e seus computadores, sem perceber que eram coisas pensantes? Os ricos exportaram seus detritos aos pobres? Deixais vossos congêneres morrer de fome? Deixais seus ancestrais extinguir-se em asilos de idosos onde,

em não se podendo matá-los, ajudam-nos a matar o tempo? Por qual estranha e profunda superstição podeis vos entregar ao acaso para a concepção de crianças? Vós as engendrais de fato nas mulheres? Como podeis aceitar como destino essas doenças que são o envelhecimento e a morte?

E balbuciaremos, como única resposta: "Não sabíamos, acreditávamos que fazíamos o bem, não queríamos." Deveremos nos defender e nos justificar, na impossibilidade de conseguir obrigá--los a pensar como pensávamos ou a compreender o que fazíamos. Ciborgue, de pés e mãos atadas e sem escapatória, sabe que diante desse tribunal terá como sentença a culpa, a condenação. Mas qual será seu crime? As gerações futuras amarão Ciborgue? Ou acusarão Ciborgue de ter penetrado totalmente a espessura da existência, de ter encoberto e sufocado qualquer sonho de um "natural" como possível refúgio?

Bif: 10.6

4.8. Tráficos

Ciborgue visita as Pirâmides. Mas sem a exploração de mão de obra barata, sem o servilismo e o proletariado, sem o furor religioso, teriam conseguido construir as pirâmides e as catedrais, tudo o que o Humano fez e suscita (merece) admiração? Um dia, visitando o berço da Revolução Industrial, Ciborgue descobre os encantos principescos de Harewood House, próximo a Leeds; elela desfruta da beleza do parque, dos jardins, dos aviários, dos canais de água; porém, no dia seguinte, fica sabendo que há apenas cinquenta anos tudo estava coberto pela sanha industrial das fábricas vizinhas; e no outro dia ainda, no Museu da escravidão de Liverpool, elela lê que, sem o dinheiro do tráfico colonial, nada de Harewood House teria existido. Sem exploração, nada de castelos e talvez nada de cidades. Nantes e Bordeaux, cheias de maravilhas

4. a alienação de ciborgue

para visitantes a passeio, recende o cheiro de negreiros por todos os cantos. Sem o tráfico colonial, nada teria sido construído. Oh a terrível origem de nossos fastos ou de nossa prosperidade, oh o pecado original, oh dívida impossível de ser quitada.

Bif: 8.2

4.9. Festins Culpáveis

A vida de Ciborgue é a imagem do encontro entre Cândido e o Negro do Suriname atrozmente mutilado: elela aprende dia a dia a que preço na Europa se consome açúcar. A festa de Ciborgue sempre é estragada, como no jantar opulento de Emílio, sabiamente interrompido pelo seu preceptor que lhe pergunta: "Por quantas mãos passaram o que vedes nesta mesa?" Assim, Ciborgue a todo instante vê surgir "referentes ausentes"; essas entidades exploradas que gostaríamos de esquecer, mas sem as quais não teríamos nada. Ciborgue não consegue mais vestir as roupas que usa, pois sabe a que preço as pessoas podem se vestir a baixo custo no Ocidente. Ciborgue sabe muito bem que *meat is murder* (carne é assassinato): quando lhe dizem "presunto", "escalope", "filé-mignon" ou "turnedôs", elela ouve o uivo dos animais e vê o sangue quente jorrar; quando lhe dizem "perca do Nilo", elela vê a desertificação dos lagos africanos e a misérias dos pescadores. Quando elela pressiona um interruptor, pensa no carvão e na energia nuclear, e nas milhares de gerações contaminadas e colocadas em perigo de morte para produzir essa energia que tornam tão necessária para elas. Para que elela possa desfrutar de tudo isso, quanta exploração, poluição, destruição, alienação está em jogo? Tanto futuro comprometido para o gozo desse único presente. É por isso que, ao perder o norte, por vezes Ciborgue tem náuseas, em outras é invadido por uma nostalgia de um estado ingênuo e simplório em que elela poderia desfrutar sem destruir, aproveitar sem explorar.

Porém, em vários aspectos, a condição de Ciborgue é pior que a de Cândido e de Emílio, pois não apenas o açúcar, a perca ou o presunto são produtos de uma exploração que destrói escravos humanos e animais; mas Ciborgue aprende igualmente todos os dias que consumir esses produtos faz mal a si mesmo; esses pratos que lhe servem envenenam lenta e cruelmente. Ciborgue não tem nenhuma "Natureza" para onde fugir ou se refugiar. Por todos os lados, antenas lhe enviam raios mortais, gases são capazes de causar-lhe intoxicação, substâncias invisíveis provocam doenças letais. Como comer, como viver sabendo de tudo isso?[7]

Bif: 12.1

4.10. Ciborgue no Mar

Ciborgue aproveita as férias: areia, sol, sorvetes. Mas quem decidiu que elela iria passar alguns dias aqui ou ali? Foi elela? Ou será que foi uma grande empresa quem escolheu um lugar para elela ir? No século XVIII, Rousseau escreveu que havia três tipos de viajantes: missionários, soldados e mercadores. Será que a situação de hoje é diferente? As possíveis viagens não são nossas de fato, mas sim dos poderosos que as organizam e as motivam em nome do desenvolvimento de determinado território. O turismo, a colonização e a epopeia espacial são três facetas da potência das nações. Hoje em dia, até mesmo a escola é organizada de modo que as estações balneárias ou de esqui possam criar a sua "temporada".

Bif: 3.23

4.11. A Foto (1): Enquadramento

Ciborgue tira a foto de um grupo: "Se esprema um pouquinho mais aí. Você está fora de quadro." A foto deveria ser enquadrada em torno delelas, os sujeitos: mas os obrigam a se apertar, a entrar no quadro. Por fim, é o dispositivo que comanda toda a atitude, espaço, sorriso delelas; elelas assumem um ar crispado de circunstância e dizem "Xiiiiisssss!" ou "Uísqueeee", fazendo poses incríveis, fixadas para a eternidade[8].

Bif: 6.7

4.12. A Foto (2): Equipamento

Definitivamente, quem decidiu que Ciborgue iria tirar fotos? Supõe-se que teria sido algum comitê executivo, reunido no alto de uma torre, quem decidiu colocar em circulação, neste ano, determinado número de equipamentos fotográficos. Sem dúvida é correto dizer que Ciborgue é apenas uma roda da engrenagem: que elela é um pião entregue, involuntariamente, aos agentes que criam as marcas e aos apóstolos do *marketing*. E no entanto Ciborgue tem a impressão de escolher[9].

Bif: 5.11

4.13. O Reflexo dos Faróis do Carro na Vitrine da Loja

Sem dúvida é possível dizer, acompanhando Marcuse, que atualmente, por toda parte, "as cidades, as autoestradas, os parques nacionais substituem as aldeias, os vales e as florestas", que "as lanchas singram os lagos" e que "os aviões atravessam as nuvens". Em qualquer lugar, o espaço está saturado de nossa intervenção; a transcendência parece abolida; lê-se nas revistas acadêmicas que não há mais florestas virgens, e que por todo lado a mão humana aparece de modo explícito. Ciborgue é a ontologia de um tempo em que não se sabe mais distinguir nada do que venha a ser importante ou elevado: se Platão retornasse à existência nos dias de hoje, prossegue Marcuse, "ele seria evidentemente uma sensação e obteria excelentes contratos". Se além disso ele se revelasse capaz de redigir um vibrante testemunho, e quem sabe até mesmo de adaptar para o cinema uma ou duas de suas antigas obras, "seus negócios seriam os melhores do mundo durante algum tempo" até que se cansassem dele e ele se tornasse *has-been* (ultrapassado); consumindo-se até o desgosto. Ciborgue, pois, vê sua imagem em toda parte, e não tem nenhum lugar para onde evadir-se. Mesmo a viagem para Marte é uma extensão do seu próprio rosto – uma face econômica e mercantilizada, estatizada e militarizada. Ciborgue intervém no universo para reduzi-lo ao seu usufruto, para convertê-lo à sua utilidade. Podem, no entanto, perguntar a quais esperanças Ciborgue dá seu nome. Se é evidente que o foguete no espaço representa a extensão da tecnociência, do capitalismo e do desencantamento do mundo, não é menos verdade que Ciborgue celebra os primeiros passos no espaço como um desarraigamento do Local. Se a Guerra Fria se dá a ler nas proezas de Iúri Gagárin, Ciborgue nos incita, com as palavras de Lévinas, a não esquecermos do essencial: "O que importa mais, é a provável abertura sobre novos conhecimentos e novas possibilidades técnicas [...]. Mas o que importa acima de tudo, é ter deixado o Local." Como o astronauta, Ciborgue, infinitamente permeável à tecno-biopolítica, marionete puxada por mil cordéis, não deixa de ser, por tudo isso, o símbolo de uma existência sem horizonte, o signo de um alhures que se abre[10].

Bif: 5.13

4.14. O Império da Moda

Ciborgue não escolhe as roupas que veste. Às vezes, pega os refugos que lhe dão. Noutras, vai às lojas, onde a presença ou ausência de provisão controla e restringe uma "escolha". Em outras oportunidades ainda, decidem por elela em nome da moda. A moda é, além da caducidade e do imperativo de consumir, a gestão, por

4. a alienação de ciborgue

experts (as agências de tendências), da abundância e da penúria de cores, formas e materiais. A moda acelera o tempo de degradação, transforma as coisas em *gomi* (lixo, porcaria, trastes, restos): *this is so last season* (isso é tão ultrapassado). Ciborgue está sujeito aos mercados que fixam os preços e, antes disso, às modas que comandam os mercados, que os ritmam e os estruturam.

Em todas as coisas, a mesma regra: se Ciborgue tem dinheiro, pode seguir a Moda; se não tem, fica com a sobra (o *gomi*) e tenta viver da melhor forma possível. Se Ciborgue tem um alojamento, não escolhe sua localização, pois a Moda se estende por bairros e cidades. E a partir disso, tudo se segue: a formação de cidades força o uso de carro, o carro, por sua vez, obriga a adoção de todo um modo de vida. Ciborgue tem escolha? Pode recusar? O que se passaria se o próprio *stuff* caísse sob o império da Moda, se certos organismos, embora ainda funcionais, já estivessem decadentes e fossem removidos dos circuitos do desejo?

Bif: 10.2

4.15. Vagabundagem

Ciborgue caminha à beira da estrada; dá uma passeada. A polícia para Ciborgue. Essa vagabundagem é suspeita: visto não ter carro, por ter tido essa ideia esquisita – ir fazer um passeio a pé, a esmo. Duplo crime! O que fazia elela ao errar sem objetivo? E por que não tem carro? Passeio a pé: naturalismo temível, perigosa gratuidade. Ciborgue sente então que não pode nada: carro, pavilhão, dívida, telefone, computador, avião, vianda, álcool, religião... – de tudo isso, Ciborgue não escolheu nada: por toda parte as circunstâncias controlam. Se não segue o passo da marcha do século, simplesmente torna o mundo impossível para si mesmo.

Bif: 12.22

4.16. Estados e Empresas

Ciborgue obedece a duas alianças, que correspondem a duas penhoras. Aos Estados e às suas pretensões nacionais rivais, Ciborgue deve ambiciosos programas de pesquisa militares. Às grandes Empresas, multi-, trans- ou mono-nacionais, quase sempre Ciborgue deve sua origem. Estados e Empresas constituem-se como os dois grandes promotores de distúrbio universal: sem eles, não haveria escaramuças nem guerras. As transnacionais, cuja cifra de negócios com frequência é milhares de vezes superior aos orçamentos nacionais, esvaziam os políticos soberanos de sua medula e dos seus meios clássicos de intervenção; elas se oferecem a Estados como alavancas de ações políticas antes de absorvê-los, de miná-los, ou de servir-se deles como testas de ferro democráticos. Eis o que Ciborgue relata à vigília.

Bif: 2.9

4.17. Três Paradoxos e Depois Vai-se Embora

Obstinam-se em considerar Ciborgue aquém das oposições que elela desarranja. É desse modo que para uns Ciborgue representará a vitória da mecanização do humano; para outros, elela marcará o triunfo do intelecto sobre a matéria, abrirá a possibilidade de um teletransporte do espírito para outros suportes. Ciborgue será alternadamente uma promessa utópica e a marca do inferno técnico ao qual nossas existências estão condenadas. Ciborgue anuncia um além do humano, uma revolução de nossas identidades? Ou reflete, ao contrário, velhas maneiras de pensar a identidade? Elela é a pós-modernidade ou a modernidade elevada à categoria de mitologia? Talvez tudo isso ao mesmo tempo. É por isso que o paradoxo, como um meio de manter todas essas facetas juntas, será, quem sabe, a forma lógica mais apropriada para se pensar Ciborgue.

4. a alienação de ciborgue

1. Paradoxo humanista (humano/não humano): Ciborgue se inscreve na lógica pluri-milenária do humano equipado (dito de outra forma: do humano realmente humano, isto é, arrancado da natureza), mas, ao mesmo tempo, anuncia a substituição do humano "natural".

2. Paradoxo técnico (natural/artificial): Ciborgue encarna a promessa de um futuro melhor, mas temos medo disso em razão dos gigantescos sistemas técnicos que elela implica. Rejeitando Ciborgue, voltamos ao elogio da mítica Natureza. A oposição ao artifício e à técnica conduz a procura, a fim de melhorar as performances humanas, por transformações naturais. Para esse pensamento parece que é melhor partir em busca de operadores naturais de transformação: é nesse ponto que surge uma outra figura, Mutante.

3. Paradoxo político (voluntário/submetido, livre/forçado): os receios relativos à dominação capitalista ou institucional ou à penhora do Capital-Estado sobre o nosso stuff, representam Ciborgue como o cabeamento da técnica e do organismo, que demanda revisão e controle. Ciborgue oscila entre stuff submetido e stuff escolhido, aleatório e voluntário, funcional e livre.

Ciborgue expõe esses paradoxos sem resolvê-los. Como se sua função para o pensamento fosse simplesmente desarranjar os velhos hábitos e nos tornar familiar uma ginástica dialética com a qual estaríamos desacostumados.

Bif: 7.12

4.18. Se

Se Ciborgue fosse a onipotência, o controle de si, a limitação das emoções, a suspensão da história; se Ciborgue fosse o nome para exprimir a recusa da morte, o sonho cavilhado ao stuff de um dia ser, por sua vez, Divindade: não seria para reatar com a antiga dicotomia do tempo e da eternidade, aviltar o tempo e negar o devir, a fim de refugiar-se em uma imobilidade sonhada, uma eternidade de gelo?

Se Ciborgue fosse a servidão, se fosse como esses homens vestidos em terno preto, cabeados permanentemente, que não têm dia nem noite, nem domingos nem segundas-feiras e para quem todos os dias e qualquer hora são trabalháveis, o equipamento high-tech e o cabeamento não seriam a mais palpitante, a mais cintilante, a mais radiante, a mais desejável das correntes que o capitalismo voraz viria a nos passar pelo colarinho?

E se Ciborgue dissesse nada além de uma única coisa: que toda e qualquer vida sempre é mutilada? Que toda vida aspira a uma inacessível plenitude? E se Ciborgue fosse apenas uma fantasia? Se também fosse nossa realidade mais banal?

Se você pode ser um, se você pode ser outro, e se você pode ser um e outro, então você será Ciborgue, minha filha.

Bif : 6.1

4.19. O Grande Tobogã

Ciborgue ri muito das tipologias: gostariam, por exemplo, de distinguir entre Ciborgue-que-é-um-progresso-real e Ciborgue-que-mutila-os-processos-naturais. Mas Ciborgue não se deixa colocar numa caixinha; não permite tão facilmente que separem o joio do trigo. Na pia batismal, Ciborgue recebeu como *middle name* (segundo nome) "Slippery Slope", "Ladeira Escorregadia". Da medicamentação da vida à sua manufatura industrial, Ciborgue, imperceptível e irremediavelmente, nos conduz em uma via sem retorno. Elela já mergulhou, e no furor dos rangidos de uma *rollercoaster* (montanha-russa), acredita-se ouvir Ciborgue gritar, desfrutando de um alegre terror: *Enjoy the ride!* (Curta a viagem!)

Bif: 3.32

5. PROGENITURAS INOMINÁVEIS

> *A cibernética, assim como o controle de natalidade, pode ser uma faca de dois gumes.*
>
> SHULAMITH FIRESTONE

5.1. Cópias Sem Modelo

Tudo se passa como se Ciborgue tivesse lido *A Verdade em Pintura*, de Derrida, e se divertisse em recriar a instalação *La Grande Bananeraie culturelle* (1969-1970), de Gérard Titus-Carmel, mas esvaziando-a de todo o seu significado: o artista contrastava cinquenta e nove bananas feitas de plástico com uma banana natural. Esta, a original ou o modelo, remetia as outras à categoria de simulacros, e o espectador podia contemplar um contingente de pretendentes fálicos, erigidos em seu console, resplandecentes como no primeiro dia, enquanto o Pai "natural" da série, a banana orgânica, ficava exposta, em decomposição. Com Ciborgue, não existe mais nenhuma diferença entre o "modelo" e as "cópias". Não há mais nem mesmo original nem cópia, nem pai nem descendência, há apenas simulacros, dados em séries mais ou menos indistintos, mais ou menos indiscerníveis, mais ou menos anônimos, de modo que o jogo perde um pouco do seu interesse, mas Ciborgue não se importa com isso.

Bif: 3.19

5.2. Parasitagem Sexual

Será que a diferença entre Dois Sexos corresponde à diferença entre duas espécies do gênero humano (*Homo sapiens*), formando dois grupos somáticos naturais, uma espécie macho e uma espécie fêmea? Ou será que então se trata da diferença entre um termo (Macho) que é válido como gênero e um outro (Fêmea) que é mantido como a diferença? A reprodução é uma amável cooperação? Ou é a maneira pela qual um dos sexos, qualquer um deles, se apodera do outro a fim de pervertê-lo em seu proveito?

Por trás de Macho e Fêmea, há uma só operação, a mesma que vemos ocorrer entre colonizador e colonizado: a divisão do trabalho, que engendraria a evolução de dois tipos. Homem e Mulher não estariam assim de forma alguma isolados um do outro: eles constituiriam, segundo as palavras de Durkheim, "partes de um mesmo todo concreto que eles voltam a formar ao se unirem". Dito de outra maneira, a diferença de sexos seria o produto de uma diferenciação no seio da unidade específica; por outro lado, a célula familial ou a "solidariedade conjugal" poderia ser compreendida como o efeito natural reunindo as partes complementares dessa divisão da atividade biológica. Para os evolucionistas contemporâneos, o sexo encontra a sua origem em duas estratégias que os genes reservaram como vantajosas para produzir mais cópias deles mesmos: os grandes gametas, raros mas com recursos nutritivos; os pequenos gametas, parasitas porém numerosos. Contra essa lógica da divisão e da reunião naturais, Ciborgue propõe uma lógica da hibridação claudicante e do ajuntamento heteróclito, que não comanda nenhuma teleologia reprodutiva[1].

Bif: 6.13

5.3. Andróginos Cósmicos

A história das religiões não gosta muito de Ciborgue. Ela está ocupada demais em encontrar a diferença de sexos em todos os mitos de origem do mundo. Assim veem, por exemplo, em um mito sumério, Apsu, água doce ou princípio macho, e Tiamat, água salgada ou princípio fêmea; de sua união nasce Mummu, uma espécie de água animada, que possui espírito e logos. Ou então, nos Veda, os gêmeos Yami e Yama. Porém Ciborgue, mestre da esquiva, é hábil e se intromete em suas narrativas. A diferença, longe de ser primeira, resulta por vezes de uma entidade primitivamente andrógina. Assim, Khum ou Atum, divindade egípcia una, engendra, ao se masturbar, o par primitivo Shu e Tefnut, dos quais deriva uma série de pares de opostos. Por vezes, é preciso ainda supor entre os dois polos da diferença dos sexos uma figura mediadora andrógina: entre a Terra e o Sol, a Lua, ao mesmo tempo Luna e Lunus. Esse terceiro termo atua como uma figura de desdobramento, duplicando, dessa forma, a masculinidade em inferior (tingida de matéria ctoniana) e superior (insuflada de pura força solar)[2].

Bif: 6.14

5.4. "His/estórias"

Ciborgue desconfia das *just-so stories* (apenas estórias) da psicologia evolucionista, da paleoantropologia e da sociobiologia. Quando nos contam que os humanos sempre se apropriam do selvagem e querem por todos os lados estender sua empresa sobre ele; quando dizem que as fêmeas são *coy* (recatadas), falsamente puritanas, porque elas investem muito na elaboração de um óvulo, ou que os machos são ávidos, porque têm enormes quantidades de espermatozoides para disseminar; quando nos explicam que os meninos devem quebrar a unidade primeira da mãe fálica para realizar seu desenvolvimento pleno e inteiro; ou que os caçadores nômades, para se assegurar da fidelidade de suas companheiras, proporcionam-lhes abundantes orgasmos; a que/a quem serve todas essas histórias?

Bif: 6.2

5.5. Contos Moralizantes

Platão condenava os "contos da carochinha" que infestam a primeira infância e geram os erros de adultos. Ele omitiu notar que uma bela programação de contos moralizantes, colocada a serviço da dominação do masculino, sufocou nossa capacidade de pensar sob inconvenientes dicotomias. Ciborgue, depois de estar comprometido por um momento com esses contos, passou a dar voz às carochinhas. Elela reclama a formação imediata de um novo material ontológico que contorne essas dicotomias, que as assuma enquanto ao mesmo tempo as dissolva, que jogue com elas sem nunca endossá-las[3].

Bif: 12.8

5.6. "Sonhos de Princesas"

Por sua vez, Ciborgue protesta contra os contos com os quais se embebedam as crianças: de heroicos príncipes encantadores montados em corcéis fogosos salvando lindas princesas indefesas que os aguardam com toda paciência. Insufla-se em Uns [os príncipes] um heroísmo valentão fundado na posse fetichista da espada mágica; em Outras [as princesas], o sentimento de que elas sempre falharão consigo mesmas, de que elas estão sempre sob a ameaça do desfalecimento/florescimento, e estão portanto condenadas à espera infinita e ao desamparo: a Salvação chegará para elas do exterior, e elas só podem esperá-la, aguardá-la ("Anne, minha irmã Anne, você vê alguém chegando?"), quando muito [temos] o chamado de seus cantos um tanto quanto agastados ("Um dia, meu príncipe há de vir"), até o dia em que, pavoneando-se nos braços do seu herói, elas se empertigarão na ilusão de terem passado da condição de servidoras ao de esposas, isto é, de existir.

Quebrando a sedutora caixinha de música, Ciborgue proclama que o próprio conto é a maçã envenenada. E quando a Bruxa Malévola lança um feitiço em Aurora, condenando-a ao destino de Bela Adormecida, é preciso compreender que, todas as noites, o mesmo feitiço é lançado em milhares de meninas através da reiteração do conto. Ciborgue pisoteia a caixinha de música onde em vão gesticulava a bailarina em *tutu* de tule rosa, imóvel e com os pés mutilados.

O veneno, eis o sonho de princesa, que atribui à Mulher um destino de passividade e de espera. Trata-se, em sua versão *teen-movie*, do mito da *cheerleader* norte-americana, a gostosinha popular, sexualmente madura aguardando ser colhida mas que sobretudo não deve sê-lo, inteiramente dedicada ao gozo dos meninos mas cuja única virtude é de se recusar a entregar-se a eles. Ciborgue pretende quebrar essa maldição jogando mito contra mito[4].

Bif: 2.5

PÁGINA SEGUINTE: Quando os Estados Unidos da América enviaram ao espaço a sonda Pionner 10 (1972), concebida para sair do sistema solar, os engenheiros da NASA acoplaram nela uma placa indicando a eventuais inteligências extraterrestres a identidade dos expedidores da mensagem. Um par homem-mulher representa o conjunto da espécie humana: essa espécie se define antes de tudo pela reprodução sexual, monogamia, heterossexualidade. A imagem torna visível o dimorfismo, porém apaga a competição: sem concorrência sexual mas uma célula familial nuclear, sem jovens nem velhos. Acreditou-se conseguir apagar todas as diferenças que separam os humanos exceto uma: a Diferença dos sexos. É ao homem que cabe elevar o braço à guisa de saudação. Ele se mantém ereto. A mulher, ela, mais baixa que o homem e um pouco atrás em relação a ele, não apresenta órgãos sexuais mas uma púbis de boneca. Ela foi representada de modo bem estranho: em vez de estar ereta, na atitude quase militar do homem, tem uma perna ligeiramente inclinada de lado[1].

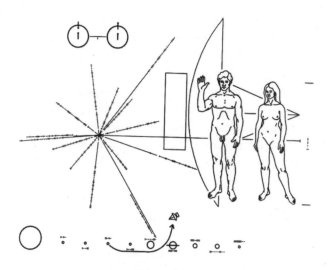

5.7. O Erro de Frankenstein

A Criatura, convencida do Mal que constitui a sua existência e obcecada por sua Redenção, está disposta a tudo para obter uma companheira. Dessa forma, a Criatura espera reconquistar o paraíso perdido onde Adão e Eva copularam naturalmente; está determinada a apagar o artifício que a constitui e a passar a ser outra coisa diferente do que ela é. Ela se volta, para isso, ao seu Criador, a quem ela persegue com demandas nunca satisfeitas e de quem usurpa o nome: "Dê-me uma noiva!" Ciborgue não tem essa obsessão, nem mesmo esse recurso, desconhece de onde vem. Elela não acredita que um coito hipoteticamente natural terá o poder de salvar a humanidade e recusa o mito de uma origem perdida que precisaria reencontrar. Elela não tem a ingenuidade da Criatura de Frankenstein, com quem, no entanto, compartilha sua natureza remendada e costurada.

Bif: 8.1

5.8. Apropriação

Muitos pensam que Ciborgue não tem sexo ou sexualidade. Para outros, elela está sempre disponível para o sexo, não tem outra função a não ser a de saciar o sexo. Ciborgue parece ser então uma simples prótese sexual que poderíamos nos acrescentar ocasionalmente. Ciborgue não tem medo do sexo, que implica no desfazer de fronteiras e na abolição de barreiras. Porém elela se pergunta: o sexo paradisíaco, carne na carne, stuff com stuff, ainda é possível? Já existiu algum dia? Ou hoje é preciso que o sexo se insira nos dispositivos mais complexos, nos burgos à *la* Sade, nos *crashes* à *la* Ballard, nos aviões à *la* Emmanuelle, onde o stuff de Ciborgue estaria inscrito em universos técnicos e em um ambiente projetado?

Ciborgue adora a multiplicação, a troca e o desabrochar do stuff. Tudo o que permite a Ciborgue fazer o stuff cantar é um benefício. Ciborgue goza de extensões queer do pênis artificial, do condutor urinário[5], mas também de vulvas e de pintos adicionais, para melhor se oferecer a qualquer excitação. Ciborgue é uma garota de programa, uma boneca inflável, um Gitão[6] complacente, um marinheiro *querelleur* (briguento)[7]: é um órgão externo que não tem muita escolha entre entregar-se como um presente ou vender-se.

Bif: 6.15

5.9. Onde Ciborgue Passa Sem Bússola

Por vezes, alguém objeta a Ciborgue que, ao perturbar as Dicotomias, elela se condena à errância e à loucura, que elela torna toda e qualquer *orientação* impossível. É preciso, antes de tudo, prestar muita atenção ao fato de que Ciborgue, bem longe de pretender poder passar sem elas, *joga* com as dicotomias e as requer como sua condição. Então, esse medo da perda de orientação é surpreendente. Por ter frequentado os *backrooms* (corredores obscuros), Ciborgue pôde constatar que o Macho é pleno de recursos quando se trata de se orientar no escuro e alcançar seu objetivo.

O que *alguém* receia então? Por acaso receia não saber mais com certeza quem é Homem e quem é Mulher, ou não conseguir mais distinguir entre Animal e Humano, esse *alguém* teme semear-se *in vaso improprio*, ou então que *ninguém* mais seja semeado, considerando tudo uniformemente repugnante ou uniformemente atraente? Mas quem é esse *alguém* a propósito do qual é feito tão grande alvoroço? *Alguém* é o Macho. Assim, uma vez suprimida a bússola dos Dualismos, não há mais nada? Isto é, sem ereção? Pobre desse *alguém*! Pobres temores! Ciborgue ri ao imaginar os Machos de repente mergulhados na "noite onde todos os gatos são cinzas", ou, como diz Hegel, "onde todas as vacas são negras". Terror, pânico ou, se é permitido a Ciborgue vulgarizar-se: *Pan-nique*![8] Essas copulações em vasos ocasionais explicavam, de acordo com Scipion Du Pleix, a origem de monstros, e davam a Diderot o *frisson* da contingência da história: e se a preciosa semente dos machos humanos fosse depositada fora do vaso adequado, o que ocorreria à nossa preciosa descendência?

Ciborgue fia-se aos seus talentos de cartógrafo para nunca se perder: que não se preocupem, pois, com elela. A Sociedade tende a tornar-se cega, a esquecer as antigas caixas com as quais administrava no passado: ficamos mais perplexos ou perdidos se não marcamos mais os "Negros", os "Amarelos", os "Crioulos"? E se as fronteiras de raça, de classe ou de religião devem ser abolidas e tornadas invisíveis, por que as barreiras de sexo não deveriam passar, por sua vez, às masmorras da história? Ciborgue não diz que o sexo é "construído"; elela não separa, incapaz de decidir entre o que é biológico e o que é social, entre o inato e o adquirido. Falsas questões: elela pensa que tudo é biológico e que tudo é social, *ao mesmo tempo*. Em contrapartida, elela milita resolutamente para não mais se delimitar o indivíduo pelo sexo (masculino/feminino, macho/fêmea). É possível se pensar e se viver sem essa conduta. Nas carteiras de identidade, nos números do seguro social, no momento do registro em aeroportos, por que pedem que se escolha entre "Homem ou Mulher", "Sexo Masculino ou Feminino"? Qual o interesse nisso? O sexo é um marcador administrativo, uma categoria gestora que ganharíamos muito mais se passássemos sem ela.

Bif: 4.6

5.10. O Pesadelo de Ciborgue

Uma mulher em estado de morte cerebral, reduzida à condição de útero, trazendo embriões implantados resultantes de doações de óvulos e de espermatozoides congelados e anônimos. Observa-se as crianças, quíntuplas, por ultrassonografia. Depois os fetos são, muito prematuramente, tirados por meio de cesariana e colocados em incubadoras sob cuidados intensivos e auxílio respiratório, prometidos a um futuro incerto, talvez a uma morte próxima, sem dúvida a penosos handicaps.

Bif: 12.5

5.11. Ainda Não Nascidos, Já Ciborgue

De maneira insensível, nosso modo de reprodução tornou-se intensamente codependente do sistema técnico que constitui o seu "meio". Não há nenhuma necessidade de brandir *Admirável Mundo Novo* aqui. A sobrevivência das espécies já está acontecendo e por meio de um equipamento de ponta, *notadamente* para a produção e procriação de descendentes, e essa dependência em relação às máquinas e ferramentas, elas mesmas por sua vez dependentes de nós, só pode se intensificar. Procriar tornou-se um processo integralmente tecnocientífico.

Bif: 4.19

5.12. Assombrações

Um tema frequenta o tempo todo os filmes hollywoodianos: um coito, necessariamente heterossexual, salvará o mundo ao gerar o Salvador. Mesmo *O Golem: Como Veio ao Mundo*, enfim, é um filme que se resume a essa questão: "Quem, Florian, Famulus ou o próprio Golem, irá gerá-lo com Miriam?" No cruzamento da escatologia crística e da evolução darwiniana se encontra o princípio do Fundador: uma nova Forma de vida, mutante (*X-Men*) ou extraterrestre (*Starman*), a próxima etapa na história da evolução irá nascer, que por vezes os vilões querem impedir que advenha. Face a essas visões de coito encantado, o nascimento de Ciborgue é muito mais obscuro. A semente de Ciborgue é como a promessa de que uma coisa terrível está prestes a surgir no mundo, desumanizada ou totalmente diferente do humano (*A Mosca*, *O Bebê de Rosemary*). Que por Ciborgue advirá um mundo onde o humano será a presa, o meio para outros fins – quer estes tenham a flexibilidade oportunista de um parasita orgânico (*Alien, o Oitavo Passageiro*) ou o inflexível rigor de um mecanismo que escraviza para se alimentar (*Matrix*, *O Exterminador do Futuro*). É então a angústia, e não mais a esperança, que acompanha a perspectiva do nascimento. Pois o nascimento de Ciborgue é o de um monstro, do alienado, do escravo, dos íncubos e súcubos, dos bebês de Rosemary. Ciborgue substitui, prolonga, sublima, abole Humano, suscitando entre aquelas que assistem ao seu nascimento um legítimo temor e uma compreensível comoção.

Bif: 2.4

5.13. O Ovo ou a Galinha

Observemos bem esse ovo. Primeiro foi um ponto, e será uma galinha. Ciborgue não pergunta mais o que vem primeiro histórica ou ontologicamente. Para Ciborgue, assim como para Samuel

5. progenituras inomináveis

Butler, uma galinha é apenas o meio que o ovo encontrou para fazer um outro ovo. Mas então, elela se pergunta: é possível fazer com que úteros externos portem seus filhotes? E quem serão as mães portadoras? Ventres de babuínos? Úteros artificiais? Mulheres do Sul? Qualquer um? O problema de Ciborgue não é mais a produção de ovos, mas antes a mobilização, a definição, a extensão das galinhas: quem quer, quem vai querer incubar?

Bif: 4.7

6. NA COLÔNIA SEXUAL

*Tempo e Espaço são entidades
reais, um macho e uma fêmea.
Tempo é Homem, Espaço é Mulher,
cuja parte masculina está Morta.*

WILLIAM BLAKE

*Nenhum vestígio de um começo,
nenhuma perspectiva de fim.*

JAMES HUTTON

6.1. O Paradoxo de Said

A história de Ciborgue nunca foi publicada. Ela circula sob a forma de correntes subterrâneas. É uma história muda, invisível, reduzida ao silêncio: silêncio por vezes aceito – quem sabe se até mesmo não é orquestrado por Ciborgue? Mas com quais palavras essa história poderia ser expressa? A partir de quais traços conseguiríamos reconstituí-la? Todas as pistas parecem ter sido apagadas, e restam apenas fragmentos esparsos, heterogêneos, com os quais mal se pode tecer uma trama. E se Ciborgue não tem nenhum interesse em *representações*? Elela não quer que falem em seu nome, que ninguém tire seu retrato: nem *vertreten* (ser representado), nem *darstellen* (ser fotografado). Então compreenderíamos que

Ciborgue não pode ser objeto de uma nova disciplina, que sua história não é um novo episódio da antropologia ou da engenharia, ou até mesmo da filosofia; que Ciborgue recusa, com todas as suas forças, o imperialismo sistêmico, a violência dos discursos que se anexam a novos objetos. Do mesmo modo, Ciborgue rejeita a admiração beata, o culto alucinado que lhe devotam, a *ocultação por excesso de veneração*. E afinal de contas, uma história pra fazer o quê? Com certeza não para narrar as *origens perdidas*. Ciborgue não ignora que caiu na armadilha de Said e não consegue sair: uma vez operada sua conversão em sujeito de debate, em campo de estudo, em domínio de pesquisa, Ciborgue necessariamente se *altérise* (alterisa), transforma-se em outra coisa, de constituição diferente do que é. Ciborgue sabe muito bem que seu nome corre o risco de tornar-se nada mais que uma simples espiadela retórica; que talvez não seja nada além de um produto de apelo. Toda tradução é, senão traição, pelo menos transformação: mas, de que maneira fugir do discurso?[1]

Bif: 12.11

6.2. O Mais Longo Boquete da História

Os polos da dicotomia são Um e Outra? Mulher não é somente "Outra", ela é *sub-alterna*: o *alter* em posição submissa; sujeita apenas enquanto assujeitada. A ele, o Sujeito; a ela, a sujeição em vez da subjetividade. A ele, a linguagem e a logorreia racional; a ela, os pipios animais, isso quando ela não é simplesmente reduzida ao silêncio – condenada, na tripla cinta de bronze de Hades, na região de Tártaro, a uma felação interminável, continuada ao longo de toda a história da humanidade[2].

Bif: 7.4

6.3. Negativos

Os pares de conceitos formam outras tantas fronteiras. Por terem se tornado para nós natureza ou segunda pele, parte de nós mesmos e indissociáveis de nosso pensamento, eles se propõem a todos, espontaneamente, como grades de alternativas onde os dois termos são estritamente equivalentes. Eis aí a falsidade original do pensamento. Sob uma aparência de simetria, a diferença entre termos instala um diferencial de valores. Ciborgue considera que os pares repetem, *ad nauseam*, a história tendenciosa de Adão e Eva. O pensamento inteiro é polarizado, a pretexto de que Eva foi a corruptora e de que jamais a pintem sem a Serpente. Em toda alternativa, um dos termos é considerado como uma aparência, uma ilusão, uma poluição, uma contaminação do outro termo, que constitui o verdadeiro, o bem, o puro. Em toda alternativa, um dos termos é não marcado (a natureza, a totalidade, o universal, o homem) e o outro é a marca do suplemento (o artifício, a parte, a singularidade, a mulher). Como escreve Guillaumin a propósito das mulheres: "Tivemos êxito com o *tour de force* gramatical e lógico para sermos diferentes totalmente isolados. Nossa natureza, é a diferença." A lógica assimétrica da diferença (quem é diferente de quem?) se aplica tanto aos sexos como às raças: "Os Negros são diferentes (os Brancos *são*, simplesmente), os Chineses são diferentes (os Europeus são), as mulheres são diferentes (os homens são) [...]. Dizem dos Negros que eles são negros em relação aos Brancos, mas os Brancos são brancos *tout court*, em outros lugares não é garantido que os Brancos sejam de uma determinada cor. Assim como não há certeza de que os homens sejam seres sexuados."[3]

Bif: 12.4

6.4. Colonizado e Colonizador

Mesmo no domínio das ideias, Ciborgue sente o constrangimento. Ciborgue existe há séculos sem que falem delela: ora, desde 1960 e mais ainda depois de 1985, quanta inflação de publicações e de reflexões a seu respeito! Em todas as partes, somos impelidos a Ciborgue!

Ciborgue sente o domínio da colonização. Tem consciência de que cada entidade que lhe rodeia delela se apropria e declara que elela é sua. Os pensamentos que ocupam Ciborgue não são seus, [mas] formulados em palavras que são de todo mundo: as ideias lhe chegam por uma mecânica simplista da qual elela roubou o segredo em uma caderneta de Darwin: "Pegue dez mil grãos, agite-os, um dentre eles sempre se encontrará ocupando a posição superior, no topo do monte; o mesmo ocorre com as ideias." Elas se agitam e se ajustam e uma dentre elas emerge, apical. Porém Ciborgue é também um colonizador empregado para a exploração e a dominação de mundos: tal é sua significação desde a sua primeira aparição midiática sob a forma de um rato dotado de uma bomba osmótica (Clynes/Kline). Elela é um ambiente doméstico em extensão, uma entidade dotada de princípios de assimilação. Ciborgue foi criado para continuamente estender-se, para sobreviver e adaptar-se a tudo. Foi feito para não se deixar abater, para atravessar por todo e qualquer ambiente. Mas como o mundo está infestado de outros ciborgues, de um só golpe elela forçosamente cai sob o seu domínio.

Bif: 1.2

6.5. Mestiçagem

Ciborgue mestiço tem a pele branca, tem a pele negra e a pele vermelha, nenhuma delas e todas ao mesmo tempo. Elela gosta de citar, acompanhando Chela Sandoval, o seguinte *slogan chicano/a*:

"We didn't cross the border, the border crossed us": Nós não atravessamos a fronteira, mas a fronteira nos atravessou – e nos amaldiçoou. Ou as palavras de Alice Walker: "Nós somos o Africano e o Mercador, nós somos o Índio e o Colonizador, nós somos o opressor e o oprimido."[4]

Bif: 12.12

6.6. Rasquachismo

Impossível encontrar a Rasquache: pois ela é sempre o outro, aquela que tem mal gosto. A rasquache promove o confluir e a mistura: emprega, artística e sincreticamente, recursos justapostos, possui a arte de manter juntos códigos e sensibilidades que chegam dos dois lados da fronteira. Por serem, de ambos os lados, desprezadas, oprimidas e desmoralizadas, as rasquaches entregam-se ao alegre pastiche: Ciborgue[5].

Bif: 12.14

6.7. Um e Outro

Um *e* outro: é assim que se descreve o escritor e ensaísta Albert Memmi, colonizador e colonizado, como duas condições encadeadas uma na outra. Gozando de alguns privilégios porém excluído de direitos fundamentais, ele é mantido no interior do sistema sem conseguir realmente ocupar um lugar nele: experiência de Ciborgue, elo em uma "pirâmide de tiranos", à maneira de Étienne de La Boétie[6]. Ou, nas palavras de Sartre: "Metade vítima, metade cúmplice, como todo mundo." À experiência do colonizado junta-se a das mulheres, que não podem recusar-se a ser o Outro, a Vida: pois "isso significaria para elas renunciar a todas as vantagens que a aliança com a casta superior pode lhes

Lyyn Randolph, *Ciborgue*, 1989. Essa pintura foi escolhida para ser a capa do ""Manifesto Ciborgue" de Donna Haraway. Longe das representações hiper-viril à maneira de *O Exterminador do Futuro*, Ciborgue aparece aqui sob a figura da mulher, mestiça, acoplada ao teclado e ao animal.

conferir". Recusar o estatuto de "mulher-fiel", significa renunciar à proteção do "homem-suserano", significa ser forçada a se inventar sem ajuda. (Simone de Beauvoir).

Mas talvez trata-se de um problema de burguesia. Quem sabe seja outra a condição da "mulher do terceiro mundo", presa entre tradição e modernização: entre tradição opressiva e emancipação forçada. A "mulher de cor", como Ciborgue, realiza a experiência do imperialismo que desfaz a fronteira entre a constituição de um sujeito e a formação de um objeto, que os faz desaparecer não devolvendo-os a um nada primordial, mas suscitando entre eles um violento engavetamento. É que Ciborgue, assim como "Mulher de cor", se divide entre um estatuto de objeto e um estatuto de sujeito, e em todas as partes lhe obrigam a sumir dos discursos[7].

Bif: 12.17

6.8. O Mal-Estar

A colonização iludiu Ciborgue: necessariamente, elela tira disso, de uma maneira ou de outra, algum benefício, ainda que, tudo bem considerado, aproveita-se apenas por tabela. Como Ciborgue retira do sistema uma utilidade marginal, elela não se revolta: o sistema sobrecarrega ou alucina Ciborgue de modo tão efetivo que elela não tem nem mesmo mais ideia de considerar um outro aspecto das coisas, ou a força de imaginá-lo. Ciborgue pode fugir? Como? Retirar-se para onde? Deveria lutar, e ter o estofo de uma heroína? E se não foi feito para isso? Seja qual for o diagnóstico e as causas disso tudo, Ciborgue permanece. Sua condição, feita de mal-estar, se escreve: *existir na instabilidade, na ambiguidade.*

Bif: 9.1

6.9. Copresença

Ciborgue amiúde esquece e sempre volta a lembrar-se de que não está só no mundo e que o mundo não gira em torno delela. Por isso ama e detesta sentir frio e calor, ama e detesta sentir fome e sede, ama e detesta que os mosquitos lhe irritem, as vespas lhe importunem, as moscas lhe amolem, os pombos lhe enfezem, os pardais abusem delela, os cães lhe rodeiem, os gatos lhe arranhem, os bebês arrotem nelela: tanto injeções quanto corretivos em sua visão de mundo. Elela sente o viver em torno de si, com curiosidade e angústia, com admiração e medo. Com muita frequência, esquece do mundo: este sempre lhe deixa em ruínas. Recupera a alegria, recobra o ânimo, tão logo volta a lembrar-se de que outros stuffs estão presentes e declaram e criticam, como elela, através de mil gestos e mil maneiras, sua incômoda existência; que tudo em torno delela palpita com uma vida na qual elela não representa nada, na qual elela é, na melhor das hipóteses, apenas um meio, ou, na pior, só um obstáculo, na qual tudo é resistência; na qual elela encontra, da mesma forma, possibilidades de alianças e de associações ainda não previstas que multiplicarão sua potência.

Bif: 11.1

6.10. Ciborgue Pode Ser Neutro?

Ciborgue não é neutro (*ne-uter*): o neutro não é nem um nem outro, é sem gênero e sem voz, é indiferente aos pares. Ciborgue seria antes o *uterque*, o um e o outro, os dois termos inconciliáveis enfim reconciliados, certamente mal ajustados, mas ainda assim unidos: máquina e organismo, artifício e natureza, técnica e animal, necessidade e liberdade, criado e incriado, infinito e finito. Eis portanto dois contrários reunidos, mais ou menos. Manter os dois termos é uma maneira de não permitir que um achate o outro, de não procurar reconciliá-los em uma síntese brilhante e elevada. Ciborgue é o amálgama grosseiro e claudicante, a união forçada em vez da união que faz a força.

Se Ciborgue fosse neutro, diriam que elela *não* tem profundidade *nem* superfície. Ciborgue é antes um entrelaçado de membranas, definindo ao mesmo tempo superfícies *e* profundidades, toda uma topologia de intersecções onde se inventam tanto interiores quanto exteriores, engendrando um monte de polaridades, suscitando grande variedade de encontros. No fim dos anos 1960, sem dúvida descreveriam Ciborgue como uma multiplicidade de fitas de Moebius e bolsas de Fortunatus, de modo que formularam Ciborgue como interface, arquitetando fronteira e ponto de encontro entre áreas e mundos.

Bif: 3.27

6.11. O Verdadeiro Sentido da Crise

Ciborgue não fetichiza a alteridade ou a diferença. Elela luta pelas causas que espera ver triunfar; ao fazer isso, não ignora que seu combate talvez deixe absolutamente intacto aquilo contra o que se bate. Ciborgue, sem admiti-lo, tem uma profunda cumplicidade com os imperialismos e as dominações contra os quais luta, ao mesmo tempo que os combate sem concessão[8].

Bif: 4.16

6.12. A Ilíada de Ciborgue

Ciborgue não assumi "o" nem "a"; nem "die", nem "der", nem "das", pois rejeita o neutro tanto quanto o masculino e o feminino. No máximo assume um "the", indeterminado, mas não "he", nem "she", nem "it". Boas almas lhe sugerem, com a finalidade de esclarecimento, que elela confunde o gênero gramatical com o sexo genital, pois sem essa diferença nunca diríamos "uma" gônada (culhão) ou "um" clitóris, "a" lua mas "der" Mond, ou "o" sol mas "die" Sonne[9]. Ciborgue não se importa com isso e diz "talvez, não sei, quem sabe", dando de ombros, enquanto pensa que nessas matérias nunca fomos muito prudentes. Quem sabe quantas armadilhas permanecem escondidas nos idiomas? Quem sabe tudo o que se passa a partir do momento em que aceitamos o gênero gramatical, essa coisa tão inocente e aparentemente insignificante? E, no entanto, devemos falar bem.

É por isso que Ciborgue segue uma sugestão apanhada em um romance para garotos sensíveis: no lugar de "il/elle (ele/ela),

Ciborgue escreve "ille" (elela), no lugar de "celui/celle" (aquele/aquela), "cille" (aquelela) etc. Afinal de contas, já que Tolkien inventou mil idiomas imaginários, por que Ciborgue-de-viés não poderia nem mesmo permitir-se cometer uma única infração à língua? Julgam que é legítimo que uma língua sofra mudanças, porém acusam a tentativa de Ciborgue alegando que ela é desastrada e criminosa. O que elela pretende? Introduzir o neutro em francês? Talvez, e talvez não. O pronome neutro já existe em francês: por um efeito de redundância e de resgate, é o pronome masculino "il" que ocupa esse lugar, como em " il s'agit" (trata-se) ou "il y a" (há) – assim, em "il pleut" (chove), "il" é neutro e não masculino, sem ofender os aficionados de *golden shower* (chuva dourada). "Ille" (Elela) não é pronome neutro: é uma tentativa de escapar à alternativa enganosa do "il" (ele) e do "elle" (ela); tentativa de amalgamá-los em uma forma híbrida. "Elela" se aplica àquelelas que não encontram seu lugar no mundo na medida em que o mundo progride, àquelelas a quem a demanda social de escolher um lado ou outro do Grande Fosso violenta. Se elelas amiúde são flexíveis o bastante para fazer espacate, também com frequência se dilaceram e se reduzem a pedaços. E ninguém se importa então em juntar seus cacos[10].

Bif : 3.22

6.13. Ciborgue Transverso

Ciborgue pertence a toda uma categoria de criaturas de través: clones, diabéticos, mortos-vivos, parturientes, bactérias, comatosos, fetos prematuros, sodomitas, cães, OGM – Organismos Geneticamente Modificados, trans, soropositivos, enxertados, galinhas, ecossistemas, criaturas que perturbam as categorias, desarranjam o humanismo e o antropocentrismo, assombram os intermundos, ao mesmo tempo produtos e escórias do sistema, subsistindo graças a este mesmo sistema e apesar dele.

Bif: 2.13

6.14. Andrógino

Ciborgue, *uterque* em vez de neutro, não é único em seu gênero. Elela se junta ao andrógino, forjado no mesmo princípio de colisão de contrários: *andro* (macho) e *gino* (fêmea). O andrógino encarnou uma promessa de completude, no sentido de que Michelet pôde dizer que ele era um humano completo "tendo os dois sexos do espírito"; uma promessa de libertação, longe "dos limites confinados do apropriado", como escreveria Carolyn Heilbrun. Porém Ciborgue e o andrógino não apresentam a mesma história. O andrógino, ou hermafrodita, durante muito tempo foi devotado ao culto do orientalismo sexual: objeto de fascinação e de receio, esteve sob suspeita de copular com o diabo, entregue em voragem à ausculta e ao bisturi dos anatomistas, vendido à curiosidade depravada da burguesia que se envilecia. Arabesco sexual de refinamento etéreo para curiosidades corrompidas, seus órgãos foram esquadrinhados, e empenharam-se em nele localizar precisamente a parcela "andro" e a porção "gino". Ciborgue, que chegou mais tarde e aprendeu com tudo isso, esforçou-se para tornar-se menos facilmente localizável. Elela domina a esquiva. Compõe-se de dobras e redobras, com isso desafiando qualquer um a chegar a uma conclusão, a um resultado final.

Ciborgue e Andrógino são testemunhas de uma insatisfação profunda a respeito daquilo que é, ao mesmo tempo que elelas são categorias de descrição daquilo que é. Todavia, longe de ser um sonho de plenitude reconciliada, Ciborgue não é o "todo completo", a reunificação de diferentes, a síntese reconciliante de todas as oposições que se afrontam, a era pacificada em que as tensões se extinguem[11].

Bif: 2.18

6.15. Ciborgue Pode Ser Bissexual?

Quando Freud fala de bissexualidade, é no sentido de uma indiferença fusional, à espera de corte. Essa bissexualidade é *Penisneid* (inveja do pênis) disfarçada, o reino do ciúme fálico: a projeção da diferença de sexos em uma anterioridade mítica, sob a ameaça de um futuro de separação ou de castração suspensa. Ciborgue é bissexual no mesmo sentido em que o hermafrodita o é porque tem os dois sexos conjugados, sem que elela jamais se declare "total", sem nunca estar sob a ameaça de cisão. Ciborgue é como a figura, icônica e irônica, de uma sexualidade que não anula as diferenças, mas procura conhecê-las, as desperta e aumenta constantemente o seu número. No fim das contas, Ciborgue sonha com um mundo onde "bissexual" não terá mais significação imediata, pois não conseguiremos mais explicar o que quer dizer "desejar os dois sexos"; onde tudo o que poderemos expressar de nós mesmos, talvez seja que sejamos "apenas sexuais"; onde as identidades serão multiplicadas a tal ponto (lésbica, trans, mulher, gay, homo, couro, hétero, bi, louco, *butch* [machão], *fist* [punho], FtM - *Female to Male* [transexual masculino, que passou de mulher para homem] MtF - *Male to Female*, andrógino, urso...) que nenhum dos termos gerais acima citados conseguirá mais abraçar seja quem for. Ciborgue seria então um mundo onde as categorias, por serem multiplicadas demais, se fragmentariam. Como um prisma, Ciborgue difrataria os significantes. Uma coisa, entretanto: inventamos tudo o que nos canta, mas nesse mundo, tal como ele avança, se Ciborgue deseja ter uma sexualidade, deve ter um sexo, seja qual for. O flerte eletrônico parece favorecer a multiplicação de fantasias e de imaginações, mas não consegue erradicar toda lembrança dos sistemas de dominação que regem a "vida terrena". No mundo tal como progride, se Ciborgue quer foder, elela não deve obliquar: deve entrar nas categorias definidas pelos tipos; deve renunciar a inscrever o desejo em todas as partes do seu stuff, deve fixar-se nas genitálias. No mundo tal

6. na colônia sexual

como progride, fosse ele virtual, não seriam abolidos os estereótipos. Pode-se atuar em múltiplas cenas, mas por vezes parece que sempre é preciso duas personagens, dois dândis improváveis, cujas fisionomias seriam Pamela Anderson e/ou Silvester Stallone, e/ou seus múltiplos simulacros e avatares, envolvidos em diferentes composições[12].

Bif: 5.9

6.16. Umbiguismo

Ciborgue não é o resultado de uma intervenção infeliz ou de uma manipulação criminal: elela não é o fruto proibido de nenhum pecado, não é o efeito de nenhum acidente. Ciborgue não pede reparação. Elela é o próprio estatuto de nosso stuff, sua única definição possível, sua condição. No fundamento de Ciborgue, uma costura da primeira hora: uma linha que a anatomia chama de "rafe". Ciborgue se orna de cicatrizes inatas: a ideia mesma de um stuff "natural" e "virgem", onde a tecnologia seria apenas um enxerto puramente externo, não faz sentido para elela. Ciborgue repara em nosso corpo e observa: "Há uma soldadura ou uma cesura em nosso fundamento." Diante do umbigo, lembramos-lhe do antigo andrógino de Aristófanes: "Somos metades, cortes." Diante do rafe, da simetria dos órgãos, da duplicação de membros, elela diz: "Somos duplos, costuras." *Homo Duplex* não é só um tema moral: no físico também somos duplos. Adão não teria sido completamente humano sem umbigo, ele que não nasceu por meio de uma geração comum: de modo que foi preciso fazer-lhe um umbigo de pacotilha.

Ciborgue afirma a paridade de todo stuff. Elela abandona a referência do "corpo" "humano" "natural" (colocar aspas em todos os termos da velha Ordem já quase se tornou um tique para elela, como esses adolescentes que colocam corações cor-de-rosa ou turquesa no lugar dos pontos sobre os "is"). Todo stuff é Ciborgue, desde sempre infundido de técnica e de vontade: desde sempre dotado de subjetividade e destituído de subjetividade. As grandes Diferenças – diferença entre o organismo e a máquina, entre o vital e o inerte – caíram por terra diante de Ciborgue.

Ciborgue é a regra, não a exceção. Elela é um modo de escrever o ordinário. Ciborgue proclama que desde o início somos "pós-op"; que, como Hedwig, temos um *angry inch*, que nosso stuff é um cadáver requintado, um relicário recheado de apêndices, de escarificações e de cicatrizes, e que é esse stuff, completamente manco e remendado, que tem o poder de derrubar muros e paredes[13].

Bif: 2.12

6.17. Ciborgue Agitador

Ciborgue adora o epiceno: Ciborgue é cosmopolita e apátrida, moderno e pós-moderno, futurista e antigo, histórico e profético, documentário e vanguardista, belicista e irênico, simples e complexo ao mesmo tempo, rápido, inútil e eficaz, magnífico e miserável, jubiloso e execrável, desejável, atentatório e simbólico, único e múltiplo, unitário e trinitário, monista e dualista, hereditário e variável, originário e escatológico, eficaz, mesmo e outro, visita a uma amante e às vezes assédio sexual, derrisório e extraordinário, explicável e ininteligível, teórico e prático, assimilável e contornável, intrínseco e extrínseco, hermafrodita e frequentemente obsceno, casto e lúbrico, monástico e escatófago, sádico e masoquista, macho e fêmea, poeta em certos momentos. Elela gostaria de estender a lista ainda e enunciar: subversora, emancipatória, liberatória... Como Ludwig Wittgenstein traz "elucidatório" e Karina Sporta "dançador". Elela inveja o inglês em que tudo é epiceno: *so perplexing*, tão intrigante.

Bif: 3.20

7. CIBORGUE/ORGANORG: MODOS DE COMPOSIÇÃO DO ORGANISMO E DA MÁQUINA

> *Alienis pedibus ambulamus, alienis oculis agnoscimus, aliena memoria salutamus, aliena vivimus opera.* (Caminhamos com os pés de outros, vemos com olhos estrangeiros, saudamos com uma memória externa, vivemos pelas obras de outros.)
>
> PLÍNIO, *História Natural*, XXIX, VIII, 19.
>
> *É com nossos próprios pés que caminharemos; é com nossas próprias mãos que vamos trabalhar; são nossas próprias opiniões que proclamaremos.*
>
> RALPH WALDO EMERSON,
> O Intelectual Americano, *Ensaios,*

7.1. Mensagem de Saudação

Sua ligação caiu na secretária eletrônica de Ciborgue. No momento, elela não pode atender, pois elela deve passar pelo controle técnico e pelo serviço de manutenção. Obrigado por deixar uma mensagem, elela retornará sua chamada assim que for possível.

Bif: 3.21

7.2. O Que É Organorg?

Às vezes dizem que Ciborgue sempre existiu: que elela é apenas a denominação da espécie humana, pois é da natureza desta entregar-se com aplicação ao artifício. *Species technica*, tal seria o nome de Ciborgue. Na verdade, não se trata nesse caso de Ciborgue mas do seu duplo, seu *Doppelgänger*, preso a elela como sua sombra. Suponhamos que Ciborgue não tenha lido sequer uma linha de metafísica: que elela não conhece nem Simondon, nem Deleuze, nem Ruyer, nem Whitehead, nem Butler. Ciborgue então seria Organorg, o organismo equipado, o Vivente que fixa normas e cria seu ambiente. Organorg é Ciborgue na linha direta de Canguilhem, isto é, Ciborgue que não teria compreendido nada de cibernética, que consideraria que elela **não passa de um episódio na longa história de relações entre o Homem e a Técnica**.

Duas lógicas distintas animam Ciborgue e Organorg. Organorg mostra-se repleto de muita compunção colonial, quase Quarta República[1]. Consciente dos seus poderes, de sua natureza, de suas ambições, Organorg instala o Humano, e talvez o Homem, no centro do seu projeto e do seu mundo. Organorg é a extensão natural do humano equipado; não hibridiza nada, não coloca em discussão nenhuma dicotomia. Descreve a relação do Homem com suas ferramentas: no máximo admite que a Técnica, longe de ser somente humana, é vital.

Ao contrário, nada do que é bífido volta a brotar por onde Ciborgue passa. Elela é o filho transviado do neoliberalismo mais indecente, testemunha de uma ligeireza e de uma desenvoltura culpáveis nas palpitações de constituições que estão chegando ao fim: elela prospera, como que sob o Segundo Império[2], em uma Quinta República[3] aprovada e ofegante, talhada para ser monárquica e propícia ao golpe de Estado permanente, transformada em um híbrido claudicante na sequência da passagem do sete para o cinco (do septênio ao quinquênio)[4]. Ciborgue, criança na era Reagan e Thatcher, floresce na mistura de gêneros: celebridade/político, negócios/república, privado/público, grandiosidade/decadência – tantas catapultagens possíveis quando a Linguagem se transforma em Comunicação, quando as palavras proliferam porque não envolvem mais.

Por isso, Ciborgue espalha promessas que Organorg jamais ousaria fazer: elela anuncia a supressão do stuff, promete a imortalidade, sonha corpo sem órgãos e órgãos sem corpo.

Bif: 3.12

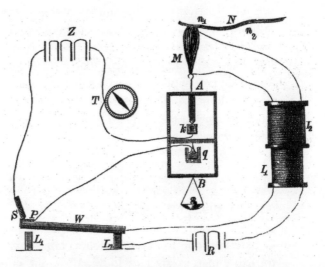

Há outra coisa em Ciborgue além do organismo equipado ou do centro vital no comando dos seus órgãos externos: a complexidade de agenciamentos maquínicos, em que o orgânico é apenas uma peça em uma montagem mais complexa. As experiências de Helmholtz procuram aqui determinar a propagação da velocidade nos nervos motores da rã. No circuito, uma fonte de energia z estimula um galvanômetro T assim como uma preparação músculo-nervo (M, N) em diferentes lugares (n1, n2). O dispositivo orgânico-mecânico visa medir o tempo de reação do nervo.

7.3. O Hábil

Na primeira cena de *A View to a Kill* (007: Na Mira dos Assassinos), James Bond (Roger Moore), primeiro deslizando na neve sobre esquis, pula em um limpa-neves motorizado, depois em um *snowboard* para neve, antes de finalizar, naturalmente, nos braços de uma linda mulher. Eis o Organorg e sua panóplia de *gadgets*, *polutropos* e *polumetis*, nunca apanhado desprevenido, dotado de recursos infindos, de dispositivos sempre disponíveis, mobilizáveis e destacáveis mediante um simples estalar de dedos. Esses dispositivos podem ser mecânicos (óculos, esquis, aparelhos) ou orgânicos (cavalos, mulheres). James Bond, inigualável graças ao seu *savoir-faire*, expertise e tato, a todo instante é confrontado por hordas de perseguidores menos hábeis: Organorg perfeito, não passa de donjuanismo estendido à técnica, da arte de saber sacar a boa ferramenta no momento certo, *the aesthetics of the fittest* (a estética do mais apto).

Bif: 8.13

7.4. O Walkman de Ginger

O Exterminador do Futuro, máquina impiedosa cujo interruptor não é mais possível ser localizado, e que se beneficia disso para se passar por um organismo, um dia cruza com o universo de Ginger, garota petulante e, em toda e qualquer circunstância, fechada em si mesma: quando ela se penteia de manhã, quando faz sexo à noite, ela veste seu capacete que é um *walkman* colado o tempo todo em seus ouvidos, vibra e dança ao ritmo de uma música que só ela ouve. Seu namorado Matt a entendeu muito bem: durante suas relações sexuais, ele sobe o volume de som do *walkman*, talvez para ajudar Ginger a alcançar o orgasmo, porque ele compreende que o seu pênis na vagina de Ginger é apenas uma peça em um dispositivo mais complexo, uma máquina de prazer que o ultrapassa; quem sabe ainda, porque mexendo no botão de volume do *walkman*, ele intensifica o seu prazer, através dessas máquinas que são o *walkman*, mas também o stuff de Ginger, boneca inflável mais real que a natureza. Os stuffs de Matt e Ginger são compostos por máquinas de prazer integrando um *walkman*. Talvez eles sejam simples correias de transmissão para o prazer. No universo de Matt e Ginger, encontra-se o orgânico e a máquina, combinados em diferentes graus: do Exterminador do Futuro à iguana, ser orgânico ameaçado de se ver transformado em artefato ("Vou te transformar em um cinto", lança-lhe Ginger). Os organismos talvez sejam máquinas, e as máquinas, organismos: afinal de contas, "as máquina também têm necessidade de amor", como proclama a voz de Sarah Connor, registrada em uma secretária eletrônica.

O *walkman* de Ginger mostra a face sorridente de Organorg: o organismo e a máquina harmoniosamente acoplados ou interfaceados, sem enxerto. Ilustra como Organorg, ao contrário do seu duplo negro Ciborgue, evita os espectros de *RoboCop* e de *eXistenZ*, a fobia da amputação e da violação da integridade do corpo que torna possível a infecção. A exterioridade da interface humano-máquina limita o risco de *kidnapping* (sequestro) ou *biohacking*, de perda de controle de si por intrusão da máquina em redes mentais; ela facilita enormemente a reparação de panes ou as atualizações técnicas. O *walkman* de Ginger da mesma forma evita o acidente – a labilidade, a instabilidade de todo o conjunto. Todavia, excessivamente fechada em si mesma, Ginger também conhecerá um fim fatal por causa do seu acoplamento com o artefato: a música enfeitiçante do seu *walkman* a impede de ouvir a aproximação do Exterminador do Futuro. Ginger sai de cena[5].

Bif: 3.11

7.5. O Exterminador do Futuro/A Mosca

O Exterminador do Futuro é a lógica de Organorg concluída. Tudo se passa como se houvesse uma rede de veículos sempre disponíveis dos quais as personagens se apossam. Incontáveis, os roubos de carros e sequestros de caminhões ou de motos se seguem, assim como as perseguições em alta velocidade, sobre duas ou quatro rodas. Organorg trata os veículos como se fossem uma segunda pele com a qual ele forma, sempre provisoriamente, um. Ao contrário, em *A Mosca*, Brundle é *carsick*, *airsick*, e mesmo *tricycle-sick*, ou seja, passa mal em carro, em avião ou até mesmo em um triciclo de criança. Eis precisamente o problema que ele almeja resolver por meio da invenção do teletransporte. A ideia de um instrumento externo que poderia decuplicar suas propriedades de locomoção lhe é inconcebível. Ele é um sujeito extremamente especializado em um certo modo de transporte (para o qual a evolução o produziu, poderiamos dizer). Ele precisou alcançar um outro estágio de evolução (passar de Brundle a Brundlefly [a Mosca]) para que seus problemas de locomoção fossem resolvidos. Mutante, nessa condição ele corre pelas paredes e pelo teto, e declara com orgulho que descobriu o "propósito" de sua mutação: obter essas novas faculdades das quais antes era privado e que nenhuma máquina poderia lhe dar de maneira natural. Em definitivo, antes de sofrer a mutação, Brundle se encontrava limitado à sua condição orgânica por sua incapacidade de produzir corpos com prolongamentos técnicos. Depois de ter sofrido a mutação, ele melhora suas condições de deslocamento: Brundle passa assim da condição de Organorg falho (as máquinas não conseguem deslocá-lo sem que ele passe mal) à de Mutante perdido sob o nome de Brundlefly. Pela conjugação deficiente de duas naturezas, ele apaga a diferença entre Organorg e Mutante. Torna-se Ciborgue.

O que faz Brundlefly se perder, não é sua mutação, o entrançamento dos seus genes ou sua natureza híbrida. O que o perde, é que ele se agarra desesperadamente a uma ideia: a da pureza perdida de sua natureza humana, à qual ele deveria retornar. Isso é o que mede seu gênio ou sua performance: Brundlefly não aceita a hibridez, a grandeza e a decadência do stuff, seu devir. Não aceita que na realidade *nunca* tenha sido humano: um humano necessariamente se compõe com a técnica, e Brundle não podia nem mesmo entrar num carro. Infra-humano, refratário à técnica, terminará por se compor, por meio da técnica, com aquilo que lhe é semelhante: o orgânico. Acidentalmente envolvida no caminho da mutação, a incorporação do corpo estranho (a mosca) só o deixa "doente", porque ele rejeita essa condição. Brundlefly é como seria Ciborgue se elela se recusasse a escutar a norma vital que comporta e comanda sua mutação.

Bif: 9.6

7.6. Como um Navio Sem Piloto

Se o organismo é apenas matéria e energia em movimento, então, com certeza, um barco que navega é dotado de pensamentos e adormece quando lança âncora.

Bif: 10.14

7.7. O Braço de Claudia

Claudia Mitchell é uma militar norte-americana nascida em 1980 que perdeu seu braço esquerdo em um acidente de moto em 2004. Ela recebeu uma prótese incrível: um braço biônico fornecido pela equipe de Todd Kuiken do Rehabilitation Institute (Instituto de Reabilitação) de Chicago. Essa prótese é especial: ela "obedece" à vontade de Mitchell respondendo a contrações musculares do ombro em que foi fixada. Como indica com orgulho o doutor Kuiken, "nós recabeamos Claudia. Estamos prestes a recabear um humano de maneira que ele colabore com uma máquina". Na realidade, receptores são colocados nos músculos ou na pele da pessoa. Esse "cabeamento" todavia distingue a prótese de Mitchell de uma prótese tradicional no que diz respeito ao fato de que ela reage aos sinais emitidos pela pessoa. Mitchell não tem nada de uma criatura de ficção científica. Seu braço mecânico é apresentado não como algo que a torna sobre-humana, mas como aquilo que lhe permite não cair na condição animal. Um episódio particularmente eloquente é lembrado em um artigo publicado no *Washington Post* em 2005: Claudia, para descascar uma banana, precisava do auxílio do seu próprio pé e sentia-se como um macaco ("I felt like a monkey" [Eu me sentia como um macaco]); seu braço biônico devolveu-lhe a sua dignidade, do mesmo modo que Luke Skywalker receberá um braço mecânico, depois que, em uma cena de *Guerra nas Estrelas*, Darth Vader decepa-lhe o braço[6].

Bif: 8.5

7.8. As Pernas de Oscar

As pernas de Oscar Pistorius terminam no joelho: sem fíbula nem pé, elas são prolongadas por duas próteses em carbono, especialmente concebidas para correr. Tal caso pertence ao que chamamos de "handicap": Pistorius não teve acesso à competição olímpica comum. Participava, como duplamente amputado, em seu equivalente *handsport*, os jogos Paraolímpicos, onde concorria em uma categoria que também compreende corredores amputados de uma perna apenas. Mas em que Pistorius é mais próximo de um corredor de uma perna só que de um humano "completo"? Onde fixar a barreira? Na verdade, Pistorius sempre manifestou o desejo de escapar da categoria *handsport* e participou de competições com atletas sem *handicap*. Mas ele gozava desse direito? As altas autoridades do atletismo julgaram que as próteses, longe de somente substituir membros ausentes, davam vantagem ao corredor sul-africano em relação aos seus homólogos puramente orgânicos. Um recurso diante do tribunal arbitral do esporte tomou, no entanto, uma decisão diferente: em 2008, Pistorius foi autorizado a participar de provas de qualificação para os jogos Olímpicos (e não Paraolímpicos) e fracassou em sua tentativa só por alguns centésimos de segundo. A prótese é um simples e modesto meio de "voltar a humanizar o humano", ou ela mostra-se discreta o bastante para fazer com que aceitem melhor sua real vocação: substituir o corpo orgânico por um corpo com melhor performance; fazer passar de Organorg para Ciborgue?

Bif: 10.4

7.9. Sonho de Mirzoza

Se Mirzoza é a mestra para se pensar em Ciborgue, é por sua prática do amálgama e da reviravolta inesperada. É também porque o seu programa volta, em sua linguagem, a "remover de cada alma as partes de sua morada que lhe são supérfluas": cada ser se veria assim caracterizado por aquilo que lhe resta. As dançarinas são reduzidas a dois pés, a duas pernas no máximo; as cantoras, a uma garganta; os eruditos, a um crânio sem cérebro; os espadachins, a uma mão armada; os jogadores de baralho, a duas mãos, e assim por diante. Talvez o sonho de Mirzoza revele a operação da seleção natural, que efetua a economia de todas as partes do organismo que são inúteis. Quem sabe o sonho de Mirzoza figure esses indivíduos reduzidos às suas funções, como esses serviçais castiçais que aparecem nos contos como a figura do *care* discreto. Em todo caso, Mirzoza propõe a Ciborgue uma filosofia do corpo funcional em que toda e qualquer estrutura se presta a diferentes usos[7].

Bif: 11.8

7.10. Música das Esferas

Gilles Barbier chegou bem perto de Ciborgue quando propôs, em 1996, um "órgão [o instrumento musical] de peido": seis metros de alambiques e de retortas vagamente biomórficos, e uma ponteira, onde se coloca o ânus do artista que ingeriu carminativos em abundância.

Bif: 11.7

7.11. A Rede

Concebemos a técnica como um conjunto de artefatos isolados, imediatamente identificáveis: uma viatura, um avião, um computador ou um telefone. No entanto, a viatura ou o avião exigem pistas, torres de controle, uma rede de distribuição de combustível; o computador precisa de sistemas que processem seus dados e os convertam (para armazená-los, comunicá-los, imprimi-los, recuperá-los); o telefone tem necessidade de redes ou satélites que decodifiquem os sinais. É preciso repensar a técnica não reificando-a, mas como conjuntos de sistemas. A partir daí, para compreender em que a técnica penetra de um extremo ao outro os organismos vivos, devemos abandonar o conceito de uma técnica fetichizada (o implante localizável, como a muleta ou a perna de pau) e deixar emergir os sistemas da técnica.

É possível ainda dizer que produzimos as máquinas e que nesse contexto mantemos o controle sobre elas? Que estamos no princípio, na origem das máquinas e que portanto somos seus mestres? Esta era a bela e simples lição de Canguilhem, glosando em cima de uma antiga fórmula de alquimista da qual encontra-se um eco em Montaigne e Descartes: quem tem o poder de produzir e conhece o segredo da fabricação obtém o incontestável domínio e a posse legítima, ou seja, um *status* quase divino. Porém as máquinas comandam um modo de vida: prático, econômico, político. Nesse sentido, elas dirigem, elas fazem o sistema: elas orientam o futuro para um número cada vez maior de máquinas.

Bif: 3.28

7.12. O Esquecimento da Técnica?

Ciborgue só se serve de fato muito bem de um instrumento técnico (martelo, viatura) quando este se torna em grande parte invisível para elela. A máquina se faz esquecer quando Ciborgue se apropria dela, quando elela negligencia de considerá-la como um objeto ou deixa de vê-la para utilizar-se dela. Mas o esquecimento vai além do objeto. Ciborgue se lembra, com Pierre Bourdieu, que elela não tem como viver só, e medita sobre "o extraordinário acordo de milhares de disposições – ou de vontades – que admitem cinco minutos de circulação de automóveis pela Praça da Bastilha ou da Concórdia". Porém o esquecimento vai mais longe ainda: esquecimento da ferramenta, esquecimento de outros em relação à respectiva ferramenta, e também o esquecimento comum em relação à infraestrutura que permite a essa coreografia desenrolar-se. Esse esquecimento diz respeito não só ao funcionamento da ferramenta, mas também a esses "macrossistemas técnicos" graças aos quais tudo funciona: por exemplo, o fato de conduzir um automóvel exige não só um mecânico que garanta a manutenção, mas igualmente a rede de estradas e autoestradas, a trama de postos de gasolina, o balé coordenado pelos semáforos, os lugares com vagas de estacionamento etc. Contra esse esquecimento que se opera então mesmo que se faça uso da ferramenta, Ciborgue toma consciência de que sua prosperidade, sua proliferação e sua manutenção repousam inteiramente na existência "dessas grandes redes inaparentes"[8].

Bif: 8.6

7.13. Nó, Trama

Para muitos, Ciborgue parece ser esse momento em que a mecanização do mundo e da Natureza, a redução do organismo à máquina se aplica ao próprio Sujeito. Ciborgue seria então a automecanização agressiva do Sujeito, o ponto na história das técnicas em que a ferramenta não é mais uma extensão do Eu pelo mecânico. Elela seria o tempo em que a paridade dos órgãos internos e externos turvam sua distinção; em que não há mais interno ou externo, mas somente órgãos. Não haveria mais centro de ação vital a partir do qual o movimento seria impulsionado e para o qual convergiriam todos os sinais. Haveria apenas redes, uma trama contínua em que se poderia identificar os nós.

Bif: 2.16

7.14. Continuidade ou Descontinuidade?

É possível que a distinção Ciborgue/Organorg por fim não se mantenha. Numa primeira leitura, Organorg se inscreve como um episódio a mais na história das técnicas: ele é apenas o prolongamento de um processo iniciado há muito tempo – talvez com a linguagem. Igualmente numa primeira leitura, Ciborgue ataca o material orgânico, mobiliza técnicas radicalmente novas e em especial intervenções de tipo bio- ou nano-técnicas, que têm implicações inéditas ou um caráter novo. Apesar dessas oposições, é possível reaproximá-los um do outro. Organorg turva a fronteira natureza/artifício e convida a pensar sobre a artificialidade e a naturalidade da ferramenta: ontem, o uso de óculos, vestimentas, ferramentas, livros; hoje, a cirurgia plástica, o enxerto de chips eletrônicos. Portanto, pode muito bem ser que por simples amplificação de Organorg, encontremos Ciborgue. Como todos os pares, Ciborgue/Organorg não escapa aos jogos da diferença e da polaridade. Eis por que é preciso ouvir o grito de Donnie Darko.

Bif: 12.6

8. CIBORGUE OU A TRANSFORMAÇÃO DE SI

> *Perdido de admiração e cheio de verdadeira humildade, facilmente esquece ser, ele próprio, uma parte dessas forças ativas e que, de acordo com a medida de sua própria força, terá um caminho aberto diante de si para tentar alterar uma pequena parcela do curso preestabelecido para o mundo – um mundo em que as menores coisas são tão importantes e extraordinárias quanto o são as coisas grandiosas.*
>
> FREUD,
> *Leonardo da Vinci e uma
> Lembrança da Sua Infância*[1].

8.1. A Esperança da Mutação

Em 1861, no Jardim das Plantas de Paris, o zoólogo francês Auguste Henri André Duméril assistiu à metamorfose dos seus axolotles mexicanos. No lugar onde deixara criaturas aquáticas, respirando por meio de brânquias, encontrou, no dia seguinte, tipos de salamandras terrestres respirando a plenos pulmões. O milagre reside na metamorfose dos adultos, que tinham se reproduzido durante muito tempo sob a forma de "axolotle". O que tomáramos pelo último estágio do desenvolvimento, mostrou-se de repente ser apenas uma larva sob condições modificadas – uma fase preparatória para uma nova mutação que nada prefigurava. Foi dado a Duméril assistir a uma mudança de fase ou à passagem de um limiar. E se um dia, tal como os axolotles de Duméril, nós nos revelarmos sob uma outra forma? Compreenderemos então que até esse momento não passamos de lagartas ou larvas; que, como o sólido que se torna gás, poderíamos, colocados em certas condições de temperatura e pressão, sermos sublimados. Talvez finalmente nos veríamos fora do poço.

Bif: 10.9

8.2. Até Que Ponto?

Ciborgue é capaz de confessar que se regala com o cheiro de gasolina queimada? Que os trevos de intersecção em autoestradas lhe dão vertigem, que ressente o sublime de uma rodovia de quatro pistas, a embriaguez causada por decolagens e aterrissagens, a excitação do tráfego? Será que elela chegará a se gabar, acompanhando Ballard e Cronenberg, da excitação causada pelo acidente, pela colisão, pelo choque? Ciborgue consegue admitir que corrigiu o nariz, os olhos, o peito? Seu stuff é plástico, porém todos o admoestam sobre este fato e o exortam a não abusar disso. Cada vez que Ciborgue sofre ou realiza intervenções, enviam-lhe como guia um "registro de uso". Mas quem fixa os limites aceitáveis? Esta sempre foi a preocupação dos higienistas: definir a norma, o bem viver, o bom uso. O que Ciborgue pode admitir sem passar por um viciado da cirurgia ou por um fanático do bisturi? Quem decide sim à dieta e não à lipoaspiração, sim aos banhos de sol e não às lâmpadas, sim à musculação e não aos esteroides, sim ao creme hidratante e não à injeção de botox? Ciborgue recebe mil mensagens que lhe dizem como existir, que lhe lembram do "dever de ser saudável". Então elela é dessas vítimas que aderem e colaboram com o sistema que as oprime? Ciborgue acaba por acreditar que ao controlar seu stuff controlará sua vida, enquanto, de fato, é por isso que ela está sob controle. A biopolítica lhe aliena ao utilizar alguns estratagemas de sua autoria? Ciborgue

8. ciborgue ou a transformação de si

não consegue emancipar-se dessa fantasia de controle, escapar desse terrível triângulo foucaultiano saber-poder-técnicas do Eu que estrutura o discurso higienista e aprisiona?

Lendo as revistas, ao assistir televisão, Ciborgue se sente miserável, rasteiro! Nunca foi o que deveria; jamais respondeu aos cânones: e agora, eis que a idade, a lenta e irremediável degradação da idade, vem agravar ainda mais a situação, tornar mais duro o olhar que Ciborgue traz sobre si e que sente que os outros têm sobre elela. Dado tudo isso, não haveria nada a fazer? Apenas sofrer, pacientemente, e aceitar seu destino? Ou entregar-se a uma orgia de fisiculturismo narcísico e masoquista, no final da qual teria cinzelado um stuff que lhe teriam ensinado a achar ideal? Ciborgue estaria pronto a consentir todas as manipulações, a sofrer todas as intervenções, se apenas lhe garantissem que em seguida, por fim, ficaria bem[2].

Bif: 10.7

8.3. Slogans

Por que nossas campanhas eleitorais não propõem os seguintes programas: "Vote em Smith para mais músicos! Vote em O'Leary para mais meninas! Vote em Macpherson: uma cauda preênsil para os seus netos!" Medo do eugenismo? Mas quem não votaria pela abolição da doença? E uma vez que esta fosse vencida, o que restaria do envelhecimento, da morte? Ciborgue vota por um mundo onde não teríamos mais medo da transformação[3].

Bif: 9.9

8.4. Filosofar Com Intervenção a Laser

Durante anos, Ciborgue tirava os óculos à noite e voltava a colocá-los de manhã. Mais tarde substituiu os óculos por lentes de contato; um dia submeteu-se a uma cirurgia nos olhos. Mediante (certa quantia de) dinheiro em espécie, o dispositivo corretor foi integrado nelela de maneira perfeita. Sua córnea reparada como uma cicatriz invisível em sua pele: uma história. Devemos ir tão longe a ponto de substituir os próprios olhos? A lógica da intervenção leva até esse recurso?

Bif: 10.10

8.5. Especialização/Democratização

A distinção entre Mutante e Ciborgue contrapõe duas lógicas. Ciborgue não possui nada que lhe seja próprio, nem mesmo uma memória própria: não sabe se as lembranças que tem são realmente suas ou se foram implementadas – desaprendeu tudo o que sabia para ser totalmente reprogramado. Tudo o que sabe, tudo o que tem consciência de ser, Ciborgue recebeu após o seu nascimento: nada de inato, tudo foi adquirido. Se muitas vezes é único por ser ainda um protótipo, o produto de uma experiência da qual não se sabe se será frutuoso e se terá réplicas em progresso, Ciborgue se inscreve, em verdade, em uma lógica do bem comum: através delela, procura-se desenvolver técnicas reprodutíveis. Ciborgue é a colusão entre o organismo e a máquina, entre a liberdade e o determinismo, entre o natural e o artificial.

Ao contrário, Mutante exprime uma lógica do dom natural e da hiperespecialização. A mutação tende a transformar cada indivíduo em uma função: como os companheiros do barão de Münchhausen – um é um olho, outro é uma orelha, um tem o corpo que queima, o outro tem um corpo que congela. Trata-se de uma lógica do próprio individual. Finalmente, a história de Mutante é a da diferença e do seu valor: tudo o que Mutante é, é desde o seu nascimento, em potência. Mutante é o império do acidente e do genético, da necessidade do programa e da contingência do evento.

8. ciborgue ou a transformação de si

Por isso, Mutante e Ciborgue oferecem duas leituras da excepcionalidade: Mutante é único e aristocrático, ele advém sozinho; Ciborgue emana de um projeto geral, só existe ou advém em sociedade, tendo suporte de poderosos relés e redes técnicas. Se Mutante se torna general, é graças à superioridade da sua estrutura ou dos seus talentos; se Ciborgue se impõe, é porque é objeto de um projeto coletivo com perspectiva social. A sociedade inteira trabalha a fim de produzir e conservar Ciborgue; Mutante pretende advir sozinho e sobreviver por seus próprios meios. Mutante e Ciborgue são portanto ambivalentes por várias razões. Mutante é eugenista; Ciborgue é democrático. Mutante é independente e quase livre, Ciborgue sofre controle e, com frequência, constrangimento.

Ciborgue, como Clone, encarna uma lógica da replicação de dispositivos eficazes e da difusão de progressos técnicos. A partir disso, pode-se propor duas leituras de Ciborgue: torna-se acessível ao maior número de pessoas possível com a tecnologia de performances sensoriais, físicas e mentais; ilustra uma lógica social de democratização de invenções e faculdades, pela qual a sociedade ofereceria a cada um e a cada uma o que lhe falta. Ciborgue propõe à humanidade a esperança de um artifício naturalizado por meio das proezas da técnica. Mais radicalmente, Ciborgue depende de um programa governamental e experimental inscrito no complexo militar-industrial. Ciborgue está preso entre duas ópticas: democrática ou totalitária, pacífica ou beligerante. Ao contrário, Mutante dá à humanidade a esperança de que todos os problemas serão resolvidos naturalmente; que a Natureza será para nós como uma Providência que proverá todas as nossas necessidades, na hora certa; que a diferença individual significará promessa de progresso; que mesmo a monstruosidade terá futuro. Porém nem Mutante nem Ciborgue jamais poderão alcançar a salvação total e eterna: no caso de Mutante, porque não é único em seu gênero e cada um é mutante à sua maneira; Ciborgue, porque a cada dia deve tomar consciência de que não se salvará no isolamento e porque a própria continuação de sua existência depende da perenidade de todo um sistema.

Bif: 3.16

Os Homens Macacos. Encontro entre Mutante e Organorg, visto por Restif de la Bretonne (1781).

8.6. Devoções Ordinárias

Organorg certifica-se da fidelidade de seus prolongamentos pelas práticas mágicas. Assim, a banqueira que à noite dá brilho em seus sapatinhos de verniz e escova seu casaco de pele formula, no segredo do seu interior, votos místicos para que sua união dure para sempre. Ela oferece sacrifícios às suas ferramentas, para render-lhes graças aos serviços que lhe prestaram. Agem da mesma forma a costureira em relação às agulhas e aos seus olhos, a designer gráfico com referência ao seu computador e a seus dedos, a entregadora relativamente à sua lambreta e aos seus pulsos, a dançarina no que diz respeito às suas sapatilhas e aos seus tendões.

Bif: 4.10

8.7. A Promessa de Asmodeus

A mídia de celebridades e famosos renova a grande promessa que Asmodeus – o diabo coxo – fez a Zambullo de instruí-lo a respeito "de tudo o que se passa no mundo". Esse homem gordo adormecido de quem as crianças roubam a peruca, ei-lo exposto. E esta coquete que traz crinolina sob o seu vestido a fim de esconder seu coxear. E este desdentado despojado da sua dentadura, devolvido ao seu sorriso medonho. E esta *star* que tanto admiramos: veja o quadro exaustivo de operações cirúrgicas que lhe esticaram a pele, corrigiram o nariz, aumentaram os peitos. A imprensa que trata de famosos e celebridades, a única que os cidadãos de nossa sociedade democrática estão dispostos a pagar, a única que ainda circula com grandes tiragens, a única imprensa de investigação que de fato se interessa por Ciborgue, estabelece sua prosperidade em tudo o que foi dito acima. "Perfeito ou refeito", era a manchete de uma dessas revistas a propósito de uma cantora, dando a entender que "perfeito" significava "não refeito", a perfeição existindo somente na ausência de reparação. A mídia de celebridades e famosos macula a *star* que outrora brilhava no firmamento, ela a faz cair do seu pedestal, entrega em voragem a artificialidade sob o verniz de natural, é uma máquina de destruir ilusões e de fazer aparecer Ciborgue. De certa maneira, ao mostrar que tudo é ilusão, ao trespassar o encanto das imagens e a magia das aparências, a mídia de celebridades e famosos contribui para um grande projeto filosófico: inverter o platonismo (nenhum Ideal) – a menos que seja para confirmá-lo (sair finalmente da caverna das ilusões). A mídia de celebridades e famosos se apoia na grande oposição entre o natural e o artificial para inverter os valores dessa grande oposição, e tem apenas uma única fórmula: "Aquilo que adorais como natural é artifício."

Bif: 1.1

8.8. O Careca

O implante capilar é para os famosos e celebridades masculinas o que o implante mamário é para as famosas e celebridades femininas. A tela está recheada de rumores verdadeiros ou falsos sobre supostos implantes feitos por homens de televisão ou por cabeças coroadas. Se a calvície fascina, é talvez em razão do clichê hollywoodiano que Robert Ebert chama de "exceção Sean Connery": "Os homens carecas não estão autorizados a beijar romanticamente nos filmes a menos que todos saibam tratar-se do bandido da história ou então de Sean Connery." Sim, mas vamos lá: não é Sean Connery que quer isso. Em 1995, o jornal *Libération* publicou em primeira página uma foto que enquadrava perfeitamente o alto da cabeça do Primeiro-Ministro Alain Juppé: o rosto tinha desaparecido, podendo se ver apenas seu crânio nu. Um comentarista (creio que foi no programa de televisão de Daniel Schneidermann, *Arrêt sur images* [Pausa nas Imagens]) indignara-se e então falara de "delito de crânio calvo". Esse crânio

8. ciborgue ou a transformação de si

era, em todo caso, um belo lugar de tecedura entre a natureza deplorada e o artifício rejeitado. Quando o crânio se despovoa e a alopecia estende seu império, Organorg propõe a loção ou a peruca, Ciborgue, o implante ou o enxerto. Porém tanto uma solução como a outra são proscritas: hoje em dia devemos manter sobre o crânio os cabelos que temos de nascimento, ou lidar, mal, com a debandada capilar[4].

Bif: 10.13

Por que insistir em vencer a calvície: ela não é um processo natural? E na luta contra a queda de cabelos, o que é permitido: injeções, pomadas, lasers, enxertos, seleção genética?

8.9. O Baixinho

Este homem político que do palco arenga a multidão quer dar uma impressão de grandiosidade e de poder. Contornem, entretanto, o pódio: ele usa salto alto para ficar mais alto e se mantém em cima de um tamborete. Sua impostura é desmascarada: ele é devolvido à sua condição natural, que é a de ser baixinho. Ser baixo não é uma propriedade absoluta: ninguém nunca é baixinho se tomado isoladamente, mas apenas se for tomado em relação a outros. A pequenez exige portanto a comparação entre indivíduos; ela nasce quando a alteridade se dá como aferidor da medida. Mas se a pequenez não é nada em si mesma, se ela nunca é substância, mas sempre relação, por que a vivemos tendo vergonha dela, aquela vergonha que está ligada aos defeitos? O baixinho é tratado como se fosse monstruoso: sozinho, o pequeno ser funciona muito bem; salvo se um estigma persistente estiver ligado à sua condição.

Bif: 9.2

8.10. Eugenias

Tendo consciência de tudo o que lhe falta, Ciborgue costuma apelar aos outros. Por isso tem muita dificuldade de encontrar seu lugar em um mundo onde certas performances devem ser realizadas sem qualquer assistência. Ciborgue não pratica a glorificação do natural aristocrático dos "eugênicos", aquelas que estão aptos para uma boa prole. Elela gostaria que lhe explicassem as regras: o stuff que a natureza nos forneceu, cabe a nós torná-lo frutífero, prezá-lo e devotar a ele todos os cuidados, mas seja qual for o caso nunca deveremos corrigi-lo ou completá-lo. Como recomenda Raphaël Hythloday em *A Utopia* de Tomas Morus: "Negligenciar os cuidados com a beleza natural passa, neste país, por uma ignóbil preguiça; mas apelar ao artifício e à maquiagem em seu auxílio é uma infame impertinência." Há um livro de registros de usos e costumes de si e das coisas ao qual é preciso referir-se como a uma norma. Assim, é necessário maquilar-se, porém não muito. Deve-se fazer exercício, não se entregar ao fisiculturismo. É preciso treinar, mas não se dopar. A cultura é tolerada, apreciada até, mas é de praxe abominar a erudição, o intelectualismo, o universitário, o labor. Culto do verniz, mas proscrição da farmácia. Como definir o justo esforço e o bom sofrimento? Nunca é tanto a performance que conta quanto o fato de que ela possa passar por natural, leve e sem esforço, em outras palavras, que possamos continuar a fetichizá-la, a admirá-la como um dom da Providência, a adorá-la como se estivéssemos aqui para nada.

Bif: 4.14

8.11. Decidir em Favor do Natural

As federações internacionais de esporte são uma referência em termos de decisão em favor do natural. Elas odeiam Ciborgue e Organorg, sua tropa avançada, e tentam mantê-los em seu lugar. Elas pretendem determinar a lista de produtos dopantes, de moléculas interditas que não devem correr nas veias dos campeões e das campeãs, e comunicar quem, na verdade, é Homem e quem é Mulher. Cabe a elas definir até quando um stuff é natural, a partir de quando um stuff é adulterado. Deve-se proibir a competição a um indivíduo dotado de um rim artificial, ao atleta que usa lentes de contato para corrigir sua visão? Organorg, vestindo uma combinação de poliuretano, as roupas de natação da marca Jaked, perturba o mundo da natação: essa ferramenta favorece a formação de bolhas de ar que melhora a portância da água. Enquanto os fabricantes e fornecedores de equipamentos se entregam a uma grande corrida armamentista tecnológica, enquanto os recordes são pulverizados, as autoridades do esporte se perguntam: o maiô se tornou uma arma que melhora as performances, não se trata mais somente de um véu de pudor cobrindo as anatomias? Os resultados aguardam sua homologação e ninguém propôs ainda fazer com que atletas nadem nus. É que um retorno à antiga ginástica resolveria o caso apenas na aparência: a partir de que momento um treinamento se torna *doping*? É permitido oxigenar o sangue, e existe algum regime alimentar a se seguir que seja autorizado? E que dizer aos novos Pistorius que amputaram seus membros de carne para substituí-los por lâminas de carbono, ou que desativaram seus genes originais a fim de ativar outros de melhor performance?

Bif: 7.8

8.12. Fazer Círculos na Água

Por que as crianças lançam pedras, seixos, cascalhos na água? Hegel vê nisso o próprio princípio da arte, uma incompreensível "urgência de mudar as coisas externas". Nietzsche, com efeito, percebe o signo de uma vitalidade violenta em quem quer tomar consciência de sua própria força ao quebrar pedras e ao rebentar galhos. Na verdade, se Ciborgue ama o espetáculo de sua própria atividade que transforma as coisas externas e elela mesmo, age sem pensar nisso e está bem longe de dominar as consequências dos seus atos. Ao lançar uma pedra, Ciborgue encontra com frequência alguma coisa da qual não fazia a menor ideia: Jeffrey Beaumont lança seixos e encontra uma orelha – mais tarde, no fim do caminho, encontra a si mesmo (*Veludo Azul*).

Bif: 11.6

8.13. Lembretes

Humano não pode deixar seu stuff bruto, tal como elela o encontra. Cobrindo toda gama de Organorg a Ciborgue, é preciso que elela o mude, que nele inscreva os traços de sua própria vontade: tonsuras, depilações, penteados, adornos, tatuagens, ornamentos, incisões, excisões, circuncisões, amputações, musculação, enxertos, implantes, cultura. Na imaginária orientalista, os pés das chinesas e o pescoço das birmanes representam excessos bárbaros que repugnam a autêntica civilização, a qual, sabe-se muito bem, recorre unicamente ao salto alto, às bainhas e às crinolinas, ao *lifting* e à lipoaspiração. Na imaginária *white trash*, temos a masculinidade histérica de Schwarzenegger ou de Stallone, os peitos aumentados de Lolo Ferrari, o rosto de atrizes que passaram por *lifting* facial, os poemas orgânicos de Orlan. Mas ver nisso tudo somente signos da humanidade, que visão curta, que impostura! Dizer que em geral é "humano" marcar seu stuff e artificializá-lo não informa *quem* faz/sofre/impõe o *quê*. Retomemos portanto uma a uma cada prótese que "prolonga"o stuff: as saias evocam a acessibilidade sexual permanente da Mulher; o salto agulha, a limitação da mobilidade e da independência corporal; os espartilhos, a respiração dificultada; as cintas-ligas, o entrave do alongamento; a agulha de tricô ou a carteira feminina, é como ter as mãos sempre presas; o empenho com a maquiagem e a depilação, é como sempre ter alguma coisa que deve ser feita... Cada uma dessas marcas, sob o disfarce de técnicas do stuff, são verdadeiros "lembretes", "sustentáculos concretos da 'diferença', que limam eficazmente qualquer tendência a se pensar livre"[5].

Bif: 2.11

8.14. Paranoia

Ciborgue está intimamente convencido de que é contra elela que Hans Jonas escreveu *O Princípio Responsabilidade*. Para finalmente poder encarar Ciborgue de frente, Jonas enumera três transformações, cujo nome é "Ciborgue": o controle do comportamento; as manipulações genéticas; o prolongamento da vida. A primeira transformação comporta um primeiro risco: devemos criar estados de bem-estar, mesmo com o risco das drogas? Devemos privilegiar o aumento do controle social, em detrimento da autonomia individual? Por acaso o rato com a bomba homeostática de Clynes/Kline não era engenhosamente drogado para viver com êxito em qualquer universo? É possível percebermos um segundo perigo no fato de que Jonas sacraliza a loteria cega da procriação humana enquanto Ciborgue pergunta simplesmente se não seria mais "humano" tomar o controle do seu destino tanto nesse domínio como em outros, em vez de entregar-se aos cegos poderes. O que elela quis dizer com isso? Imediatamente, elela ouve por todos os lados gritos pelo eugenismo. Enfim, àquelelas que consideram Ciborgue como uma promessa de vida prolongada, Jonas objeta que o prolongamento da vida deixará menos espaço a uma próxima geração, e que ao eliminar a morte, também eliminariam a natalidade: um prêmio que não temos a menor ideia de como avaliar. Ciborgue não é uma promessa; mas aquelelas que aguardam e esperam Ciborgue como Salvador responderam a Jonas que basta descobrir novos mundos: deixemos a Terra, desarrimemos, que Ciborgue abandone a âncora! Tal é a promessa. Como o humano supre o princípio de responsabilidade, há em Jonas a firme vontade de não atentar contra a natureza humana, de conservá-la e de prezá-la, de preservar o humano como sujeito ético livre de toda intervenção técnica para não prejudicar essa liberdade. Segundo Jonas, a tecnologia aspira a entrar no interior de um stuff virgem e natural, espaço de liberdade, e nossa obrigação ética, nossa responsabilidade para com as gerações futuras consiste simplesmente em nos proteger contra toda intrusão ou qualquer intervenção técnica sobre o stuff, ou seja, em nos manter virgens e livres. Jonas tem uma visão estreita: pretende salvaguardar um espaço selvagem que permaneça livre do império das modas, tendo como postulado que há alguma coisa a se preservar – o humano, cujo sentido se perde nas fantasmagorias do pós-humano. "Mas existe algo como um stuff natural a se preservar?", pergunta Ciborgue, desde sempre na divisão, na confusão, na desordem.

Bif: 5.12

9. SELVAGERIA, QUERIDA SELVAGERIA

> *Preservar quer assim dizer, em primeiro lugar, deixar certas margens de manobra às coisas naturais, reconhecer-lhe uma reserva de possibilidades, quer sejam aquelas conhecidas ou as somente supostas, realizadas com ou sem nosso concurso.*
>
> STÉPHANE HABER,
> *Critique de l'antinaturalisme.*

9.1. O Motivo Pastoral

Uma boa pastoral não se contenta em nos mostrar os campos: para desfrutar plenamente da vida campestre e dos amores bucólicos, ela brande a ameaça da cidade ou da passagem de um trem. Esse silvo estridente que rasga o horizonte, eis a irrupção da industrialização na utopia primitiva, o pretendido progresso em marcha, a conquista de terras virgens, o apresamento. O que é belo e trágico na pastoral, é que ela não irá durar para sempre, ela está sob a ameaça tangível do seu desaparecimento que se aproxima. Do mesmo modo que a sombria indústria é o contraponto dos verdes vales no paisagismo pastoral, a pastoral do corpo se serve de Ciborgue para melhor deleitar-se com o orgânico. Ciborgue então funciona como a última droga que se injetam organismos ávidos por banquetear-se do retrato deles mesmos no paraíso perdido. Em contraste com o espetáculo glorioso do "natural" e do íntegro, as mídias se concentram em Ciborgue prostético, em que o artifício restaura e rapara o que foi corrompido ou amputado. A intervenção técnica, representada por Ciborgue, funciona como uma peça em um dispositivo pastoral: as possíveis falhas do stuff – particularmente sua amputação – lembram a perfeição do dado, do espontâneo, do inato. As visões de próteses em membros amputados valem como um simples *memento mori*. Assim como a exibição do "monstro" tranquiliza o "normal", a exposição da prótese e da amputação conforta a sensação do "completo". Ciborgue prostético é uma peça na pastoral corporal[1].

Bif: 8.10

9.2. Nossa Necessidade de Sublime

Por que Ciborgue não é mais amável? Porque mostra a fealdade do natural por toda parte, a impossibilidade que há em conformar-se à ordem das coisas. Ciborgue é insuportável, assim como Fontenelle conduzindo os espectadores nos bastidores do grande teatro do mundo e mostrando-lhes a montagem das polias e das engrenagens, a enorme maquinaria que chamamos de Natureza! Elela é infame, como Darwin que revela, sob a face risonha da Natureza, uma superfície friável na qual enfiam mil cunhas afiadas, continuamente deformada, desfigurada, infectada por uma luta universal e cega! Tudo o que desencanta prepara o caminho para Ciborgue. Ciborgue não pestaneja.

Ora – eis aí, quem sabe, as maiores faltas e a causa de muitos males – nós não queremos triunfar, não queremos sair da caverna. Almejamos desfrutar do que chamamos de mundo, ainda que este seja apenas um concerto de ilusões; desejamos celebrar seu Criador, cantar seus louvores, viver no encantamento. Queremos acreditar em vez de compreender. Odiamos a ideia de que nisso tudo possa

9. selvageria, querida selvageria

haver uma *dea ex machina*, de que a maquinaria tenha um papel na perfeição; não queremos ver a máquina em plena luz do dia, queremos permanecer na penumbra e no sublime. Queremos ver a humanidade transfigurada; almejamos ver somente o que, ao mesmo tempo, nos rebaixa e nos eleva. Ciborgue, elela, adora o sublime apenas como um estimulante entre outros, o qual às vezes injeta em si. Como Sísifo, elela pena muito sob o peso de sua tarefa para poder realizar a sua felicidade de uma forma diferente que aquela conseguida na imaginação: o desencantamento é sua condição ordinária que elela trata com grandes goladas de óleo lubrificante[2].

Bif: 12.15

9.3. Janus Digital

Ciborgue no entanto não é insensível às surpresas. Pensaram que elela fosse apenas um programa e que a informática que constituía seu código o encerrasse no império da binaridade e do linearismo. Mas eis que a linguagem digital, que acreditavam estar presa na alternativa 0/1, entrada/saída, estímulo/resposta põe-se a multiplicar os hipertextos e as interfaces. Eis que a informática, bem longe de só oferecer alternativas restritas, se põe a abrir novos espaços. E eis novamente espaços revelados a Ciborgue, eis que sua figura se encontra investida de novas potencialidades. Ciborgue adora deixar-se surpreender e perde então sua carantonha, que não passa de uma postura[3].

Bif: 8.4

9.4. Quocientes de Artificialidade

Mutante (produto acidental e contingente da história) tem um quociente de artificialidade inferior ao de Ciborgue, ao de Clone, ao de OGM, Organismos Geneticamente Modificados, e até mesmo ao de Organorg que encarnam tentativas mais prometeicas. Enquanto Mutante é "natural", as objeções aos artifícios são numerosas: controle e submissão ligados à experiência do maquinismo, apropriação do capitalismo, manutenção, obsolescência etc.

Assim, ainda que a seleção de variedades pela horticultura clássica nunca tenha colocado o problema, OGM suscita uma forte oposição. No entanto, o trigo e o cachorro são verdadeiramente, tanto um como o outro, "nossas criações", como Buffon não hesitava em escrever.

Daí as estratégias dos defensores das biotecnologias, segundo os quais elas dão continuidade a uma história iniciada há milhares de anos com a fermentação alcoólica do suco de uva pelas leveduras. Na luta pela existência, não é bom ser artificial. Por isso Ciborgue atenua-se em Organorg e o próprio Organorg se faz passar por Mutante.

Bif: 8.8

9.5. A Felicidade das Feras

Ciborgue ama as tigresas e os rinocerontes; mas informam-lhe que a prosperidade das feras priva miseráveis camponeses de terras em favor do prazer de alguns turistas ricos. Quem é preciso salvar? "Somente fascistas defenderão os animais às custas de humanos!", exclamam os de bom coração. Porém Ciborgue pergunta: "Quando abandonarem as tigresas e todos aqueles que têm pelos e penas, Humano se verá em melhor situação? Comparemos: o dinheiro gasto para salvar os que nascem muito prematuramente, não é tanto dinheiro quanto recusamos ao miserável ou aos que tiveram a felicidade de nascer no tempo normal?" Ciborgue não pode mais olhar a tigresa sem ouvir os gritos, sem ver o rosto de outros seres que choram miséria: mas o problema não está nem na tigresa, nem nos pobres coitados que tentam caçar sem permissão oficial. Está na maneira com a qual a sociedade e a economia organizam a miséria e a exploração, o modo com o qual o político gera a penúria. Ciborgue defende a tigresa e a humanidade como duas formas de stuff que merecem consideração. Elela não é a favor da limitação dos nascimentos, mas sim a favor da proliferação do stuff. Elela busca uma organização do mundo que torne a coexistência e a felicidade possíveis.

Bif: 4.8

9.6. Bio-Luditas

Os Bio-Luditas, amigos da pureza, rejeitam Ciborgue, a quem consideram como a intrusão da tecnologia no organismo. Eles arrancam os OGM, Organismos Geneticamente Modificados, porque não querem arriscar nada, não querem comprometer nada. Eles não acreditam que mesmo eles têm alguma coisa a ver com os OGM; acham que o natural é melhor que o artificial. Eles pisariam em Brundle transformado na Mosca se o encontrassem, porque para eles o futuro depende da eliminação de toda fonte de corrupção, enquanto a personagem Ronnie, que conviveu bastante com Brundle, chora ao separar-se dele. Mas Ronnie não tem senso político. Os Bio-Luditas, eles, só pensam nisso, na política, nas garras do biopoder sobre suas vidas: talvez não pensem que as sementes que utilizam sejam "naturais", mas querem fazer de tudo a fim de não depender de ricas corporações para o seu aprovisionamento. Eles agem como se a liberdade e a pureza fossem acessíveis nesse mundo, como se sua missão sobre a Terra fosse a de preservá-las... ou de fazê-las acontecer.

Bif: 5.7

9.7. A Arte de Voar

Ciborgue choca o bom senso naturalista. Acusam Ciborgue de ofender aquilo que temos de mais caro. Mas toda invenção foi, na época em que surgiu, blasfematória. Em 1732, o abade Pluche declara que a arte de voar é impossível, pensando que Deus teria colocado, por um efeito de sua Providência, um obstáculo intransponível para que não tivéssemos acesso ao conhecimento do ato de voar. Conforme o Prior, se essa tentativa, tantas vezes reiterada, não tivera êxito, era porque a arte de voar seria o maior infortúnio que poderia chegar à humanidade. Aos ingênuos que acham que a invenção nos pouparia de tantas dificuldades, Pluche responde que as vantagens alegadas não poderiam compensar os distúrbios que surgiriam.

Felizmente, achava Pluche, "a arte de voar não é temida: ela é, por assim dizer, impossível". A própria natureza teria colocado aí um obstáculo insuperável pela extrema desproporção que há entre o peso do ar e o peso do corpo humano: a máquina côncava que seria preciso imaginar para sustentar o corpo e colocá-lo em equilíbrio com o ar seria tão desmesuradamente grande e pesada que o manuseio e o uso dela seriam totalmente impossíveis. Voar seria portanto tão radicalmente proibido quanto o movimento perpétuo. Fim do primeiro quadro.

Mas eis que depois de muitos fracassos, Organorg triunfa: acabam por inventar não o humano-pássaro, mas o avião – e nada acontece: a Terra não se pôs a tremer, o céu não ficou repleto de raios e trovões. Às vezes ocorrem acidentes horríveis, mas o acontecimento é estatisticamente insignificante. A ciência esmaga Pluche. Ela sufoca a choradeira do abade. Organorg sai triunfante. Fim do segundo quadro.

Porém Pluche não proferiu sua última palavra. Lentamente, um medo, um pânico, fende a fronte otimista de Organorg: o clima se desarranja, comentam. Os aviões, pelos gases que eles ejetam, não são para serem desprezados nesse caso. Organorg ocupa muito espaço, pesa demais, consome muito, polui em excesso e termina por perturbar os equilíbrios naturais. Isso não tem a ver só com os aviões, mas também com tudo o que consome petróleo e as usinas de carvão; tem a ver ainda com tudo o que produz gás; bezerros, vacas, porcos, humanos, frangos, cuja multiplicação transtorna os equilíbrios. Tudo isso tem um preço, tudo isso terá que ser pago. O fatalismo naturalista de Pluche não disse sua última palavra.

Ciborgue, *vox clamantis in deserto*, protesta que a história da vida é feita desses desarranjos e que sua ecologia é a ciência das perturbações[4].

Bif: 8.14

9.8. Ripley Num Jardim

No início de *Alien, o Resgate*, a tenente Ripley descansa sentada em um banco; diante dela, um caminho e um bosque. É outono, folhas voam. Todo esse cenário mostra-se como um bom sinal para retornar à Casa-Terra e ao abandono de si ao império Familiar. Mas a câmara gira: Ripley está de frente para uma tela; a natureza não passa da projeção de um filme. Retorno à Estranheza, ao Medo. Quando a floresta revela-se apenas como a ilusão de uma lanterna mágica aperfeiçoada, uma profunda melancolia face ao artificial desperta, como os amantes do belo descritos por Kant, que têm interesse imediato somente pela beleza que a natureza produziu; como em *Blade Runner*, onde as corujas são transformadas em produtos artificiais cujos olhos enormes não encerram mais nenhum mistério; como esta "fonte jorrando com a imitação de flores gigantescas", que faria Delacroix escrever: "A visão de todas essas máquinas me entristece profundamente. Não gosto dessa matéria que parece fazer tudo sozinha e abandonada a si mesma, coisas dignas de admiração." Que a vida seja mecânica em sua essência, muitos o aceitam, embora conservem um desconforto, um mal-estar diante de híbridos como OGM e Clone. O que falta obstinadamente a um rouxinol artificial para que ele nos satisfaça, fora a qualidade dos seus mecanismos?

Como explicar a nostalgia diante da perda do selvagem e do virgem, o terror, o sentimento de ter sido iludido, diante da máquina que se faz passar por vivente, diante do indivíduo coxo e desdentado que se faz passar por uma linda jovem, diante da floresta amazônica com a qual sonhamos intacta e acaba por se revelar repleta de marcas do ser humano por toda parte? Compreende-se que alguma coisa se perdeu, mas o quê? É que não há nada no mundo que não tenha vestígios de nossas patas, nada em que não tenhamos colocado as mãos, nada que não tenha recebido nossas pegadas e nossa influência – nada de sagrado, nada de virgem.

A técnica nos causa incômodo. Achamos que tudo o que tem a ver com a técnica é ruim e nunca corresponderá ao natural. A aspiração que nos faz pensar que viveríamos melhor se abandonássemos a técnica, a rejeição visceral a Ciborgue, essa maneira de considerar que a técnica não passa de um acidente do qual poderíamos nos poupar ou que se trata de uma perversão da qual é preciso se desfazer, baseiam-se em profundas correntes de frustração e repressão. A técnica não nos entrega tudo a que aspiramos. Ela permanece externa, impotente, limitada: ela não impede a morte, não substitui o que foi perdido, ou então faz isso somente de uma maneira tão grotesca que não conseguimos acreditar – como um espetáculo cômico ou pornográfico, que não tem mais efeito sobre nós porque conhecemos todos os seus truques.

Retornemos à tenente Ripley em seu banco, diante de sua floresta cinematográfica. Na realidade, não há nela nenhuma nostalgia em relação ao natural perdido. Diante da floresta mágica projetada na parede da caverna, Ripley tem consciência de que está diante de uma ilusão e nisso percebe um profundo alívio: dessa floresta, não há nada a temer; ela está livre do horror do orgânico proliferante, parasitário, invasivo e predador. Nem lobos, nem carrapatos. Finalmente, Ripley está bem confortável diante dessa floresta criada em computação gráfica. A floresta projetada é a floresta despojada de qualquer poder, não encarna mais nenhuma ameaça. Oh, a quietude de quem habita na lanterna mágica[5].

Bif: 8.7

9.9. A Necessidade de Selvageria

Como era a América na época das viagens das "descobertas"? Alguns a descrevem como o Éden, um mundo perfeito, ainda virgem. Sabe-se hoje que essa virgindade era um mito colonial: descrever terras "virgens", era o mesmo que afirmar que ninguém nunca trabalhara por ali; significava declará-las *terra nullius*, terra não pertencente a ninguém, terra livre, portanto, para novas apropriações. Porém a impressão de virgindade evocava também a ideia de "selvageria", um caráter não domesticado, anterior a qualquer trabalho de benfeitoria. Os textos de Buffon sobre a natureza americana degenerada são sintomáticos do sentimento de superioridade que o europeu experimenta em relação às civilizações ameríndias. Na América, parece que as próprias natureza e humanidade devem ser implementadas e de fato complementadas. Carentes de um trabalho suficiente, são apenas metade de si mesmas; a selvageria inspira a compaixão paternalista para com aquele ou aquilo que ainda não é o que poderia ser. Mais que um paraíso, a América parecia ser um vasto canteiro onde o Homem poderia empreender, até mesmo um canteiro que ele tinha o dever de civilizar, domesticar, colonizar. A América se impunha portanto como uma fronteira.

De certa maneira, nosso século se vê em uma situação comparável face ao stuff. O stuff não é um jardim (já policiado), mas uma "selvageria" (*wilderness*): desde o momento em que se oferece como um novo campo de operação para o exercício do poder e do comércio. Não é mais um lugar paradisíaco que se pode desfrutar em paz, é um deserto que deseja ser transformado em jardim, um pousio que talvez clame por intervenção e manipulação e com o qual deveríamos aprender a nos tornarmos mestres. A lógica da colonização bate hoje à porta do stuff selvagem; trata-se de tomar o controle das forças naturais, que são brutas e inexploradas, em benefício da obra. O stuff constitui a nova fronteira: uma nova selvageria a ser domesticada, um novo

O próprio Carlos Lineu, autor de pacientes inventários de riquezas, cuja natureza é pródiga, não hesitou em construir estufas em nome do seu mecenas, o rico banqueiro Clifford. Lineu aparece como Apolo no frontispício do seu *Hortus Cliffortianus* (1737), onde, segundo o costume romano, dá seu rosto ao corpo de um jovem, pleno de força e frescor. Encarnando o Sol, em uma das mãos segura uma tocha, e com a outra empurra para trás, com o auxílio da Lua, as nuvens que envolviam a Deusa Terra. Esta domina um leão no qual está sentada. Aos seus pés, jaz um píton morto: o mito da antiga Natureza bruta e selvagem. No primeiro plano, Organorg, sob a forma de *putto*, manipula o Ar, o Fogo e o Vidro. A Terra, ela mesma, traz em sua cabeça uma coroa de fortificações e chaves. Assim, Jeová pode ter espalhado por toda parte signos de sua liberalidade, e ainda temos, ao mesmo tempo, toda a arte das estufas e dos jardineiros, toda a ciência e a técnica de Ciborgue para cultivar algumas bananeiras nas Províncias Unidas.

9. selvageria, querida selvageria

terreno de operações para a força agressiva, estratégica e militar. Às portas do stuff, já se espreme a sombria trilogia colonial da qual zombava Rousseau: missionários, mercadores, soldados. Por toda parte, os portadores de patente entoam o hino da colônia. Seu objetivo? Domar e arregimentar a selvageria, ou aquilo e aquele que é reputado como tal. Ciborgue adoraria resistir: mas com que armas? E na qualidade de quê? Elela se encontra em seu stuff como um ocupante sem título. *Res nullius*: sem mestre, portanto, apropriável – o objeto de todas as cobiças coloniais.

Bif: 10.12

10. O STUFF QUE COMPÕE CIBORGUE

> *Vidi turbam magnam, quam dinumerare nemo poterat.*
> (Vi uma grande multidão, que ninguém podia contar.)
> Apocalipse 7, 9

10.1. Ocupante Sem Título

Ciborgue perdeu o senso da originalidade: no sentido em que elela nunca foi a origem de nada, mesmo que elela faça bastante, produza muito, efetue em elevada intensidade; e no sentido em que perdeu o senso da criação original para aquele da procriação e da recreação. Dizer que Ciborgue é stuff, é nomear uma matéria que nunca foi primeira, e fazer de Ciborgue a entidade em que se reelabora continuamente, em que se retrabalha o stuff, desde sempre em circulação, desde sempre informado por outros.

Ciborgue nunca faz nada a partir do nada, flertando sempre com a violação de direitos autorais, como Maurizio Catellan quando anexa o z de Zorro e o hibridiza à prática de incisões de Lucio Fontana a fim de criar uma ponte irônica entre a cultura de museus e as diversões televisivas[1]. Nem o Z nem a incisão pertencem a Catellan, mas sim à atrelagem dos dois, o que é bem elela.

Bif: 4.2

10.2. Quando a Festa Termina

Gomi é aquilo em cima do que o stuff vive e cresce. O *gomi* é a massa proliferante de restos e resíduos, de retalhos e tentativas fracassadas, de decepções e desperdícios: gomi é descarga, *rubbish*, *junk*. *Gomi* designa os montes de víveres de ontem ou da própria manhã, recolhidos sem terem sido consumidos: produtos mal saídos da linha de produção e já obsoletos, conjuntos consumíveis, mas relegados, composições ainda recentes e brilhantes, mas desprovidas de sentido e de vida. Como trezentos cartazes afixados sem o carimbo de visto de bom para impressão, todos ainda quentes por terem acabado de sair das prensas rotativas simplesmente para que o impressor possa testar e corrigir a cor do exemplar definitivo; como uma pilha de folhetos em papel glacê um dia depois do evento que eles anunciam; como um aparelho ultrapassado pelo lançamento de um outro de nova geração; como a situação, no dia seguinte ao *réveillon*, de confetes, serpentinas e zarabatanas de papel laminado, o *gomi* foi, por vezes, desejado durante um tempo, mas doravante perdeu todo seu atrativo. Ele jaz, em pilhas. Ele estorva. Ele polui. Nas sombras, como o fantasma do filme de João Pedro Rodrigues[2], vasculham e remexem nele, fazem montagens com ele para transformá-lo e ser assimilado, atribuindo-lhe novas funções. O *gomi* pode agora aspirar a uma segunda vida e fazer-se de novo, provisoriamente, stuff.

Bif: 11.2

10.3. Praticante de Bricolagem de Éons

O stuff de Ciborgue é transmissível. Sublinhar essa transmissão, não é somente aceitar o peso de uma herança, é registrar uma partilha e entender a profundidade de uma história que não é um destino. O stuff de Ciborgue é plástico. Brincar com essa plasticidade, não significa criticar o stuff, renunciar o stuff ou aspirar a encarnações que não são mais feitas de stuff. Ao contrário, significa regozijar-se do stuff para fazer nele advir novas possibilidades ainda não atualizadas, não imaginadas. O stuff é produto de uma longa evolução, biológica e técnica, que se concluiu durante períodos da história que são contados em éons, milhões ou bilhões de anos. Essa evolução depositou Ciborgue, que ama seu stuff, ao mesmo tempo que aspira a ver esse stuff tomar formas sempre novas e inéditas. Esse stuff que Ciborgue ama e dá formas, será que elela aceitaria renegá-lo, repudiá-lo ou declará-lo inútil? Não, elela preza cada uma de suas engrenagens, *every cog and wheel*. Visto Ciborgue achar que tudo tem sua utilidade, é adepto da bricolagem, que nunca relega coisa alguma e que sempre recombina tudo conforme os modos mais inesperados.

Bif: 3.33

10.4. Onde Ciborgue Não É Ciberpunk

Nosso coração bate sem que tomemos parte desse processo, observou Descartes. Da mesma maneira, o stuff funciona sem que Ciborgue tome parte dessa atividade de forma consciente, sem que elela possa dizer: "isso é organismo; aquilo, máquina"; "isso sou eu; aquilo, não-eu". Ciborgue não flutua em seu stuff; elela não é prisioneiro(a) de um stuff que lhe aliena e do qual gostaria de se libertar. Elela é indissociável do seu stuff. Ciborgue não quer deixar seu stuff para trás. Ser stuff (o que outros chamam de "encarnação" ou "animação") não é um acidente da história.

Bif: 3.29

10.5. Os Desprezadores do Stuff

Alien é a figura do stuff bruto que suscita repugnância e pavor. Quem nos habituou a ver nosso stuff como uma coisa abjeta, o lugar da indocilidade, da decadência, da deliquescência, da defecação e da defecção? Nietzsche sugere assim que as religiões acharam na estigmatização do sutff o meio de fazer brilhar mais forte a luz da misericórdia divina. Quão deve ser grande o Redentor que deseja muito levar isso em consideração! Como então não aspirar à pureza do aço diante do orgânico abjeto, terrível?

Ao contrário, o artefato se mostra em toda parte imperfeito, rachado, falível, rígido. Isso faz ressoar outra canção: Quão deve ser perfeito o Criador que fez máquinas orgânicas infinitamente mais perfeitas que as mais belas de nossas máquinas! Quão a natureza é bela comparada aos nossos desajeitados artifícios! Como voltar-se ao natural e não se contentar com ele?

Ciborgue não odeia, não zomba, não deplora, porém quer compreender e amar o stuff. Elela se pergunta que capacidades tem o stuff.

Bif: 3.4

10.6. Os Direitos das Máquinas

Ciborgue proclama, em alto e bom som, que as máquinas não são escravos, não mais do que somos escravizados por elas. Elas são entidades providas de emoções com as quais nos relacionamos. Como tal, elas devem ser protegidas contra os abusos e contra toda e qualquer discriminação em função do stuff que está com algum defeito. De que serve e qual o intuito de se estabelecer uma fronteira impermeável entre máquinas duras e máquinas flexíveis? Um filósofo poderia escrever:"Uma discriminação relativa à dureza ou à flexibilidade de partes de um organismo sintético me parece tão estúpida quanto a discriminação acerca da cor da pele."[3]

Bif: 7.6

10.7. Lógica de Tântalo

Uma antiga sentença de Ovídio dá a entender que tendemos a coisas proibidas e cobiçamos o que nos é interdito; por conseguinte, somos legitimamente punidos por nossos desejos indiscretos, pois sempre desejamos o interdito e a transgressão. Tal seria a mola de todas as nossas frustrações: nossa demanda seria perpetuamente insatisfeita; porque constantemente nos movemos em direção ao que não temos. E seríamos culpados de nossos infortúnios ditados pela natureza mesma de nossos desejos. Na verdade, temos fome. É próprio da fome nunca ser satisfeita, do apetite sempre ser desenganado, da saciedade ser eternamente provisória, do contentamento sempre tocar os confins da náusea. Desejamos o alimento, mas continuamente ele recua; como o algodão doce que é tão apetitoso, mas que desparece na boca. O alimento falta de tal maneira que, atormentados por essa fome inextinguível de dar nó nas tripas, *we yearn* (ansiamos) tanto a ponto de nos vermos a exigir impacientemente a ablação do estômago. "Será que não posso satisfazer minha fome esfregando a barriga assim como calo meu sexo batendo punheta?", pergunta a si mesmo Diógenes, cheio de ilusões. Mas sempre acontece de os órgãos se calarem e a masturbação acalmar? Poderia ser lindo empanturrar-me, acariciar meus órgãos, mas tudo isso seria em vão: eles nunca me deixarão em paz, pois os arrancos da fome são seguidos por náuseas da digestão; depois de beber, é preciso mijar, e ainda cagar depois de comer, e comer novamente. Poderia ser maravilhoso decepar todos os meus órgãos, um a um, mas nada os impediria de me atormentar, poderosos membros fantasmas. A ablação do stuff não resolve nada. Estamos condenados ao stuff e aos seus incessantes movimentos, de modo que o stuff sempre requer o *care*, o afago do cuidado e o curativo da solicitude – preciosos apaziguamentos, provisórios unguentos sempre a regenerar[4].

Bif: 3.17

10.8. La Paloma, Adeus!

Num dia em que ventava muito, uma pomba platônica experimentou a terrível resistência do ar. Ela desejou então um céu mais acolhedor no qual esse ar tão hostil deixasse de existir, acabando, com isso, o estorvo do seu progresso. Ciborgue às vezes ouve almas colombinas queixando-se do seu stuff e com esperanças de um mundo sem stuff onde se seria mais livre. Um mundo no qual o stuff inteiro fosse substituído pelo silício, pelo molibdênio ou sabe-se lá mais o quê? Ciborgue não arrulha com essas pombas: elela não sonha com a ablação total do stuff.

Bif: 2.10

10.9. Harmônico Metal

Ciborgue se regozija do seu stuff, mas será que não é vítima de uma ilusão? Ocorre que um ser alcança na vida um estágio que parece perfeito e autossuficiente; e no entanto, eis que este ser deixa seu lugar a uma criatura totalmente nova e infinitamente superior em faculdades e em beleza: o ovo torna-se larva ou lagarta, depois casulo ou crisálida; o axolotle torna-se salamandra. Malebranche via nessas metamorfoses um análogo da vida de Cristo: larva humana torna-se divina borboleta. Ciborgue não é estúpido de contentar-se com o que tem? Será que não deveria esperar, por sua vez, uma promessa de metamorfose? Esperar que chegue um dia em que deixará de rastejar no chão e voará em direção à luz, finalmente borboleta? Porém essa metamorfose exige sacrifícios: para passar de um estágio a outro, é preciso aceitar perder o que se possuía, é preciso aceitar que todo stuff anterior, ainda que plenamente suficiente em aparência, seja despedaçado e dilacerado para que o novo stuff, completamente inesperado, possa surgir e inebriar-se com uma liberdade inaudita. Assim, o metal se propõe como a metamorfose necessária do stuff. Mas quem se arriscará a abraçá-lo?

Bif: 9.4

10.10. Cisão

O que acontece quando uma mão é mutilada? Anakin Skywalker em sua luta contra o conde Dooku; Luke em sua luta contra Darth Vader; Vader em sua luta contra Luke. Um raio de luz desce sobre o braço, corta no nível da articulação do pulso, e o destino da pessoa encontra-se transtornado, seu caráter, metamorfoseado. Uma mão separada do corpo, assim como uma mão de pedra, só conserva o nome "mão"; pois é próprio da mão ser máquina de máquina, ou ferramenta de ferramenta, segundo palavras de Aristóteles[5].

Bif: 7.7

10.11. Lógicas da Prótese

Todos os dias passando por transformações, Ciborgue conhece florescimentos e perdas de viço, elela murcha e desabrocha, prospera e definha. Daí suas mudanças de humor e seus acessos de energia, daí seus humores contraditórios. Ciborgue deseja ao mesmo tempo sua conservação e sua deformação: elela gostaria de durar para sempre e ser outra coisa diferente do que é. Diante de suas próteses, elela se pergunta: será que elas visam completar aquilo que lhe faz falta, restituir-lhe sua forma e dignidade? Ou será então que se trata de uma superação de sua forma originária, em que se produz uma "nova geração"? A prótese é a conservação de uma norma, ou promessa de um além?[6]

Bif: 7.14

10.12. Regime Prostético Generalizado

"Quando tendes um abscesso, vós aceitais que nele façam uma incisão a fim de que saia o pus que vos infecta, vos faz sofrer e poderia vos matar. Quando um membro é corrompido, o cirurgião o amputa para evitar que a gangrena invada o corpo inteiro. E vós não aceitaríeis que lhe curem da maior das doenças, da mais ameaçadora das infecções: vosso corpo? Por qual estranha superstição pensais que vossa vida depende dele?"

"No pain, no gain" (sem dor, sem ganho), proclama o professor de ginástica ao levantar seus halteres. "Se estais prontos para sofrer, para fazer esse doloroso esforço a fim de fortalecer vosso corpo, por que não consentir um pequeno esforço complementar para vos fortalecer definitivamente? Renunciais ao tumulto incerto das carnes pelo silêncio glacial do metal."

Mas Ciborgue não aspira repousar em uma catedral, mesmo que esteja pronto para corrigir seu stuff aqui ou ali, a trocar determinada parte se necessário, mesmo que não hesite em usar lentes corretivas se enxerga mal, e até em abandonar seus velhos óculos ou suas lentes de contato se dois feixes de raio laser forem suficientes para melhorar sua vista. "E a partir daí", lhe perguntam os obsedados pela pureza, "por que não renunciais à totalidade de sua velha carne? Por que não um cristalino realmente feito de cristal, ou uma córnea que teria o brilho da opalina e a solidez do corno? Não aspirais, pois, a um stuff regenerado, restaurado, liberto do pecado? Não desejais, como o Adão pré-lapso, ter um poder suspensivo sobre os pensamentos que vêm de vossas entranhas?"

Contudo, Ciborgue é tão único e tão vários que não ouve as palavras dos Detentores da Pureza: "Como é", pergunta elela ingenuamente, "haveria partes do meu stuff que não seriam eu?"

Bif: 2.20

10.13. Que Fazer de Nosso Stuff?

Todo stuff é, informam-nos, o produto da evolução. Devemos supor que a evolução foi infinitamente sábia e previu toda e qualquer eventualidade, como um Criador onisciente e onipotente? Ou será que é preciso supor que a natureza, por toda parte, tem praticado um jogo – o "jogo dos possíveis", dizia François Jacob. Se a evolução é como um macaco datilografando em uma máquina de escrever, podemos sem dúvida produzir textos melhor formatados e mais elegantes, mais econômicos e menos saturados de erros de digitação. Se a evolução é como uma grande praticante de bricolagem, que confecciona anáguas com as cortinas das avós ou converte fins em meios, não é legítimo que, por nossa vez, continuemos sua obra executando, do mesmo modo, bricolagens? Ciborgue é um "companheiro de viagem de outras criaturas na odisseia da evolução". A categoria "criatura" não remete mais a um Criador, a um *Summus artifex*; ela coloca a totalidade do sendo[7] sob o regime geral do artefato, da bricolagem e do artesanato: as rochas, os animais, os vegetais, as ferramentas e as máquinas, todos criaturas, todos artifícios, todos em evolução, todos bricolados, todos interdependentes[8].

Bif: 11.5

10.14. No Teletransporte

Um computador consegue distinguir um ser vivo de um artefato, a matéria orgânica morta e a matéria inerte mineral, um organismo de uma coisa? Essa questão, que algumas pessoas afirmam ser impossível de resolver, Cronenberg fez dela o ponto de partida de *A Mosca*. O teletransporte teletransporta um bife em um prato sem que o computador misture suas substâncias, e não consegue, no entanto, transportar seres vivos como um humano e uma mosca sem misturá-los. Eis aí toda a problemática das pesquisas da personagem Brundle: qual a diferença entre o inerte, que é teletransportado sem problema algum, e o vivo, que é recalcitrante à teletransportação? O bife é feito de matéria orgânica e de DNA; mas não é nada mais que vianda morta. O genoma de Brundle será mesclado ao de uma mosca viva; mas será que poderia ter sido misturado ao de um bife? Talvez. Mas o bife é matéria morta, que não se replica e não se renova mais, de modo que todo erro genético aí permanece pontual, congelado, limitado, enquanto no caso do ser vivo o erro genético é amplificado e disseminado na medida em que se expande e se espalha.

O teletransporte distingue o interno do externo; sabe identificar em si sua própria matéria e o corpo estranho, o eu e o não-eu (o teletransporte não transporta a si mesmo). Brundle deve ensinar ao seu computador o que é a carne viva, pois este não sabe lidar com ela. A carne viva é, para a máquina, o opaco e o desconhecido, ela é o que é feito para ser misturado. Se o teletransporte mescla o stuff da mosca ao de Seth Brundle, talvez seja porque tenha compreendido que a essência do vivente está no entrelaçamento e na mescla de formas, e que os genes de construção, intensamente conservados da mosca ao homem, permitem novas combinações.

Brundle só consegue êxito na teletransportação de um ser vivo depois do seu reencontro com a personagem Ronnie e da experiência da copulação sexual com ela, verdadeira revelação. É necessário que Brundle tenha uma parceira orgânica para que ele seja fecundo, tanto física quanto intelectualmente. O teletransporte, quem sabe tendo compreendido muito bem a lição do seu mestre, aplica-a ao pé da letra e por sua vez pratica o "sexo": mistura todos os materiais genéticos que entram nele. Em contraste, a ausência total de cruzamento possível entre o inerte e o vivo constitui todo o problema da natureza de Ciborgue; elela é um produto sem descendência possível. Pelo motivo de o vivo reproduzir o vivo e abandonar o inerte como rebotalho, o componente mecânico de Ciborgue parece intransmissível: uma dimensão sem futuro, no máximo sujeito à obsolescência. O que aconteceria a Ciborgue uma vez que fosse submetido ao teletransporte? Por mais indissolúvel que Ciborgue seja, o teletransporte, como a Morte, saberia fazer uma triagem nesse stuff tão bem unificado e portador de tantas tensões contraditórias?

Bif: 7.5

11. FILOSOFIA BIOLÓGICA

> *There are many kinds of stuff*
> (Há muitos tipos de stuff).
>
> JOHN DUPRÉ,
> *Human Nature and the Limits of Science.*

11.1. Quiz Identitário

Visualiza-se muito bem o organismo: o corpo do sapo dissecado ou do humano representado sem pele em bonecos de estudos de medicina e anatomia; ou ainda o corpo de um verme, de um rato, de uma ostra, de uma formiga. O organismo é esse agenciamento de partes que a anatomia se esforça para demonstrar. Visualiza-se bem a máquina: o relógio de pêndulo cujos ponteiros marcam as horas e os minutos; o computador que registra e calcula os dados; os amoladores, as fresadoras, as máquinas-ferramentas. A máquina é esse agenciamento de peças que o mecânico é hábil em montar fazendo conexões e encaixes. Abra o primeiro e você terá: órgãos, nervos, pulmões, estômago, intestinos etc. Mesmo o Alien não foge disso. Abra a segunda e você terá: circuitos, toda uma arquitetura onde é possível enumerar bombas, peneiras, engrenagens, parafusos, chip, baterias. Mesmo o inflexível androide com o rosto de Yul Brynner não escapa disso.

Entre a máquina e o organismo, os critérios de distinção se multiplicam continuamente. Assim, lê-se em Leibniz que o dente de uma roda dentada de latão não tem mais nada de máquina, enquanto os corpos vivos ainda são "máquinas em suas menores partes até o infinito". Mas que dizer disso em relação a outros dispositivos, menos fáceis de se decompor a fim de demonstrar cada uma de suas partes? O organismo pode se pintar de máquina? Existe, entre a máquina e o organismo, um meio-termo? Uma voz se ergue: "Sou diabético e vivo o tempo todo conectado a uma bomba de insulina." Uma outra: "Sofro de insuficiência cardíaca e, a cada quatro anos, passo por uma mesa de cirurgia para que cirurgiões troquem um estimulador cardíaco aninhado em minha caixa torácica." Uma outra mais: "Fiquei desfigurado em um acidente e me enxertaram um outro rosto tomado de outro lugar." Quem sou eu? O que sou eu? Se injetam em meu corpo nano-máquinas suscetíveis de reparar meus vasos sanguíneos, será que sou ainda um organismo ou já me tornei máquina? Será que sou o mesmo ou outro? Ou então não mudou nada: eu sou, eu fui, eu serei *um e outro*.

O que dizer do indivíduo que sofre de cálculo renal? Que dizer da fábrica que funciona graças às suas engrenagens de aço e à carne dos seus operários? Que pensar da fazenda moderna onde o ser vivo é produzido e depois despedaçado e acondicionado? Que dizer do planeta Terra, com seus ecossistemas e satélites, sua mescla de orgânico e inerte, de vida e morte, onde tudo e todos interagem e interdependem? E do cupim que abriga *Mixotricha paradoxa* em suas entranhas? Que dizer de todas as simbioses orgânicas: Buchnera nas asas dos pulgões, Wolbachia em quase todos os insetos? Que pensar de todas as gotas de água que se revelam lagos, mares onde, por sua vez, pululam existências insuspeitas? E quanto à pupa de larvas que contém povos inteiros de cianobactérias? O que dizer da existência humana individual se ela

11. filosofia biológica

fervilha de células que não são "ela", se está infestada de bactérias abrigadas pelos seus intestinos e sem as quais não poderia funcionar, e se essas mesmas bactérias precisam do seu hospedeiro para existir? Não é apenas a consciência que se encontra obscurecida pela zona sombria de tudo o que ela ignora; é a própria noção do que é um stuff organizado e autônomo que por um momento se encontra perdida[1].

Bif: 10.3

11.2. Colusões

Entre as operações de Ciborgue, existe o trabalho de colisão e engavetamento entre os dois polos de cada par; há também a redefinição de mundos mais amplos, de coletivos englobantes. No horizonte, existe não somente a reorganização dos conceitos de máquina e de organismo e a renegociação de suas fronteiras, mas se vê também evolvida a reflexão sobre o "eu" (o "nós") e a definição de individualidade. Ciborgue biólogo efetua a análise de simbioses e de fenômenos que derrubam o muro eu/não-eu. Elela analisa a célula perturbando a oposição núcleo/citoplasma, visível/invisível, como um lugar onde vem se esconder a oposição pai/mãe. Elela nota que o citoplasma não é invisível em si, mas que foi invisibilizado[2].

Bif: 3.15

11.3. Afinidades

Ciborgue pratica a biologia ou a química de capturas e de libertações. Elela experimenta a cada instante o que significa "separação" e, ao mesmo tempo que o seu ser opera a reunião de contrários, Ciborgue se glorifica do título de "Separador" (*Scheidekünstler*) com o qual se adornavam os antigos Químicos. Elela jamais se esquece desse título que a Charlotte de Goethe chamava de "triste palavra" embora elela não carregue tristeza, tendo a consciência de que "as junções (*Verwandtschaften*) só se tornam interessantes quando operam separações". Todos esses movimentos, todos esses fluxos, todas essas tensões, eis o que forma a ecologia de Ciborgue. Por isso viver, para elela, é instalar-se na polaridade e na dualidade. Sua vida é, conforme Coleridge, redutível "à cópula, ou à unidade da tese ou da antítese, da posição e da contraposição", sem que isso jamais implique em qualquer "substituição" (*Aufhebung*). A vida de Ciborgue é o "positivo de ambos" (*the positive of both*)[3].

Bif: 3.2

11.4. Viver

Viver é poluir; viver é liberar. O organismo habita, isto é, extrai e compõe. A atmosfera, a esfera de respiração de Ciborgue, é resultado da poluição do ar pela vida. O que uns rejeitam, outros se servem do que foi rejeitado, e outros morrem por causa disso, mesmo se o que é feito por um nunca será feito pela felicidade ou infortúnio do outro. Viver é ainda absorver e fixar; viver é também capturar. Monádico, Ciborgue é uma perspectiva cambiante que recobre, envolve multiplicidades nas quais cada termo mantém sua existência própria. Apetite e desejo caracterizam Ciborgue e fazem de suas relações um empreendimento de posse. Ciborgue realiza a química das armadilhas, observa as moléculas que capturam outras, procedendo como as práticas que contam terem sido realizadas por Spinoza, que observava as lutas entre aranhas. Ciborgue efetua a ecologia das perturbações. Ciborgue está preso entre dois quadros. Por um lado, sabe que a domesticação de alguns não ocorre sem a arte da cinegética de alguns outros: enquanto uns se deixam domesticar, outros são presos em caçada. Por outro lado, Ciborgue ensina que capturar é fazer sociedade; elela ensina, com

Gabriel Tarde, que "qualquer coisa é uma sociedade, todo fenômeno é um fato social", que a sociedade é "a posse recíproca, sob formas extremamente variadas, de todos por cada um", que "a ação possessiva de mônada a mônada, de elemento a elemento, é a única relação verdadeiramente fecunda". Ciborgue observa as simbioses e o parasitismo, elela se deleita com as alianças provisórias ou definitivas, como Didier Debaise descreve das mônadas que "se entrelimitam" e "se entrecapturam"[4].

Bif: 5.2

11.5. Dos Achados Oportunos

Quando uma teóloga encontra um relógio no chão, comumente ela pergunta: "Quem fabricou isso?" E tenta nos jogar contra a parede: "Admitis que existe uma Engenheira na origem da mecânica." Do mesmo modo, a teóloga nos mostra uma pegada ou uma figura geométrica na areia, e pergunta: "Quem fez isso?" Se um hexágono é traçado na areia, conclui-se, sem dúvida, ser obra de alguma inteligência. Isso admitido, a teóloga nos conduz face a um alvéolo em uma colmeia de abelhas: "E quem fez isso?" Dos hexágonos geométricos àqueles da colmeia, passamos insensivelmente de artefatos a criaturas naturais e, daí, do artesão humano ao *Summus Artifex* divino. A natureza é portanto um artefato divino. Assim funciona a prova dita "físico-teológica" da existência de Deus: Hume a contestou com estardalhaço, Kant acreditou refutá-la, mas William Paley ressuscitou-a e ela persiste, bem viva, sob diversas formas. Causa-nos admiração a ínfima probabilidade de que a vida aparecesse na terra e diversas circunstâncias como a estrutura do olho ou a pena da asa dos pássaros. Toda vez esses "achados" são julgados inexplicáveis pelo Acaso e são portanto atribuídos aos atos de uma Inteligência.

Entretanto, Ciborgue se lança em uma busca. Acha um relógio no chão e regozija-se com isso. Todavia, não quer saber quem o fez: elela o experimenta e logo se apercebe de todos os defeitos que impedem que esse relógio lhe seja útil de fato. Bem rápido, como elela não se satisfaz por completo em apenas localizar os defeitos, elela o desmonta e torna a montá-lo submetendo-o a uma bricolagem: "Há um jeito melhor de ajustar o pulso, e talvez adicionar um ponteiro de segundos ou um mostrador que informe também a data e a hora." Ciborgue nunca se contenta com o que o acaso lhe traz. Elela crê, com a mesma firmeza do aço, que sempre é possível melhorar as coisas e não tem nenhuma consideração por qualquer Inteligência a quem deve o relógio. Em vez de dirigir-se aos serviços de pós-venda para reclamar da imperfeição do relógio, Ciborgue toma iniciativa de desmontar o objeto e fazê-lo passar por uma bricolagem de modo que o relógio ganhe melhores configurações e seja mais eficaz para o seu uso.

Bif: 10.8

11.6. A Orelha Decepada

Ciborgue encontra uma orelha no chão. A configuração da coisa é complexa: será que Ciborgue irá perguntar-se quem é o autor disso? Por experiência, Ciborgue sabe que ela está separada de um todo, ao qual ela pertence: elela se pergunta imediatamente a quem falta a orelha e a quem deve restituí-la, que fazer, que dizer disso, como e quando ela foi cortada, se seu proprietário está morto ou vivo, se é possível encontrá-lo para devolvê-la e tornar a pregá-la, se necessário. Elela não sente nem admiração nem maravilhamento, não pensa em um eventual autor de todas as coisas, porém uma inquietude habita Ciborgue, uma intensa curiosidade tingida de medo. Elela se sente como se estivesse diante do "mistério dos mistérios", mergulhando em um mundo desconhecido onde ela tem muito a aprender acerca delela mesmo(a) e sobre os outros. Quando Ciborgue acha uma orelha no chão, sente-se responsável: com o dever de responder sem que ninguém tenha lhe colocado uma questão; mas sua investigação é conduzida em território mundano[5].

Bif: 1.4

11.7. Dos Achados Inoportunos

Se Ciborgue encontra um cocô de cachorro na calçada, amaldiçoa a vizinhança e as falhas do serviço de limpeza de vias públicas. Que dizem as teólogas?[6]

Bif: 10.5

11.8. O Que É um Órgão?

Um órgão é um arranjo de stuff isolado cumprindo uma certa função no seio de uma totalidade chamada "organismo". O órgão é um centro de produção, um operador eficaz. O organismo, como totalidade dos órgãos operantes, pode ser analisado seguindo o conceito de finalidade (design, *purpose*); cada órgão cumprindo a sua finalidade, o objetivo superior do organismo (sua preservação ou continuação) está garantido. É possível que o órgão seja prolongado por diferentes ferramentas. A ferramenta oferece aos gestos uma eficácia que o órgão sozinho nem sempre permite. A ferramenta está a serviço do organismo, sustenta sua dinâmica, está sempre à disposição, situa-se na exterioridade em relação ao organismo, com vistas a satisfazer as necessidades e desejos do organismo, facilitando a transformação. Um organismo é capaz de recrutar um outro organismo como ferramenta: trata-se da lógica da parasitagem. Se o recrutamento é mútuo, fala-se de simbiose.

Entretanto, a simbiose esvazia o conceito de organismo de sua pertinência: em uma simbiose, cada contratante persegue a sua própria finalidade e pode igualmente ser considerado órgão do outro, mesmo se a função que um cumpre pelo outro lhe permaneça externa. Pouco importa à bactéria de minha flora intestinal que "eu" (que eu?) digira de modo apropriado: a bactéria bacteriza, isto é, segue seu caminho, e tanto melhor se o seu trabalho facilita em "mim" (que mim?) a assimilação e a nutrição. A bactéria portanto não é *feita para* minha digestão; mas acontece que, sem ela, eu não conseguiria digerir.

A simbiose é o modo de existência de Ciborgue: nela, a relação de exterioridade se vê comprometida, a ferramenta não é mais levada nas mãos, ela faz stuff com o organismo. Isso equivale a dizer que, em Ciborgue, a ferramenta tornou-se órgão e que o conceito de um organismo comandando e hierarquizando as funções próprias de cada departamento perdeu sua pertinência. O mundo inteiro tornou-se uma coleção de instrumentos ou de ferramentas, de órgãos ou de organismos, que Ciborgue pode pegar ou deixar de lado segundo as necessidades, urgências ou circunstâncias.

Bif: 2.7

11.9. Geometrias

Se o mundo fosse um plano, então uma esfera que o atravessasse pareceria primeiro um ponto, o qual tornar-se-ia um círculo que iria se alargando até atingir seu maior diâmetro, depois diminuiria progressiva e constantemente até não ser mais que um ponto que então desapareceria: tal é a alegoria geométrica desenvolvida em *Flatland*. Por trás dela, não enxergamos a carreira de um organismo? Uma forma aparece como um ponto sensível, se expande e depois se estreita antes de desfazer-se para sempre. O desenvolvimento da matéria, por exemplo, atravessada pelo desenvolvimento do tempo. Contudo essa visão omite muitas coisas; ela é cega às metamorfoses que ocorrem aos círculos no curso dos seus crescimentos e encolhimentos sucessivos. Ela passa por cima dos esmaecimentos, das rugas, do crescimento de pelos e da queda de cabelos, das descamações e dos eritemas, da falta de ar, da tosse que se instala, dos mucos e das poluções noturnas – todas as catástrofes que afetam a esfera desde o seu coração até sua epiderme, a tragédia da célula impelida ao suicídio. Há entre um organismo e a alegoria que figura seu curso pela intersecção de um círculo e de um plano a mesma lacuna, a mesma inadequação que entre a evolução das espécies vivas – que produz a barbatana dos cetáceos, a asa dos morcegos, o câncer, a Aids ou as plantas dioicas – e a teoria das cônicas que engendra o círculo, a elipse, a hipérbole e a parábola por variação da intersecção de um cone e de um plano.

A imagem de um mundo plano onde tudo ganha sentido a partir de uma perspectiva sobrelevante é, no entanto, eficaz: ela nos diz que muitos dos fenômenos incompreensíveis enquanto se está no plano seriam esclarecidos se se fosse possível sair do plano, da mesma maneira que o debate sobre a forma da Terra se esclarece a partir da Lua. "Dê-me um ponto de vista", implora Ciborgue como Arquimedes suplicava que lhe concedessem um ponto de alavancagem. Mas elela está desesperada e irrevogavelmente sem sobrelevação, está no plano; e elela precisa, para sua cartografia, prosseguir tateando[7].

Bif: 12.13

PÁGINA SEGUINTE: Variações sobre Adão e Eva: ao casal clássico e "caucasiano" apresentado por Abel Ledoux – Adão ereto e musculoso, Eva em carnes flácidas, lânguida e submissa, ambos unidos por uma relação de proteção mútua marcada pela posição das mãos –, Auguste Debay contrapõe o quadro de um par desconjuntado: monstro/mulher negra. Tudo é deslocado e desarranjado no quadro desse novo casal, a começar pela cor de sua pele. Homem e mulher invertem suas posições. Ele, sentado, tem os órgãos multiplicados e deslocados; ela, de pé, expõe seus órgãos superdimensionados.

Gravura de Victor Adam para a edição A. Ledoux das *Obras Completas* de Buffon, 1845.

Prancha da *Histoire naturelle de l'homme et de la femme*, de Auguste Debay, 1862.

11.10. Destino do Monstro

Mude os órgãos e você mudará o destino, tal é a promessa de Ciborgue. Darwin chamava isso de "linhas de vida" que os organismos abriam e às quais se conformavam. Um dia, cangurus com pernas um pouco mais aderentes ou um pouco maiores tornaram-se arborícolas, seja qual for o tempo requerido para terem chegado a isso e os numerosos fracassos. Foi para comunicar isso que Bronn, o primeiro tradutor alemão de Darwin, propôs traduzir *natural selection* por "escolhas do modo de vida" (*Wahl der Lebensweise*).

Mas para que a promessa de Ciborgue se transforme em programa, ainda seria preciso saber quais variações são úteis. Ciborgue deveria ter mais órgãos? Ou seu segredo é ter menos? Ou os mesmos porém feitos de outra forma, de outra maneira? Que são esses outros órgãos que nos prometem um destino encantado?

Refletindo a respeito dos destinos evolutivos, Émile Guyénot fazia da história natural o grande inventário de anomalias bem-sucedidas, de singularidades tornadas gerais: as baleias e os sirênios, assim como o dugongo, eram descritos como ectópicos biabdominais (sofrendo de ausência ou de desenvolvimento imperfeito de membros); as toupeiras, como animais com membros anteriores acondroplásicos (reduzidos); os pássaros e as tartarugas, como anodontes (privados de dentes). Guyénot transforma a sistemática em teratologia. Ele adota como princípio a "origem teratológica de espécies animais", concebendo o organismo sem obsessão da adaptação. Para Guyénot, "a natureza animal apresenta quantidade de variações privadas de utilidade e de significação funcional. Os organismos vivem, bem ou mal, apesar de suas características em vez de graças a elas". É por isso que ninguém é monstruoso tomado em si mesmo. A lógica da mutação especial abre as promessas da evolução geral do stuff. E Haldane, aplicando essa ideia à exploração do espaço, sugeriu que, na presença de elevados campos gravitacionais, como é o caso em Júpiter, a vantagem iria, em vez de para o bípede padrão, para o acondroplásico de pernas curtas, e até mesmo para os quadrúpedes![8]

Bif: 8.9

11.11. Addendum a H.G. Wells

Mude o meio e mudareis o órgão. Há dois modos de interpretar a adaptação: é possível ressaltar o refinamento de uma estrutura e sua eficácia com vistas a realizar uma dada operação em um dado meio ambiente, ou pôr em evidência a limitação implícita dessa correspondência. Os Selenitas de H.G. Wells, produzidos em um pequeno rochedo sem gravidade, são extremamente frágeis e frívolos. Sob os golpes de Bedford, o Terráqueo, os Selenitas se arrebentam como ovos. Na Lua, fora do seu hábitat natural, Bedford torna-se um herói colonial: sozinho, enfrenta povos que se desmoronam como castelos de cartas diante da força do Homem.

Outro quadro em *Marte Vermelho*: Kim Stanley Robinson mostra que os colonos devem, para sobreviver, levar consigo não só cilindros de oxigênio, mas também "caminhantes" – tipos de casacos de malha elástica que se comportam em Marte como uma vestimenta normal na superfície da Terra, com a diferença de que protegem a pele do risco de dilatação inerente à atmosfera tênue do planeta vermelho. Uma maneira de dizer que nossos organismos funcionam em um dado meio em determinadas condições.

Mude as condições e mudareis o estado: sob uma pressão diferente ou na ausência de atmosfera, serão precisos artifícios técnicos, atalhos evolutivos para sobreviver. Do ar para respirar, evidente; mas a pele, em si mesma não é uma qualidade neutra: é uma ferramenta apropriada a um determinado mundo, e eficaz somente sob certas condições. Na Lua, fora do seu habitat natural, Bedford, se descobrisse um meio de não sufocar, dificilmente teria a liberdade de experimentar a maravilha de sua potência muscular: ele se dilataria como o sapo de La Fontaine e terminaria por explodir. Seria vencido pela gravidade, como os Marcianos foram vencidos pelas bactérias em *A Guerra dos Mundos*.

Até que ponto levar adiante essa adaptação do organismo ao seu meio ambiente? Ciborgue é o meio inventado por Clynes e Kline para que, as condições fisiológicas e epidérmicas sendo mantidas, tudo corra bem? Será que significa que elela precisa encontrar "caminhantes" para os pensamentos e emoções? Será que Ciborgue conseguiria viver em um mundo onde os dias não perfazem vinte e quatro horas? Elela conseguiria trabalhar de noite? O envelhecimento não agiria, da mesma forma que em uma viagem para Marte, como uma mudança de meio ao longo da qual a identidade é constantemente renegociada?

Bif: 9.7

11.12. Atalhos e Desvios

"I could never eat a bug" (eu nunca conseguiria comer um inseto), diz tia Barbara diante do espetáculo de um adorável pintarroxo engolindo um inseto ou uma larva (*Veludo Azul*). Mas talvez ela comeria o pintarroxo, preparado corretamente, ou, se este for muito pequeno, faria uma bela refeição com uma grande porção de outros voláteis comedores de larvas e insetos. Outros, ao contrário, nunca cometeriam um atentado contra a vida de um pássaro, porém, quem sabe, jantariam uma minhoca, um gafanhoto, uma ostra ou sementes em germinação. Em todo caso, é preciso comer bem: o stuff absorve o stuff.

Ciborgue explora os organismos, elela os desvia à maneira de integradores de moléculas, atalhos eficazes para efetuar operações. O que é um vegetal senão um stuff integrador seletivo de elementos, administrando ácidos e bases de tal maneira que pereiras não venham a produzir maçãs? O abade Pluche louvava a Providência por ter-nos dado o porco – um dispositivo "destinad[o] a converter prontamente os mais vis alimentos em uma prodigiosa massa de gordura e carne de uma semelhante utilidade" – e a galinha que todo dia opera a transmutação dos "restos de sua cozinha e do seu celeiro em uma substância tão delicada quanto nutritiva". Buffon, no entanto, alertava: a Providência não fez nada; tudo o que é doméstico – porco, trigo ou cão – é "nossa criação". Em toda parte, Ciborgue reconhece suas crias. Do mesmo modo, a seleção, essa "varinha mágica" dos *breeders* (criadores), permitiu a produção desses formidáveis convertedores de substância que são as raças do cultivo e da pecuária. Foi isso que Darwin compreendeu muito bem depois de ter meditado [sobre as experiências de] Bakewell, Youatt e Sebright[9]: os organismos domésticos são Ciborgue, criaturas nas quais natureza e artifício são indissociáveis, sistemas de produção e de conversão do stuff. Ciborgue e Darwin não se enganam com a eficácia do organismo: se um resultado é atingido, isso só ocorre com o preço de milhões de tentativas e erros, às custas de uma vigilância implacável. Um lindo rebanho de ovelhas brancas e uniformes não tem nada de natural: deixem-nas reproduzir-se livremente, e tudo estará perdido – a cor e suavidade de sua lã, com certeza sua uniformidade, sua forma e mesmo sua característica. Suprima a implacável seleção e restará apenas o império da variação e suas produções imperfeitas e monstruosas. Deixem-nas sobretudo reproduzir livremente, e a proliferação em breve será tal que as ovelhas não terão recursos e tornarão o terreno fértil para a predação de múltiplas entidades infecciosas. "I could never eat a bug", dizia tia Barbara. Mas os *bugs* (insetos, larvas etc.) não hesitarão em fazer dela um petisco. A seleção natural, que visa sempre economizar as partes do organismo, usou a divisão do trabalho e multiplicou os desvios, ou seja, também os atalhos. Nenhuma espécie foi criada para o bem de uma outra, contudo regularmente todas têm tirado proveito umas das outras. Simbiose e parasitismo se utilizam de atalhos: essas são as lógicas do órgão transmitido. A predação não passa de um caso particular de parasitismo. Uma vespa que utiliza a lagarta de uma outra espécie como incubadora dos seus ovos, as larvas eclodidas que devoram a lagarta e levam-na para onde guardam a comida servem-se de um "órgão externo" como desvio? Cada organismo é para os outros como um relógio encontrado no chão: não se importam muito em saber quem o produziu; basta apoderar-se dele e dele se servir. Eis talvez algo para em parte acalmar as angústias de Emílio e de Cândido. Ou para convertê-los ao vegetarianismo, que é apenas outra maneira de delimitar o coletivo da exploração tolerável: sim aos atalhos vegetais, não aos atalhos animais. E se a angústia nem sempre é acalmada, então não resta outra coisa a não ser a recusa de comer e, no fim, o suicídio.

Bif: 4.9

12. O MÁGICO DE DOIS

> *Casal, adeus; vou ver
> a sombra em que te tornaste.*
>
> MALLARMÉ,
> "A Tarde de um Fauno".
>
> *Tu o Bem, eu o Mal, é possível?*
>
> VICTOR HUGO,
> La Fin de Satan, *La Légende des siècles.*

12.1. Percurso Iniciático

Como Dorothy na estrada de tijolos amarelos, Ciborgue encontrou muitos amigos em seu caminho – uma estranha galáxia de criaturas, todas claudicantes, todas em estado de penúria, cheias de esperança de um mundo melhor. Mas Ciborgue ainda traz consigo, indeléveis, os estigmas de uma dicotomia: cibernético/organismo. Toda sua investigação o leva a interrogar o gesto que fende em dois. Por que sempre dois? E como os dois, uma vez separados, se agenciam? Tal é o caminho que Ciborgue ainda deve percorrer se quer chegar a se conhecer.

Bif: 2.2

12.2. Filosofia da Barra (/)

Olhando para o chão, Ciborgue se surpreende: sua estrada é pavimentada por tijolos cortados em dois como dominós. Em cada uma das peças, está registrado um par. Ciborgue se empenha em lê-los e inicia uma extensa litania: noite/dia, mesmo/outro, cultura/natureza, natureza/artifício, macho/fêmea, ação/paixão, forma/matéria, profundidade/superfície, terra/céu, alma/corpo, Tarzan/Jane, razão/sensibilidade, humano/animal, Apolo/Dioniso, cidade/campo, continente/ilha, eternidade/tempo, substância/predicado, fenômeno/númeno, branco/negro, dentro/fora, real/pensamento, sim/não, concreto/abstrato, selvagem/doméstico, núcleo/citoplasma, positivo/negativo, ser/nada, guerra/paz, *top/bottom* (superior/inferior), verdadeiro/falso, genótipo/fenótipo, Platão/Aristóteles, Paris/província, Paris/arrabalde, metrópole/colônia, hétero/homo, imanência/transcendência, fatos/valores, papai/mamãe, *fort/da*, Antigo Testamento/Novo Testamento, primitivismo/orientalismo, rap/reggae, analógico/digital...

O que são esses pares?, pergunta Ciborgue. Que representam para a filosofia? Trata-se de um traço universal do pensamento humano, o mais fundamental, que nos incita a pensar por pares de contrários? Trata-se de abstrações que vêm sobrepor-se ao concreto? É bem mais elegante dizer que trata-se de formas ou de ideias que a filosofia faz emergir da floresta de fatos, ou ainda que se trata de categorias: seria preciso também especificar categorias do ser/do pensamento; categorias do sujeito/do objeto; ou categorias "constitutivas", isto é, ponto de encontro de duas séries (condições/condicionados).

Os pares agem como se estabelecessem naturezas ou essências, ao passo que indicam apenas relações. Assim, grande/pequeno, forte/fraco, móvel/imóvel não são predicados da coisa em si: mude a referência e os predicados podem mudar ou se inverter. Da mesma forma, verdade deste lado, mentira do outro lado. Certos termos só se opõe ou são estabelecidos por sua relação mútua: remova "aqui" e não há mais "ali", remova "Rei" e não há mais "Súdito". Outros pares são estruturados por uma referência a um terceiro termo que não aparece explicitamente no par: assim, "papai/mamãe" tem sentido apenas para compreender "eu" e formar um triângulo (edipiano). Suprima "eu" e não há mais nem "papai" nem "mamãe".

Difícil perturbar os pares, imagina Ciborgue, pois parece impossível escapar deles: para questioná-los, mobiliza-se outros pares (fundamento/superfície, concreto/abstrato). Esses pares são antigas maneiras de nos contar uma história a propósito de nós mesmos e do mundo. Nós os repetimos tanto que se tornaram reflexos, automáticos, instintivos: características adquiridas tornadas hereditárias. Dizer que se tratam de "categorias", "formas", "ideias", não permite dar conta da binaridade ou do acoplamento de categorias, nem do fato de que os pares poderiam estar dispostos em um quadro de duas colunas onde eles ficariam totalmente assentados sobre *A Diferença*, aquela que resume e subsume todas as diferenças, isto é, a diferença de sexos.

Seria bonito dizer que estamos lidando aqui com a dialética, onde o dois joga o tempo todo com o um e o três; ou que os pares são testemunhas da existência de uma polaridade que estrutura o campo do real e do pensamento, sem a qual nada teria sentido e tudo desembocaria na loucura; ou então que os pares, trabalhados pela potência da contradição, são o motor dinâmico da realidade. Ciborgue não tenciona suprimir os pares: elela simplesmente alerta contra o essencialismo rasteiro conduzido pelas dicotomias, questiona a razão do dois sob o qual elela faz ouvir o rumor de diferenças múltiplas. Talvez Ciborgue tenha então necessidade do dois para existir: mas elela se diverte com a barra que suprime de bom grado ou converte em hífen, que elela subverte e perverte de todas as maneiras possíveis[1].

Bif: 3.13

12.3. A/simetrias

"De onde vem o dois?", pergunta Ciborgue. "O corpo inteiro é trabalhado por um princípio de simetria", respondem os Amigos do Dual: desse modo, esquerda/direita seria a origem de todos os pares. A dicotomia nasceria da bilateralidade. Platão observa: nos dividamos por dois, como há o membro direito e o membro esquerdo, e nos deixemos guiar por essa duplicidade orgânica. Aristóteles constata: "O homem tem partes superiores e inferiores, anteriores e posteriores, esquerdas e direitas"; ora, só estas últimas dão impressão de simetria. Por que então, prossegue Ciborgue, conceder esse privilégio a esquerda/direita? E sobretudo, por que logo depois escreveu o próprio Aristóteles: "As direitas e esquerdas são quase semelhantes em suas partes e idênticas em todas as coisas", e acrescenta: "salvo que as esquerdas são mais frágeis que as direitas."? Ciborgue grunhe: Aristóteles revela que a simetria é fantoche, que há sempre um lado maior ou menor que o outro. Os Amigos do Dual ficam embaraçados. Mas por que diabo taxar a esquerda de imbecilidade? Por que um dos lados sempre é proscrito, maldito, condenado ao opróbrio? Se em tudo isso trata-se apenas de supor uma simetria do corpo, por que introduzir a assimetria apenas para degradá-la, desvalorizá-la? Ciborgue vai embora irritado. A pretendida simetria do corpo não explica nada. No entanto, não deixa de ser terrivelmente contagiante. Contágio ou transbordamento, quando Lord Veralum[2], tendo dado *duas mãos* à natureza para que ela operasse, atraiu e provocou nelas o *quente* e o *frio*; contágio ainda quando Newton, para concluir seu *Tratado de Óptica*, traça um paralelo entre a uniformidade dos movimentos do sistema planetário – uniformidade esta tão maravilhosa que necessariamente mostra-se como o que ele chama de "efeito da Escolha" – e "a uniformidade que aparece no corpo dos animais: pois, em geral, os animais têm os dois lados, um direito e outro esquerdo, formados da mesma maneira"[3].

Bif: 3.14

12.4. Adorável Coincidência?

"Mas então, de onde vem o dois?", pergunta-se Ciborgue. "A polaridade de sexos, eis a chave", prosseguem os Amigos do Dual, nunca desprovidos de recursos. E convidam Ciborgue a meditar sobre as palavras de *Together We're Strong* (Juntos Somos Fortes), fábula pop sobre os contrários cuja articulação gera força, sobre o contágio pelo qual os pares se redobram e se miram em um jogo complexo de retomadas e de contrapontos; Dezembro/Maio, Terra/Mar, Noite/Dia, França/América, Homem/Mulher, Grande/Pequeno. Em seguida eles lhe fazem ouvir "Ne me quitte pas" (Não me Deixe): "Para que o céu flameje, o vermelho e o preto não se casam?" Toda a metafísica dos pares está aí encapsulada, dizem eles.

Mas eis que, enquanto todas as diferenças são assentadas sobre a Diferença de sexos, opera-se um trabalho de "arrogância": um dos dois termos se arroga um privilégio do qual o outro é despojado. Assim, o polo feminino é assentado em um determinado espaço (a passividade) e é excluído da outra posição (a atividade). Se toda dicotomia se assenta *in fine* sobre a diferença de sexos, ela narra a história da perpétua luta e de reconciliações periódicas entre o Masculino e o Feminino; e essa história, ela mesma, pode servir de chave universal para muitas histórias. Autorizando-se o contágio de pares (conforme o qual as diferenças de sexos amplificam-se em numerosas dicotomias), tentam os projetos mais loucos: dessa forma, Nietzsche se propõe a reescrever toda a história da arte sob a feição do apolíneo e do dionisíaco[4].

Bif: 5.3

12.5. Como uma Irmã Desgarrada na República dos Irmãos

Em seu caminho, Primeiro Ciborgue ouve o antigo e perspicaz protesto de Olympe de Gouges: "As mães, as filhas, as irmãs, representantes da nação, pedem para serem constituídas em assembleia nacional." Homem (*Man*) é o nome que o macho humano dá a si próprio a fim de arrogar-se a totalidade da espécie e da razão, para identificar-se o corpo político e a República. Mas Homem, ao proclamar seus direitos, não faz nada além do que excluir Mulher reduzida ao silêncio: por aí, igualmente ele remete Animal à instrumentalidade. Desse modo, Mulher se encontra presa entre Homem e Animal, necessariamente indócil e renitente a qualquer qualificação, sempre em excesso, mais corporal e mais animal que Ele – admitida na comunidade humana somente por extensão[5]?

Bif: 3.9

12.6. O Grito de Donnie

Percorrendo o caminho, Ciborgue encontra um adolescente chamado Donald Darko. Miss Farmer (apresentada como uma bruxa má de acordo com os códigos em vigor nos contos) pediu-lhe para classificar situações conforme a "linha da vida", um eixo que vai do Medo ao Amor, que ela considera ser as "mais profundas emoções humanas". Não somente Donnie se recusa a acomodar tudo em duas caixas mas, mais ainda, ao constatar que a linha da vida, sendo contínua e oferecendo todas as gradações entre os dois polos extremos, ele acrescenta que as emoções não se reduzem a essa única linha, que elas formam todo um espectro ou uma rede. "Você não pode amalgamar tudo em duas categorias e apenas negar o resto! A vida não é tão simples!" Ciborgue aplaude bem forte seu novo amigo, mas faz, em relação a si, o exercício.

Bif: 5.6

12.7. Ciborgue em Winnebago

Ciborgue chega, em seguida, ao povoado de Winnebago. Elela indaga a respeito do mapa da aldeia. Respondem que seu plano é

12. o mágico de dois

bem característico: encerrado em uma divisão diametral que isola duas metades simétricas. Essa simetria é o fundamento da reciprocidade: ela governa um princípio de exogamia, que pretende que se nasça em uma metade e se se case na outra. Ciborgue começa a ver o povoado segundo essa perspectiva diametral, quando descobre que existe um outro mapa da mesma aldeia. Dois mapas para o mesmo lugar, eis que começa a interessar e a inquietar Ciborgue. Nesse segundo mapa, a aldeia também está dividida em dois, mas conforme um dualismo assimétrico ou "concêntrico", aberto sobre a periferia.

Para determinar qual desses dois planos é o correto, Ciborgue interroga um membro dessa população dos Grandes Lagos e obtém duas respostas: alguns opõem aqueles que estão em cima aos que estão embaixo; outros propõem uma disposição circular, distinguindo centro e periferia. A disposição das casas no território não basta pois para produzir uma ideia unívoca da estrutura da aldeia; mas trata-se simplesmente de diferentes *percepções* de uma mesma *realidade*? Ou de diferentes *interpretações* de um mesmo percepto/real? Ou até mesmo de diferentes *respostas* a uma mesma situação? Primeira hipótese: a resposta depende da identidade de quem responde, e a verdade, da origem social do respondente (relativismo). Segunda hipótese: todo mundo percebe um círculo, porém uns percebem esse círculo dividido em dois, e outros, um círculo em um círculo, um centro e uma periferia. (Duas maneiras de perceber a comunidade, de gerar um mesmo traumatismo, aquele da comunidade não reconciliada?)

Esse problema de cartografia se transfere da estrutura da aldeia à diferença sexual Masculino-Feminino e, do mesmo modo, à dicotomia que sela a própria existência de Ciborgue e que nenhuma apresentação gráfica é suficiente para estabelecer. Podem traçar mapas de diferenças, isso não resolve a dificuldade. Sob a pluralidade de mapas, existe possível essencialização, apenas uma persistente obsessão de dualidade que revela um desejo de clivagem, uma vontade de domar as multiplicidades e de arregimentá-las no dual[6].

Bif: 4.11

12.8. Descola/Derrida

Ciborgue encontra dois novos mestres, *experts* em gestão de pares. A antropologia, instruída na escola de Descola, considera que nunca há entre os pares nada além que recobrimento parcial ou coincidência ocasional. Assim ela se empenha tanto em multiplicar os dualismos que nenhum par jamais recobre qualquer outro. Cacatua branca/corvo não faz mais do que recobrir os pares cósmicos ou naturais (dia/noite, céu/terra ou levante/poente) e cada par é potencializado em múltiplos outros: águia/corvo, mosquito/mosca, baleia/foca. Portanto, a hipótese que remete todos os pares à Diferença sem dúvida não é suficiente. Ciborgue o reconhece, mas os discípulos de um outro mestre protestam: se a Diferença não esgota todos os pares, não há nisso menos configurações significantes. Assim: carne-falo-razão (carno-falogocentrismo); bem-pai-capital-sol ou rei-pai-sol-deus (basileo-patro-hélio-teológico). As configurações do segundo tecem entre os pares do primeiro redes de relações e sugerem infinitas correspondências[7].

Bif: 3.18

12.9. Uma Lagosta Como Aperitivo

Depois de ter deixado os Winnebago, Ciborgue encontra uma dupla de magos chamados Deleuze/Guattari. Como eles fazem grande alvoroço e têm muitos discípulos, Ciborgue junta-se à sua escola. Com a Dupla Sublime, elela aprende o ratear, como essas máquinas desejantes que só funcionam "desajustadas, desregulando-se o tempo todo". Eles lhe mostram como "se enfia[r] como uma cunha entre dois conceitos que acreditávamos serem vizinhos". Eles lhe indicam como se impulsionar ou crescer "pelo meio". A corrente passa entre Ciborgue e os magos.

Sim, mas eis que D/G trazem seu terceiro platô, que se inicia com a foto de uma lagosta, legendada "dupla articulação". Ciborgue lê aí que "Deus é uma lagosta ou uma dupla-pinça, um *double-bind*", dizem eles. A velha questão volta à tona: por que dois? Ciborgue tem vertigens diante das profundezas desses "estratos que avançam por pelo menos dois": que significa "pelo menos"? Ao que se acrescenta que "cada estrato é duplo (ele mesmo terá várias camadas)": mas "várias", por que esse dois? D/G afirmam o dois, a cada passo, "cada estrato apresenta com efeito fenômenos constitutivos de dupla articulação"; porém, simultaneamente eles se desfazem disso e imiscuem-se nisso: "Articule duas vezes, B-A, BA", dizem, como pedagogos do dois, posando de instrutores militares que batem o ritmo ou o compasso: "Um, dois, um, dois". O que devemos fazer? Trata-se, partindo de BA, de fazer reviver B e A? Ou então mandar passear toda essa puerilidade?[8]

Bif: 3.1

12.10. Quantas Vezes Dois?

Num dia em que lhe perguntaram, a propósito do filme *Seis Vezes Dois*, de Godard, por que era necessário que houvesse dois, Deleuze saiu do sério: o que conta não é o dois ou o três, é a conjunção "e". Ele então se lança a uma crítica da cópula, do verbo ser, "é", com base no qual tudo é medido. Nessa questão dos pares, Deleuze, obcecado pela cópula, talvez tenha negligenciado a copulação. Porém nem por isso deixou de perceber, com seu olhar perspicaz, a natureza mesma de Ciborgue. "Quando Godard diz que tudo se divide em dois, e que, no dia, existe a manhã e a tarde, ele não diz que é um ou outro, nem que um torna-se o outro, tornando-se dois. Pois a multiplicidade jamais está nos termos, seja qual for o seu número, nem em seu conjunto ou na totalidade. A multiplicidade está justamente no E, que não tem a mesma natureza dos elementos nem dos conjuntos." Será que é preciso repensar os pares como sombras de multiplicidade? Independentemente das grandes declarações, Deleuze se mostra, em muitas páginas, obcecado pelo dois. Assim, seu livro sobre Leibniz, a pretexto de se aventurar no infinito das dobras, assenta o pluralismo de substâncias nos dois estágios da matéria e da alma: "O mundo tem portanto dois níveis, dois momentos, ou duas metades: uma pela qual ele está envolvido ou dobrado nas mônadas, outra pela qual está engajado ou redobrado na matéria. Se se confunde as duas, o sistema inteiro desaba." Ciborgue é exatamente o apóstolo dessa confusão, sua colocação em prática[9].

Bif: 7.13

12.11. Ressaca

Os pares de noções pecam de duas maneiras. Em sua infinita variedade, muitos pares repetem e atuam novamente um único e mesmo drama, do qual eles são aspectos ou declinações; subsequentemente, cada dual mascara uma pluralidade, um *many* (muitos) que a polaridade rígida (um ou outro) não consegue enquadrar nem esgotar. Essa dupla deficiência foi bem compreendida pelo spinozismo: evitando o dualismo oficialmente professado pelos sectários de Descartes, Spinoza parte de uma substância única que logo ele dota de uma infinidade de atributos, que são todos os pontos de vista que se pode adotar sobre ela. Todavia, depois da primeira parte da Ética, que abre a vertigem da infinidade, Spinoza constrói seu livro em torno do par *mens/ corpus*, privilegiados como únicos pontos de vista suscetíveis de serem tomados pelo humano – como se o dual fosse natureza ou necessidade; como se depois da bebedeira viesse sempre a ressaca.

12. o mágico de dois

Esta é igualmente a lição do feminismo: todas as dicotomias repetem e declinam o sintagma "diferença de sexos", essa diferença, ela mesma, não passando de um quadro rígido sobreposto à pluralidade anárquica das genitálias. Por consequência, qualquer edifício de construções duais é um gesto político de classificação, isto é, de administração e de atribuição – a bicategorização, que distribui todo e qualquer ser conforme um destino de dominante ou de dominado, de um lado e de outro de uma grande separação intransponível. A finalidade da atribuição é o servilismo e a mercantilização de "Algumas" em diversas libidos (*sciendi, dominandi, essendi, copulandi, generandi*...) de "Alguns". Os pares, a pretexto de descrever, definem: eles gradeiam um mundo simplificado, forjado para instaurar e dar conforto a uma ordem política acomodando "essências" com vistas a certos usos. É por isso que ser "feminizado" não significa possuir uma certa configuração de genitálias: significa, antes de tudo, ver-se constrangido a assumir um destino de dominado, estar submetido a prisão domiciliar. Ciborgue transtorna o mundo dos pares, onde elela no entanto se banha por inteiro e onde talvez encontre o seu nascimento; esses pares são para Ciborgue como uma pia batismal, que elela polui e corrompe pelo fato de nela mergulhar.

Bif : 9.3

12.12. Fronteiras

Muitas vezes acontece de a estrada de dominó seguida por Ciborgue encontrar-se interrompida por muros, paredes ou barreiras. Contudo, Ciborgue todas as vezes consegue transpor esses obstáculos. Mesmo que se prepare o concreto armado e sejam erguidas paredes de proteção, mesmo que sejam edificados os muros da vergonha, as suturas demandam muitos pontos. Todos os muros caíram: Berlim/Berlim, Israel/Palestina, México/Estados Unidos, União Europeia/Mediterrâneo. Todas as fronteiras são peneiras, com frequência mortais, porém destinadas a permanecer abertas e não enclausuráveis. Contra o mito da fronteira, Ciborgue abotoa alegremente Paris a Berlim, como dizem as avós[10].

Bif: 2.15

12.13. Esferas e Bolhas

Com a esfera, Ciborgue acredita ter achado o modelo que permite escapar do dois. Soprando em seu tubo de fazer bolhas, abandona-se ao espetáculo encantador de maravilhosas esferas que nada nem ninguém podem separar. Mas eis que as benditas bolhas ou esferas logo se transformam em "globos". Ora, o globo traz consigo toda uma geopolítica: é feito de duas metades, é polarizado. Por que, pergunta-se Ciborgue, dar-se como objeto a esfera e imediatamente investi-la de tensões, da geopolítica dos globos? Pois se as bolhas se dão por miríades, os globos, como os de Coronelli, se dão por par (Céu/Terra) e cada um deles se divide em hemisférios (norte/sul). É que a filosofia jamais leva a bolha a sério: ela representa apenas a circunscrição temporária de um interior, um esquema "morfo-imunológico", uma tentativa sempre instável e provisória de criar seu próprio clima. Ciborgue, assim como as sublimes bolhas, se vê eternamente condenado a explodir; elela está constantemente recomeçando[11].

Bif: 8.11

12.14. Ponto Cardeal

"O Oeste [Ocidente] e o Norte", explicam as Boas Almas a Ciborgue. "Eis as fontes da corrupção moral e filosófica!" Se Ciborgue voltasse seu olhar para o Leste [Oriente] ou Sul, elela veria os problemas ocidentais se dissolverem. Iriam propor a Ciborgue que lesse o Tao além das obras de Nagarjuna e

12. o mágico de dois

a tradição Mahayana: esta, com o conceito de *pratityasamutpada*, lhe permitiria compreender a coemergência dependente; que os fenômenos do mundo existem em interdependência ou em interação; que todas as coisas são vazias, privadas de essência, *sunyata*. Mas Ciborgue se pergunta: será que não existe Ciborgue oriental?

Elela mergulha na literatura: Yin e Yang, lhe informaram, oferecem um mundo reconciliado. Mas Yin e Yang, seja qual for sua beleza, não fundaram uma outra sociedade. Eles formam dois polos em oposição: Yang, princípio masculino, calor, verão, sol; Yin, princípio feminino, frio, inverno, lua. A cada ano, é preciso celebrar as núpcias desse par conflitante: um rei não é nada sem sua rainha e um senhor não é nada sem sua dama; contudo, o rei sozinho é pai e mãe dos seus súditos, e a rainha nunca possui mais que um reflexo de autoridade, do mesmo modo que a lua toma sua luz emprestada do sol. Se os dois princípios são dados apenas para serem reunidos, eles não deixam, no entanto, de estar em conflito permanente, e a solução sempre se faz em benefício dos machos, de quem é preciso restaurar a força depois do longo inverno – mesmo que às custas do sacrifício ritual da rainha –, ou dos filhos que, como as mulheres, são *yin*, isto é, são como os vassalos perante ao senhor. Quanto ao Chefe, ai dele se, sem se importar com Yang, se aproxima demais de Yin: ele será vítima do *kou*, malefício que indica que ele não soube respeitar a harmonia! Yin e Yang, sob o manto da harmonia, abrangem então a lógica feudal dos polos. Da mesma forma, na Índia, Ciborgue também encontrará pares de opostos irredutíveis: *prakriti* e *purusha*, no sistema *Samkhya*.

Ciborgue é, portanto, grato a todas as lições perfumadas de orientalismo. Elela só sabe com toda certeza que passa muitas vezes pelo último avatar de uma sociedade ocidental que reduz o humano ao corpo e o corpo a uma maquinaria neofordista; elela sabe que consideram sua existência o último resultado do esmagamento das forças do espírito, selando a transformação do stuff em produto comercializável. Ciborgue não nega nada de tudo o que lhe é imputado; mas lembra simplesmente que é também outra coisa: a junção claudicante de tradições rivais, a aliança de inconciliáveis, o um e o outro, e a busca pela libertação[12].

Bif: 2.17

12.15. Ciborgue em Atividade

Ainda que essencialmente trinitária, a substância hegeliana é dual, trabalhada pela "císão do simples em dois ou pela duplicação opositora". Para ultrapassar o face a face dual, Hegel propôs convocar um terceiro ladrão, que sai do par ao reconciliar os termos[13]. Ele é, nesse caso, o produto interiorizado, dito de outra forma, o resultado, a excrescência natural: sempre pronto a recomeçar a bela aventura do par. É, com isso, a continuação e a replicação do termo Primeiro, passando por cima do termo Segundo como se este fosse um simples Intermediário, como se este fosse um Termo Médio eliminado na conclusão de um silogismo. Hegel perturbou a tranquilidade face a face dos pares, *eines drüben, das andre hüben*, sem nenhuma comunhão. Denunciou a falsa moeda de pares que sempre se dá como já batida, *fertig gegeben*, sem que haja mais nada a ser dito de novo. Eis o prodígio que atinge Hegel, eis o que o estupefica e anima sua fenomenologia: *die ungeheure Macht des Negativen*, o monstruoso poder do Negativo. Ao notar a claudicação do termo Primeiro, sua essencial e irremediável *Ungleichheit*, Hegel marca a Substância com o selo de Ciborgue-de-través, observa que a substância não tem a imanência ou a unidade imemorial do Círculo. Ele salienta a que ponto o termo Segundo, mantido em estado de minoridade, é uma potência fantasma cuja existência é a de um trabalho no centro do termo Primeiro; o que o coloca sempre em desequilíbrio. Mas Hegel, apesar disso, caiu no estupor quando constatou que todas as linhas lançadas ao acaso na contingência poluída da existência terminam por se fechar e por formar círculo. A substância hegeliana é animada, ela se põe a caminho, mas seu encaminhamento, seu *Bewegung*, se conclui em uma circulação completa, *wirklich*. É por isso que por vezes acusam a dialética hegeliana de ser um método de distribuição em que cada coisa chega ao seu lugar, em que cada sendo[14] chega em seu tempo.

Assim compreendida, a dialética de Hegel se vê alienada, capturada por uma patologia lógica: *Spaltung* (dissociação) prevalece sobre *Widerspruch* (contradição). Daí uma esquizologia – de esquiz(o)–: cindir, fender, despedaçar, lógica de oposições irreconciliáveis. É uma patologia que reduz o processo dialético a um discurso da fenda ou da clivagem[15].

Bif: 11.3

12.16. Arrogância

Retornando à dicotomia que lhe institui, Ciborgue descobre que, no estabelecimento de pares, um dos termos é sempre juiz e parte: trata-se do termo "arrogante". Ele se arroga tudo o que é positivo, ele se investe desse domínio. Por quê? Por interesse. Porque ao se posar como Substância, de súbito ele passa a gozar de mil "novas propriedades", ele experimenta "uma sólida alegria de proprietário". Nele, sem dúvida, a máquina aspira a tomar os comandos; a menos que esse não seja o organismo que, altivo, impõe suas normas de autorregulação. A história de Ciborgue seguiu essas oscilações, de um polo dominante a outro[16].

Bif: 6.3

12.17. O Problema Colocado Pelo Dois

Dois é uma representação que se desdobra em três tempos:
1. Descobrir e colocar em evidência as *diferenças* entre os dois termos.
2. *Valorizar* essas diferenças em benefício de um dos termos e em detrimento do segundo.

3. Levar essas diferenças ao *absoluto* afirmando que elas são definitivas e agindo para que elas passem a sê-lo.

Com isso, os pares se dão como categorias de análise naturais, incontornáveis, estruturando o real e o pensamento. Com isso, os pares se tornam assimétricos e contagiosos. Eles se comunicam, de um aspecto ou nível do real a um outro, sem que pareça[17].

Bif: 5.4

12.18. Contrariedade

A oposição de dois polos glosa ao infinito uma passagem da *Física* de Aristóteles. Se o Outro Polo é o polo *contrário*, o que é ser contrário? O contrário seria esse que tende em direção ao Um a fim de provocar seu depauperamento? Mas de onde o Outro Polo tira sua força, consegue seu movimento em direção ao Um? De onde ele tira seu poder de fazer definhar o que é pleno e inteiro, aquele que não carece de nada? Uma maneira de interpretar o Outro como Contrário é compreendê-lo como o que tende em direção ao Um por desejo, da mesma forma que a privação deseja a plenitude: inferior, feio, matéria, fêmea *contra* superior, bonito, forma, macho[18].

Bif: 3.25

12.19. Tétrades

Acontece que os pares (calor/frio, seco/úmido) cruzam-se em matrizes, se reduplicam em tétrades. Então, por contágio infeccioso, eles se comunicam. Daí, os quatro elementos {água, terra, ar, fogo} e os quatro humores de Galeno {cólera ou calor-seco, sangue ou calor-úmido, melancolia ou frio-seco, fleuma ou frio-úmido}. Assim, {esquerda/direita; alto/baixo} dão os quatro pontos cardeais {Norte, Sul, Leste, Oeste} que se contaminam perfeitamente em geopolítica: bloco contra bloco durante a guerra fria; mais tarde, ricos contra pobres. {Leste, Oeste} se redobram em {Oriente, Ocidente}, de modo que foram propostos termos pretensamente mais neutros {levante/poente} para tentar escapar do impensado histórico e colonizador. Mas será que sempre conseguimos fugir disso? O Levante também teve sua "Companhia" e se tornou objeto de "Mandatos".

Bif : 3.30

12.20. Ciborgue em Emboscada

Em 1603, Scipion Dupleix lembrava que o monstro é *admonestemens*, ele nos admoesta e nos adverte: signo de pecado, punição divina, manifestação da ira celeste. O monstro nasce do esquecimento da "discrição de espécies": licor seminal vertido em um vaso inadequado. O monstro revela que nesse caso foi cometida uma falta. Ele traz à luz o que irá perseguir o espírito de Darwin: que a Espécie não está garantida por nenhum critério natural suscetível do consolidar ou do garantir; que o híbrido sempre é possível. Um faz bem de se proteger do Outro: ele nunca é dado sozinho, afirma-se o tempo todo em um solo infestado de contestação e de contaminação. Os lindos sonhos de pureza mal são formulados e já se desmoronam. O termo primeiro jamais se dá sem suas formas degeneradas, sem a multiplicidade de suas máscaras, de suas falhas, de seus entrecruzamentos. Ciborgue é isso.

Lineu achou que poderia descrever quatro variedades de *Homo sapiens* (americano, europeu, asiático, africano). Elas decalcam os quatro temperamentos galênicos, miram-se em quatro cores {vermelho, branco, amarelo, negro} e em quatro conformações {*rectus, torosus, rigidus, laxus*}. Bouffon quis dissolver essa potência tétrade por intermédio da unidade: "O homem, branco na Europa, negro na África, amarelo na Ásia, e vermelho na América, é apenas o mesmo homem tingido da cor do clima." Mas a harmoniosa tétrade lineana dissipava-se dela mesma. Lineu teve que adicionar à sua bela divisão uma quinta entidade: o homem monstruoso (*monstruosus*), único em seu gênero e sobretudo *solo arte* – exclusivamente por arte. Ciborgue sempre, Ciborgue já, na sombra, desarranjando as belas máquinas do pensamento dual[19].

Bif: 6.5

12.21. As Falhas da Máquina Antropológica

Ciborgue tem vertigem diante da gigantomaquia. A gigantesca "máquina antropológica" discrimina: é uma máquina que distribui de acordo com o dois. Ela é surda aos gritos de Donnie. Ela tem duas caixas ou duas colunas, e diz quem são os iguais do Homem, que possuem Linguagem, Razão, Signos, a Alma Imortal; e quem é Besta, definida pela falta de tudo isso. De um extremo a outro da Grande Cesura, Homem e Animal se encaram.

Entretanto, a mesma máquina também produz, entre Humano e Besta, formas intermediárias que transtornam a pureza da oposição. Quando se fricciona Humano e Besta, quantidades de salpicos brotam: bípedes com caudas, criaturas noturnas que falam soltando silvos... Quem são esses Pongos, esses Jockos, esses Luciferes, esses Hotentotes e outros Orangotangos, com seus rostos curtidos como couro e seus cabelos espessos como lã? Quem são esses, armados com um bastão, que vêm inquietar a pureza da Forma Humana e ousam manter na cara seus olhos fixos cheios de desafio?

Ciborgue é o nome sob o qual se expressam essas formas antigas e inesperadas, essas escórias não tratadas pela máquina antropológica. Elela amplifica a lição política segundo a qual "ninguém pode tratar um humano como um cão, se não o considera primeiro como humano[20]".

Bif: 2.14

12.22. Intimações Duais

Ciborgue encontra um Proletariado claudicante que se ativa em uma descarga – organismos e máquinas ao mesmo tempo. Intervêm então as forças da Ordem da Burguesia e todo o ar ressoa de sua injunção: Sejam *ou* organismos, *ou* máquinas. A Classe dominante quer limpar o terreno e expor os monstros para a diversão de bons cidadãos. Um outro soldado da ordem burguesa é Deckard, o exterminador de replicantes. Ele efetua conscienciosamente seu ofício antes de mergulhar nas delícias do transtorno da identidade, entre o Outro e o Mesmo. De repente Deckard vacila, e uma outra questão ressoa: Quem é Ela? Quem sou Eu?[21]

Bif: 4.1

12.23. Profanações da Ordem

O mundo, bem-pensante na falta do pensar bem, dirige a Ciborgue sérias reprimendas por causa da ligeireza com que trata das dicotomias conceituais: "Se abandonais os pares, vós vos privais de qualquer base. Vós ides conduzir vosso mental à explosão e o social ao colapso. Caireis na loucura ou na anarquia." O Mundo, preocupado em salvar a humanidade, profere: "Vós profanais a Ordem simbólica! Quer dizer que para vós Claude Lévi-Strauss não foi nada, diabo! Vós não o respeitais!" Mas Ciborgue já vai longe. Elela ri, envolve-se em combinações inéditas, duas mãos estendidas ao Coiote com quem dança uma alegre ciranda, duas outras que correm sobre o teclado de um apêndice eletrônico e duas outras ainda nas quais elela se sustenta para caminhar. Neste momento, talvez sua recomposição esteja completa.

Bif: 11.12

⋆
⋆ ⋆

Aqui se interrompe esta apresentação de Ciborgue. Agora, que mil enxadas, que mil foices se abatam nessa frágil gaze, dilacerando-a e rasgando-a, oferecendo a Ciborgue um destino à *la* Lamballe[22], um sonho de poeta bem Orfeu.

PERCURSO BIBLIOGRÁFICO

Um conjunto de temas percorre todos os livros de Ciborgue: inteligência artificial, imortalidade do humano, entidades híbridas, luta contra o envelhecimento, próteses, cruéis maquinarias multinacionais conspirando para escravizar as forças vivas do orgânico. Aí são frequentemente citadas diversas obras de ficção (Anne McCaffrey, *The Ship who Sang*; William Gibson, *Neuromancer*) ou filmes (*O Exterminador do Futuro*; *RoboCop*, o cinema de Cronenberg etc.). A maioria dessas fábulas fala de nós: como Deckard de *Blade Runner*, os humanos se interrogam sobre o que resta de sua diferença. Descobre-se aí muitas entidades dotadas da alma locomotora e da alma racional, mas a quem resta adquirir a alma sensível, o sofrimento, a verdadeira "humanidade". Encontramos um exemplo desse gênero em Antonio Caronia[1].

Ciborgue tem sua Bíblia, com dois *Testamentos*: o *Antigo*[2] e o *Novo*[3]. Ciborgue tem também seu evangelho apócrifo na obra de Donna Haraway.

Desde sempre a existência de Ciborgue suscita receios. Uma política é implicitamente conduzida por numerosos apóstolos de Ciborgue: a ideologia de mercado e o individualismo ontológico, o *laisser-faire* como única concepção da autonomia e da agentividade. Ciborgue traz o seguinte silogismo computacional: se espírito = cálculos e cálculo = essência da informática (como indica a palavra "numérique" em francês, em inglês *digital* ou *computer* [computador]), então espírito = computador, e falar de espírito é falar de Ciborgue[4]. Contudo Ciborgue é astucioso, como Ulisses e seus milhares de truques. Elela escorrega entre os dedos dos críticos. O que eles atacam? Uma versão caricatural e ultrapassada, tão *seventies* (anos setenta)! Ciborgue nunca está (inteiramente) onde a gente acredita[5].

O Ato de Nascimento de Ciborgue

Relembremos que "cibernética" deriva da palavra grega que significa "piloto": trata-se da arte de manipular um navio, para fazê-lo chegar aonde se deseja[6].

Da cibernética a Ciborgue, a transição se faz no decorrer das conferências Macy, que se deram em Nova York de 1946 a 1953. Foi nesse contexto particular que se desenvolveu a ideia de que os humanos devem ser considerados como processadores de informação essencialmente semelhantes às máquinas inteligentes. Mas também seria possível facilmente remontar as coisas mais a montante, por exemplo em Karl Pearson, que compara o cérebro a uma central telefônica[7], ou ao princípio do "tudo-ou--nada" (all-or-none) formulado em 1914 por Edgar D. Adrian (1889-1977)[8]. A relação entre um estímulo e a atividade neural desencadeada é regida pelo princípio do "tudo-ou-nada": dito de outra forma, a resposta é independente da intensidade do estímulo. Esse princípio é retomado em 1943 por Warren S. McCulloch e Walter Pitts[9]. Estes transpõem a alternativa verdadeiro-falso da lógica em posições *on-off* ou aberto-fechado para o neurônio. Sobre McCulloch, é possível nos voltarmos para Tara H. Abraham[10]. Doravante, o funcionamento do neurônio pode ser tratado como uma questão de lógica, como em Dean E. Wooldridge, que compara os neurônios a interruptores (*on/off switches*) e a dispositivos de entrada-saída (*input/output devices*)[11]. A medula espinhal é um cabo entrada-saída e o cérebro, um processador de dados.

A história da cibernética é amiúde construída a partir de polaridades rivais entre "grandes homens": Steven J. Heims explora a oposição Wiener/Von Neumann[12]. Jean-Pierre Dupuy joga na balança McCulloch/Wiener: "Toda história séria da cibernética primeiro deve restabelecer o equilíbrio entre os dois homens."[13]

Quanto a uma narrativa em francês do ato de nascimento de Ciborgue no complexo militar-industrial, Céline Lafontaine resgata Ciborgue no interior do projeto do aumento das performances e do paradigma da informação, como um "puro produto do imaginário militar"[14]. Segundo Lafontaine, Ciborgue é o nome de um programa político, que propõe explicar todos os mal-estares não pelos conflitos ou relações de hegemonia e de dominação, mas pelos problemas de adaptação ao meio ambiente – uma busca por equilíbrio a todo custo que conduz, por exemplo, ao tratamento químico de doenças mentais[15].

Diante dessa gênese ocidental, podemos nos perguntar a respeito da possibilidade de um Ciborgue soviético. Geoff Bowker indica que as primeiras reações soviéticas à cibernética percebiam e tratavam-na como uma "pseudociência reacionária", ilustrando o fato de que o capitalismo tornava homens e máquinas equivalentes[16]. É possível comparar essa afirmação um pouco grosseira com as de, por exemplo, Gotthard Günther, que demonstra como é a percepção de Ciborgue nos países da esfera soviética. A cibernética é por eles interpretada como algo que torna caduca a antiga oposição entre idealismo e materialismo[17].

Os prolongamentos filosóficos e estéticos do conceito de informação são analisados por N. Katherine Hayles. A autora sustenta que nunca há ruptura ou transformação completa do humano ao pós-humano, mas simples coexistência[18].

Ciborgue Pós-x:
Teorizar e Fantasiar o Pós-Humano?

Ciborgue seria intrinsecamente pós-pós-moderno ou pós-humano. Os editores do *Cyborg Handbook* revelam que a conexão entre ciborguismo e pós-modernismo é uma das principais características de sua antologia[19]. Do mesmo modo, na antologia *The Gendered Cyborg*, Anne Balsamo faz do ciborgue "o pós-moderno icônico"[20].

A perspectiva de Clynes e Kline foi continuada e articulada à emergência do pós- ou do super-humano[21]. Da mesma forma, Arthur C. Clarke considera que uma cápsula espacial é um "pulmão de aço", um órgão externo que permite encarar diferentes meios ambientes. Contudo, acrescenta Clarke, o conceito de Ciborgue tem aplicações mais extensas: "Um dia seremos capazes de contratar uniões temporárias com máquinas complexas o bastante não somente para controlar, mas também para tornar-se uma nave espacial, um submarino ou uma rede de televisão"[22]. Clarke realça Ciborgue como a figura da evolução inteligente: "Quanto mais a inteligência é evoluída, maior é o grau de cooperação", de modo que uma guerra entre humanos e máquinas não é de se recear, a menos que os humanos a provoquem. Mas o humano, termina Clarke retomando uma fórmula de Nietzsche, é como "uma corda estendida acima do abismo entre o animal e o super-homem". Pela fusão consciente com a máquina, pela faculdade que terá o espírito de vaguear de uma máquina a outra, a perspectiva do humano-piloto de máquinas estará caduca.

David Rorvik segue essa linha. Para ele, Ciborgue é "o provável herdeiro do homem"[23]. Ver também, do mesmo autor, *As Man*

Becomes Machine: The Evolution of the Cyborg. A obra introduz o tema da máquina e do organismo unidos formando um conjunto, com uma reflexão sobre a palavra *meld*, combinação de *melt* (derretido) e *weld* (rebitado), como *dissoudé* (dissoldar) seria formada a partir de *dissoudre* (dissolver) e *souder* (soldar). O termo "ciborgue" é apagado do subtítulo da versão francesa, que o traduz por "kibert". O "kibert" médico abre caminho, via o marcapasso, à coexistência pacífica entre humano e máquina, mas também abre um outro, via o coração artificial, à "mecanização interna do homem"[24].

Mais recente e típica do gênero de síntese enciclopédica e otimista, a obra de *Metaman*, de Gregory Stock, anuncia a condição ultrapassada do Homo sapiens assim como o advento do meta--ornanismo, isto é, do organismo cooperativo, integrando uma dimensão tanto orgânica quanto técnica. Inspirando-se de modo atabalhoado em Spencer, Teilhard de Chardin ou Dobzhansky, Stock pretende pensar o efeito de circuitos de comunicação globais e o efeito de níveis de integração em permanente crescimento (a imagem da colônia de formigas ou do cupinzeiro é recorrente)[25].

Essa linha é prolongada e radicalizada em Hans Moravec, em especial na obra *Mind Children: The Future of Robot and Human Intelligence*. As proteínas são ali descritas como uma matéria imperfeita e Moravec nos convoca a abandonarmos o "chauvinismo humano" que nos leva a acreditar que o DNA é a molécula perfeita[26]. Moravec promove assim um ideal "extropien" (extropiano)[27] aspirando à emergência de um eu "pós-biológico". Para ele, trata-se de obter um controle total dos processos cognitivos por meio da relegação dos seus substratos orgânicos. As máquinas devem se tornar o depósito da consciência humana: em outras palavras, dos seres humanos. Moravec formula a promessa de um futuro pós-biológico para a espécie humana[28]. A origem cibernética de Ciborgue na teoria da informação é transformada assim em ideal de desmaterialização: a informação suscetível de ser transmitida é tratada como simples estrutura (*pattern*) que atravessa livremente o tempo e o espaço e não está de maneira alguma ligada a uma instância particular. Nesse sentido, Moravec alega que a consciência pode ser separada do corpo e teletransportada a outros suportes, ideia que já se encontra em Wiener. "Eis a ideia que tenho nutrido muitas vezes: que seja concebível enviar ou transportar um ser humano por intermédio de uma linha telegráfica."[29] Esta é a fantasia mostrada no filme *Matrix*[30].

O especialista em ciências cognitivas Marvin Minsky segue essa concepção quando evoca a possibilidade de extrair lembranças do cérebro e importá-las a suportes digitais[31]. As obras do cientista da computação Ray Kurzweil exploram uma visão "pop" disso tudo, sob a forma do tema extropiano: "Continuaremos a existir como software, não como hardware. Nossa identidade e nossa sobrevivência se tornarão independentes do hardware e de sua sobrevivência."[32] Mais recentemente, Kurzweil prolonga a dicotomia software/hardware[33]. Tendo trabalhado bastante na conexão entre tecnologias e na correção de handicap, ele avança a ideia de "singularidade" compreendida como fusão entre a existência e a tecnologia: nosso mundo sempre foi humano, mas transcende amplamente as raízes biológicas de nossa existência. O cibernético inglês Kevin Warwick é igualmente um símbolo dessas promessas fusionais[34].

Sobre a transformação do humano e o desenvolvimento da robótica, pode-se fazer referência a Gregory Benford e Elisabeth Malartre[35]. Em francês, a obra de Jean-Michel Besnier oferece um mapeamento útil do campo do pós-humano[36]. Para combater o olhar depreciativo que o homem coloca sobre si mesmo, Besnier explora uma fórmula de Roger Caillois, que apresenta o homem como um "fracassado voluntário", como a espécie que "procurou e conseguiu desadaptar-se de sua condição de animal seguro, infalível e feliz"[37]. Não dando nem no tecno-profetismo nem na lamentação elluliana[38], o livro se mantém em um meio--termo pouco confortável.

Endossada pelo discurso a respeito do pós-humano, a literatura sobre Ciborgue apresenta muitas características de discursos gerais em relação à técnica, que Jacques Ellul denunciava em *Bluff technologique*. O discurso acerca de Ciborgue supõe, em primeiro lugar, que até aqui o humano não foi totalmente realizado humano; as novas tecnologias lhe oferecem uma chance inesperada. Assim, o que é Ciborgue? "Não somente um suplemento, mas um remate."[39] Ciborgue proporia, sob a denominação de "pós-humano", a "realização plena e inteira", a felicidade da humanidade. Eis aí a dimensão utópica de Ciborgue, que às vezes aproximam do pensamento marxista: o humano que conhecemos hoje não é mais que uma lagarta face ao novo humano que o socialismo fará emergir sob o nome de Ciborgue. Doravante a técnica é apresentada como a solução de nossos problemas individuais tais como o envelhecimento, a saúde, o sentido da vida. Ao contrário, várias declarações de Donna Haraway deixam claro que ela não considera Ciborgue como "pós-humano" (nem como "pós-feminista"). Pois o prefixo "pós" leva a pensar que o que se tratou de ultrapassar está caduco, obsoleto, antiquado, o que sugere, por exemplo, que o tempo do feminismo ou do humanismo já passou. Para Haraway, ao contrário, esses pensamentos ainda têm um papel ativo a desempenhar e não há razão para que sejam tratados como "pós".

Lembremos que a questão do pós-moderno encontrou suas formulações mais influentes nas obras de Fredric Jameson e de Jean-François Lyotard[40]. O pós-moderno é definido sucessivamente como a transformação da realidade em imagens, como esquizofrenia e fragmentação, ou como incredulidade em relação às grandes narrativas (metanarrativas). Em aparência, essa abordagem pós-moderna se opõe à interpretação bélica de Ciborgue tal como foi exposta mais acima: Ciborgue não seria filho do militarismo, mas o instrumento de sua crítica radical. Essas exposições são analisadas de maneira crítica por Peter Gallison, que sugere que Lyotard opõe de modo equivocado a lógica do pós--moderno à da cibernética[41].

Ciborgue Está Entre Nós

Nos antípodas de Ciborgue **pós-humano**, do qual se fala por toda parte mas que não se encontra em parte alguma, "Ciborgue-já--entre-nós" é igualmente um tema de grande sucesso, como são testemunhas estes dois exemplos.

Para Andy Clark, se todo mundo é Ciborgue, não é no sentido "superficial" (sic) do enxerto da máquina no corpo, porém no sentido "profundo" da simbiose entre o humano e suas máquinas: "Nossos espíritos são talhados na medida para as fusões múltiplas e coalizões"[42]. Dois pontos em especial se destacam no livro. Primeiro, encontra-se a ideia de que o cérebro é capaz de acomodar-se a esquemas corporais facilmente modificáveis[43]; assim, o cérebro de Kevin Warwick integra rapidamente seu chip; o cérebro de Stelarc muito depressa levou em conta a presença de um terceiro braço. Em seguida, Clark afirma que a internet redefine a fenomenologia da presença e da distância: agora é possível perceber à distância, e até mesmo agir sobre objetos situados em algum lugar distante[44].

Para Allucquère Rosanne Stone, a descoberta do seu ser-Ciborgue ocorreu em um dia comum em que, ao sair do banheiro, percebeu que tinha botas nos pés. Botas completamente comuns. Isso foi uma revelação, a introdução a um mundo de "sexo, morte e maquinaria", ou [o instante exato de] "como ela caiu de amores por suas próteses". Essa aluna de Donna Haraway, que se descreve como uma "surfista do discurso", quer se reapropriar do virtual contra o "calvinismo epistemológico", que reduz a interação com o computador a um trabalho e que faz do trabalho a quintessência da atividade humana[45]. Stone se interessa antes pelas potencialidades da interação amplamente subexploradas. Seu trabalho cobre, além disso, as *sex-workers* (em especial o *phone sex*) e as personalidades múltiplas. Enquanto Andy Clark dá grande importância à gestão de *e-mails* ou a vestígios deixados por nossas navegações na *web*, Stone pensa a doença mental como modelo promissor de múltiplas incorporações e de múltiplos eus: uma multiplicidade como resistência. Para Stone, Ciborgue é personalidade múltipla andando de mãos dadas com os cibernautas: sujeitos tecnosociais, amplamente constituídos de produção textual, seu "Eu" não abraça mais um sujeito cartesiano, mas sim uma série de sinais oscilantes (*flickering*) ao molde do *zapping* televisivo. Por fim, Stone não está longe do elogio da esquizofrenia como multiplicidade benigna que a *web* produz.

Ciborgue e as Tecnociências

Os estudos sobre Ciborgue florescem no domínio da tecnociência. O pensamento de Latour foi desenvolvido sobretudo no âmbito da teoria do Ator-Rede e dos *extended agencies*, ou da agentividade distribuída. Como exemplo, pode interessar um artigo de Martin Wood[46]. Em uma perspectiva pós-fenomenológica, Don Ihde expõe uma postura de rejeição à utopia tecno-fantasista. Segundo ele, o paradoxo de Ciborgue é querer a tecnologia, mas sem que ela seja tecnologia: isto é, uma tecnologia que seria "eu", em toda transparência e imediaticidade. Ora, esse sonho é impossível pois as tecnologias são sempre um compromisso: os enxertos são rejeitados pelo organismo e a prótese nunca é invisível, de modo que a técnica nunca é desejável em si visto que é indissociável de contrapartidas. O que representa Ciborgue é o sonho (irrealizável) de uma técnica que seria vivente, da máquina tornada orgânica[47]. Ihde não leva nem um pouco em conta o fato de que a prótese possa tornar-se desejável – o que um filme como *Crash: Estranhos Prazeres* ou uma figura como Oscar Pistorius podem precisamente encarnar.

A fim de conhecermos uma elaboração recente, podemos nos voltar para Bernadette Bensaude-Vincent[48]. O esboroamento da fronteira entre ciência e técnica é tomado como exemplar de um movimento de pensamento mais amplo, a "ponta visível de um estremecimento geral": "As distinções tradicionais que funcionavam como marcadores ou salvaguardas em nossa cultura caem em cascata como castelos de cartas de baralho"[49]. É aqui que Ciborgue é apresentado enquanto "figura emblemática" de uma pós-modernidade definida como a "valorização cultural da técnica", por oposição a uma concepção "moderna" em que a ciência é o motor da técnica e em que a técnica está subordinada à ciência na marcha do progresso[50].

Natureza/Artifício
e a Ética das Bio-Nano-Tecnologias

A contestação da distinção entre natureza e artifício é antiga[51]. As bio e nanotecnologias propõe novas ilustrações de Ciborgue, das quais podemos citar simplesmente as proteínas transistores desenvolvidas por Steven Boxer, químico da universidade de Stanford.

Sobre as questões que surgem na interface das biotecnologias e das nanotecnologias, e acerca da maneira com a qual a biologia sintética esfuma a fronteira entre entidades naturais e entidades artificiais, ver a coletânea dirigida por Bernadette Bensaude-Vincent et al., *Bionano-éthique: Perspectives critiques sur les bionanotechnologies*.

Além do questionamento filosófico sobre o par natureza/artifício, a vontade de transformar e de ultrapassar o dado natural em geral e o humano em particular pela *bioengineering* (bioengenharia) foi tratada: – de maneira entusiasta por Nick Brostom e os transumanistas[52]; – de maneira crítica, por várias démarches éticas ou filosóficas. Em especial as obras de Jürgen Habermas, de Günther Anders e de Hans Jonas. O pensamento de Donna Haraway e seu desejo de utilizar Ciborgue como mito podem permitir combater ao mesmo tempo essas visões de mundo "encantado" ou "desencantado".

Os trabalhos de Habermas são frequentemente utilizados para retransmitir um pessimismo pós-Luzes, ou pós-Adorno e Horkheimer, sobre a capacidade de a técnica permitir a sobrevivência humana. Eles são mobilizados para explicar que a técnica sufoca a humanidade e opera uma erosão gradual da cultura pelo desenvolvimento da racionalidade instrumental. Assim, a ameaça real constituída pelas bionanotecnologias é a da perda de sentido, a do esgotamento de um "mundo vital" (*Lebenswelt*) já frágil[53].

A obra de Günther Anders, *L'Obsolescence de l'homme: Sur l'âme à l'époque de la deuxième révolution industrielle*, certamente constitui uma das reações mais antigas e mais agudas ao projeto de *bioengineering* aplicado ao humano. Anders parte do que ele chama de "a vergonha prometeica", o fato de que "não estamos à altura da perfeição de nossos produtos"[54] e da "ruptura prometeica": "Nossas almas permaneceram muito aquém em relação à metamorfose que conheceram nossos produtos e, portanto, nosso mundo."[55] Ele se interessa por todas as "sincronizações fracassadas" entre nossas ações e nossas percepções, baseado no modelo do piloto de guerra que, depois de ter destruído tanto, procura fazer um balanço do que ele cumpriu, e pura e simplesmente diz: "I still don't get it" (Ainda não entendi). Essa "vergonha prometeica", que se apodera do humano "diante da humilhante qualidade das coisas que ele mesmo fabricou", está ligada ao acaso de nosso nascimento. Ela não é a vergonha de se ver reificado mas a de "não ser uma coisa". Daí o recurso às técnicas de "autorreificação" como a maquiagem (*make-up*), que faz de partes do corpo (rosto, unhas) coisas, "objetos decorativos, produtos acabados" capazes de "negar seu passado orgânico". O humano tornou-se instrumento para os instrumentos; mas é uma *faulty construction*, uma construção defeituosa em relação às missões que deve cumprir[56]. Essa natureza defeituosa é devida à estabilidade do humano;

as máquinas mudam, nós permanecemos; elas progridem, nós estagnamos. Além do mais, o humano é perecível. Daí a ideia de ser *preserved* (conservado) (*preserves* significa frutas em conserva) e de ter *spare men* (indivíduos de reposição), como se tem uma *spare whell*, uma roda sobressalente[57]. Por fim, o humano contemporâneo, pelos seus limites orgânicos, torna-se o "sabotador dos seus próprios êxitos", um freio às suas maravilhosas virtualidades técnicas.

Em última análise, o projeto de *human engineering* (engenharia humana) comete o pecado da desmedida (*hybris*)? Ou se humilha com muito exagero? As duas coisas ao mesmo tempo, responde Anders: "Sua atitude é uma 'presunçosa autohumilhação' e uma 'submissão animada por uma vontade de *hybris*'."[58] De modo que a *human engineering* surge como uma tentativa de submeter a natureza física, que sempre é considerada como um *fatum*, e de despojá-la de sua fatalidade ao submetê-la a uma transformação que consiste em desembaraçá-la de tudo o que causa vergonha, de tudo o que é desagradável, dando um passo a mais "em direção a uma possível desumanização"[59]. Um passo a mais: visto que, ainda, o trabalhador é utilizado por suas próprias condições de trabalho. Doravante, "ser um instrumento é o seu desejo mais ardente, a tarefa que ele se impôs".

Por outro lado, Anders anseia por livrar-se de qualquer suspeita de "conservadorismo metafísico", mas, de fato, sua obra é terrivelmente hostil à máquina. Isso se nota, em especial, quando o jazz é analisado por ele como música de máquinas[60]. Anders se indigna demais face a essas danças extáticas, em que os dançarinos saem de si mesmos para entregar-se ao deus das cadências e ritmos, forçosamente maquínicos, tão maquínicos que adoraríamos levá-los a uma *rave party* (festa *rave*).

O pensamento de Hans Jonas é igualmente mobilizado para condenar Ciborgue. Bowring expõe como as biotecnologias, através do caráter irrevogável de sua empresa, colocam claramente em perigo o futuro da espécie humana. Repousando em uma concepção empobrecida do funcionamento da célula, as biotecnologias representam uma privatização da pesquisa e da natureza: elas são o braço armado do capital que surrupia a vida, organiza a penúria, e finalmente "empanturra os ricos" (*stuff the rich*)[61]. Bowring denuncia Ciborgue como o nome sob o qual se esconde o mito de uma *reengineering* (reengenharia) da natureza humana e um fetichismo tecnomecânico. Ele identifica no uso do *botox* uma tentativa de desconectar o corpo do espírito e de apagar a história da pessoa[62]. O corpo tende então a tornar-se um *commodity-enhanced body*, um corpo melhorado e mercantilizado, que não exprime mais nada, mas se transforma em um objeto de *design* inerte entregue ao *marketing*.

Na mesma linha, podemos citar Steven Best, para quem estaríamos no alvorecer de uma "Segunda Gênese mercantilizada" – cuja nova figura seria o "pharming" (*pharmaceutical farming* [agropecuária farmacêutica]) – na qual animais geneticamente modificados seriam encarregados de produzir medicamentos em suas proteínas[63]. Desenvolvendo a ideia de Aldous Huxley, Best propõe o conceito de "Celeiros Melhorados" (*Brave New Barnyard*).

Reprodutec

Chamo "reprodutec" o campo das "NTRS" (novas técnicas ligadas à reprodução, ou PMA, procriação medicalmente assistida: em inglês ARTs Assisted Reproductive Technologies): barrigas de aluguel, doação de esperma, FIV – fertilização *in vitro*, mas também possibilidade de gravidez de homens, fusão de embriões, gênese de gametas artificiais, clonagem[64]. Para um caso prático, igualmente pode-se fazer referência a Hilary Lim, que analisa a cesariana como um caso em que a noção de autonomia do sujeito é colocada em questão[65].

Censurou-se em Ciborgue suas raízes opressivas modernas e sua origem na ectogênese[66]. Exaltou-se nelela "a mais útil e fecunda das metáforas" para repensar a relação do feminismo com a ciência e a tecnologia[67]. Se os partidários radicais da Maternidade, opositores às NTRs, trabalham a partir de uma categoria universal de Mulher, Farquhar propõe reconstruir as mães como outras, *Mothers as Others*, e por aí reconhecer uma diversidade no seio do termo "Mulher". Ciborgue, nesse contexto, permite colocar em questão o sistema patriarcal e rejeitar a fetichização de laços de sangue como única fonte da parentalidade ou do parentesco. As NTRs permitem uma interface entre as mulheres e as máquinas que dá acesso à maternidade para as pessoas que seriam "naturalmente" excluídas nesses casos. Todavia, essas máquinas devem ser lidas através de suas dimensões sociais: quem tem acesso a elas? Na realidade, as NTRs são regidas por uma filosofia conservadora que exclui os homossexuais, as mulheres sozinhas, assim como as mulheres que são julgadas de idade avançada demais. A filosofia que atualmente governa as NTRs preserva uma ficção de naturalidade e reserva seus benefícios aos pares heterossexuais casados, sem filhos, que possuem meios de pagar os elevados honorários médicos[68].

Entre os partidários implacáveis da reprodutec, podemos citar Lee Silver, que a chama de "reprogênica"[69]. Ironicamente situado sob a égide do verso de Shakespeare, "O brave new world", o livro transpira otimismo e capitalismo. Assim, a qualidade do esperma não será um obstáculo à fecundação graças às novas técnicas. E se amanhã o humano não produzir mais espermatozoides? Forneceriam este, por exemplo, ao extrair os núcleos das espermátides (as células que, ao se diferenciar, resultam em espermatozoides) e injetando-os diretamente no óvulo. A lógica é a seguinte: "A FIV foi desenvolvida como um meio de tratar a infertilidade, e servirá agora de estribo para possibilidades reprogenéticas que vão muito além desse projeto inicial"[70]. No posfácio à edição *paperback* (brochura), o autor afirma seu *status* científico e sua independência em relação à política. Ele sabe que tudo isso envolve muito dinheiro e não esconde: não é o caso de resistir pela lei a tais práticas e o dinheiro deve primar. Cabe aos filósofos e aos eticistas resolver os debates éticos que seguem daí[71]. Afinal de contas, observa ele com uma clareza desconcertante, as desigualdades já estão aí. Cada um faz o melhor que pode por seus filhos – e ao diabo os infelizes. Quem priva seus filhos do melhor, mesmo que a maioria seja privada desse melhor? Isso dá todas as razões para acreditar que os bens e serviços reprogênicos serão distribuídos de forma desigual segundo as diferentes regiões ou os diferentes níveis econômicos. Silver, com todo seu cinismo, coloca uma questão simples: "A vida já é injusta", e a reprodutec talvez não mude nada nesse caso, ao contrário; mas isso é uma razão para ficar sem ela?

Vê-se portanto que uma grande contestação se faz em nome de Ciborgue: aos defensores do humano, críticos rigorosos do capitalismo e do dinheiro-rei, opõem-se os "liberais", para quem Ciborgue é a marca da soberania que se tem sobre si mesmo e do livre direito que se tem de querer o melhor para si mesmo

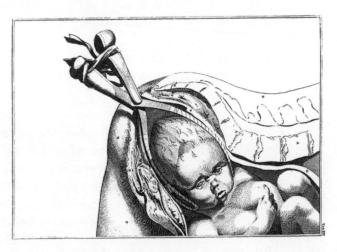

Onde está mamãe? Esta gravura representa a extração do Bebê a fórceps. Porém, onde está a mãe? Dela não resta mais que algumas linhas abstratas, que quase nos leva a esquecê-la.

e para sua progenitura. Por que restringir o uso das técnicas de ponta buscando reparar o "handicap"? Não somos todos "handicapeados", isto é, limitados aos meios ou aos meios ambientes, onde podemos evoluir? Onde começa, onde termina o hadicap? Tal é a questão que coloca por exemplo James Hughes.

Hughes, familiar de Nick Bostrom e do site betterhumans.com, propõe um debate liberal e democrático em favor da livre intervenção sobre o nosso corpo e progenitura. Ele pensa que a ciência e a democracia caminhando de mãos dadas, tudo seguira para o melhor. A cada problema, a intervenção genética oferecerá uma solução. Segundo Hughes, as democracias devem tornar acessíveis, ao maior número de pessoas, todas essas soluções que melhoram a vida, pois elas se tornarão cada vez mais felizes. Além disso, a democracia Ciborgue contemplada pelo autor visa a conceder diretos não aos humanos mas às pessoas, o que pode incluir certas máquinas. Ele denuncia o "racismo" de uma política centrada no humano: nem todo humano é uma pessoa, e nem toda pessoa é necessariamente humana[72].

Medicina, Prostética e Tráfico de Órgãos: Regime Prostético Generalizado

Ciborgue não é somente Organorg. Geralmente compreendem elela como um projeto de "superar o humano" ou um projeto de anulação da "carne". Ciborgue significa a rampa que conduz da reparação ao estímulo e à melhoria, até mesmo à alteração. Fabrice Jotterand distingue três paradigmas: o paradigma clássico da terapia ou da restauração; o do estímulo ou do aprimoramento (*enhancement*), que oferece um melhor uso de faculdades já presentes; o da alteração, que abre novas possibilidades, como por exemplo a substituição de neurônios por nano-robôs[73]. A prótese tende a tornar-se o regime geral do instrumento, até conduzir à lógica suprema da substituição: aproveitando sub-repticiamente da paridade filosoficamente estabelecida entre máquina e organismo, a primeira substituiria pouco a pouco o segundo, até que houvesse por toda parte apenas o instrumento mecânico.

É preciso considerar, evidentemente, acompanhando toda a antropologia ou com Bergson e Canguilhem, que o corpo é produtor de ferramenta. Conforme Gilbert Hottois, a vida de nossa espécie passa pela produção de artefatos: "A espécie humana foi, desde o início, uma 'espécie técnica', isto é, artificiosa, que, incansavelmente, se inventa e reinventa ela mesma."[74]

Entretanto é preciso considerar ainda como o stuff, ele mesmo, é transformado em ferramenta, substituível em/por outras ferramentas. As biotecnologias, é claro, desempenharam um papel determinante na modificação de nossa concepção do stuff – o que Haraway qualifica como passagem do organismo aos "componentes bióticos". De maneira geral, a ideia é a seguinte: o fato de que nossa espécie seja uma espécie "técnica" não é suficiente para legitimar todo e qualquer uso da técnica. Usos alienantes da técnica não deixam de existir por isso.

Jérôme Goffette analisou essas ambiguidades em *Naissance de l'anthropotechnie: De la médecine au modelage de l'humain*. Para ele, a "antropotecnia" designa a "irrupção de um fenômeno bem particular: a empresa de transformação do ser humano", que ele não deve condenar em bloco, mas a propósito da qual ele deve praticar um "exercício de discernimento de técnicas conforme o critério do bem para a humanidade"[75]. A antropotecnia responde a uma "lógica do melhoramento da mestria fisiológica a fim de trazer alguma coisa que está além da simples normalidade natural, além da simples boa saúde tão cara aos médicos"[76]. Essas fascinantes práticas do corpo instrumentalizado têm os seus contras: "Uma alienação do ser humano já se deixa entrever, sem nem falar da prevalência das toxicomanias nos antigos atletas"[77]. De modo que o livro se fecha a Ciborgue na medida em que avança.

Mas a oposição entre medicina e antropotecnia que estrutura o livro é sustentável? Pode-se opor uma boa medicina (que combate a dor e a morte) a uma inútil e potencialmente perigosa que visa a exceder o humano? A maior doença não é o envelhecimento e a morte? Então, vencer a morte elevaria a medicina ou a antropotecnia? Do mesmo modo, se toda prótese é uma "adição artificial que substitui um órgão ou o supre", seria possível distinguirmos entre próteses médicas (quadril) e próteses antropotécnicas (mamárias), cuja função não é curar ou completar, porém, em cima de uma conduta "estética", conformar o indivíduo a normas não vitais[78]. Ciborgue não seria mais que "médico" (*sensu* Goffette) se não se constituísse em um meio de ir além da condição comum; se elela fosse só um meio para recuperar ou restaurar o que se perdeu. A abordagem médica se torna socialmente aceitável por sua modéstia proclamada. Ao anunciar como objetivo apenas a reparação e a conservação do humano, Ciborgue médico torna-se uma figura a serviço da humanização. Confrontando Ciborgue médico, Ciborgue "antropotécnico" proporia o aprofundamento de circuitos de fios e cabos e uma melhoria das performances humanas. Na verdade, encontramos figuras em que a distinção entre Ciborgue médico e antropotécnico se confunde (Claudia Mitchell, Oscar Pistorius). Em que momento então uma prótese deixa de ser médica para tornar-se antropotécnica? Em que momento deixa de reparar para efetuar melhorias?[79]

Ancestrais de Ciborgue

Em virtude da onda ou da moda "Ciborgue", colocamos um pouco de todos os molhos. Os autômatos à *la* Jacques de Vaucanson, os dispositivos de Agostino Ramelli, o homem-máquina de Julien Offray La Mettrie, todos reinterpretados em Ciborgue, com acentos mais ou menos pronunciados de harawaynianismo. Além de Ian Hacking, que se empenha em fazer ressoar as falas de Haraway com palavras de Descartes ou de Canguilhem, Jonathan Sawday tenta encontrar no *Coriolano* de Shakespeare o manifesto rival do de Haraway[80]. John Christie compara o ciborgue de Haraway à "educação" de Henry Adams[81].

Esses textos mostram finalmente que não somos muito mais Ciborgue hoje do que fomos no passado. Sempre fomos Ciborgue, seria possível dizer. Mais desenvolvida, a obra de Allison Muri adota um ponto de vista crítico em relação a essa tese e tenta especificar a relação de continuidade que existe entre o animal-máquina cartesiano ou lamettriano e as representações pós-modernas de Ciborgue. A autora compreende Ciborgue como o organismo dirigido (*steered organism*). Isso lhe permite eliminar a proliferação que congrega, sob o nome de Ciborgue, a perna de pau, o fato de se utilizar um lápis para escrever, o fato de se ser vacinado ou de se portar lentes de contato, ou de se ler um texto em um livro ou em uma tela. Ao olhar para Ciborgue tendo em mente o homem-máquina e a cibernética como arte de conduzir, Muri salienta o fato de que o que dissolve as fronteiras natureza/artifício, é a "hipótese de que as relações da matéria, da energia e da força são comuns"[82]. Ela demonstra que na filosofia de Ciborgue a desencarnação é secundária em relação àquela dos mecanismos fisiológicos que governam os corpos. Dois temas constroem o propósito: a metáfora da pilotagem ou do governo do corpo, que Ciborgue traz em seu nome; a ideia de que a consciência ou o espírito são apenas um produto do mecanismo físico. O livro se desdobra assim como um ensaio histórico sobre a alma, o corpo e o humano-máquina nos séculos XVII-XVIII, em paralelo com a literatura Ciborgue.

O belo livro de Matthew Biro, *The Dada Cyborg: Visions of the New Human in Weimar Berlin* propõe encontrar Ciborgue através das colagens dadaístas, em particular nas obras de Raoul Hausmann e de Hannah Höch.

Ciborgue e as Ontologias Duais

Ciborgue questiona a forma binária que em alto grau define nossos modos de pensar. Elela chega até a identificar um abuso dualista. Assim, em *A Evolução Criadora*, Bergson pinta a tendência vital sob a forma de feixe, "criando, pelo único fato do seu crescimento, direções divergentes entre as quais se partilhará o elã". Depois, Bergson entrega, em *As Duas Fontes da Moral e da Religião*, uma orgia de dualidades. Para dizer a verdade, *A Evolução Criadora* já esboçava essa redução binária através de duas grandes linhas do Instinto e da Inteligência, os dois grandes ramos de Artrópodes e de Vertebrados, de órgãos imutáveis e de ferramentas inventadas. *As Duas Fontes...*, todavia, faz culminar essa tendência com a formulação de duas grandes leis: a lei de dicotomia, pela qual se opera a dissociação de visões tomadas em uma tendência simples; a lei de duplo frenesi, pela qual cada tendência, uma vez isolada, pretende ser seguida até o fim, "como se houvesse um fim"[83]. Isso não significa que Bergson acredita no dois como um maniqueísta: segundo ele, sempre há entre a alma fechada e a alma aberta a "alma que se abre"; entre o estático e o dinâmico, a transição. Sob os dois polos, a unidade é primeira e a dicotomia é a fonte de muitos males e muitos reveses. Então, por que esta é tão pregnante? Evitar a dicotomia e o frenesi que preza alternadamente uma ou outra tendência, diz Bergson, teria nos poupado de muitos absurdos, mas "não teríamos obtido o máximo de criação em quantidade e em qualidade". Assim, a dicotomia seria requisitada por um princípio de maximização que quer que nos envolvamos "a fundo" em cada uma das duas tendências antagonistas, uma após a outra, e reiteradamente. O princípio vai tão longe que oferece uma chave para analisar a história da humanidade, onde toma a forma de tendências ao ascetismo e à busca do bem-estar (viveríamos, na atualidade, uma era maquinista correspondente ao frenesi da satisfação); mas também fornece uma chave para compreender a história das ideias onde alternam tendências complementares e contrárias: cirenaicos e cínicos, epicuristas e estoicos[84]. A dicotomia é *mise-en-abîme* (narrativa dentro de narrativa, imagem dentro de imagem), não sem ironia: sociologia/teologia, fechado/aberto, estático/dinâmico, obrigação/pedido[85].

A antropologia inteira – totemismos e avunculato – banha-se no dois: falcão/corvo, canguru/vombate, morcego/coruja, ou morcego/ave trepadeira-do-bosque. Esses pares são trabalhados pelas relações de semelhança e de diferença, de oposição e de correlação que realizam a operação seguinte, como na oposição entre dois princípios, Yin/Yang, em que, observa Lévi-Strauss, "a oposição, no lugar de ser um obstáculo à integração, serve antes para produzi-la"[86]. Assim, encontra-se por toda parte da obra uma "lógica de oposições e de correlações, de exclusões e de inclusões, de compatibilidades e de incompatibilidades, que explica as leis da associação". Do mesmo modo, o sistema avuncular inteiro de Lévi-Strauss está estruturado por um par: não mais homem/mulher, não mais pai/filho, mas aquele que dá uma mulher/aquele que a recebe, o irmão da esposa/o esposo. É dessa prestação (dar ou receber a esposa) que tudo decorre: o avunculato não passa de um sistema de contraprestação. O dois é o princípio da estrutura. Mas que dizer quando se demonstra tão bem por toda parte a influência da dicotomia da qual se pretendeu fazer uma lei do social?

Depois de Lévi-Strauss, o tema do dois floresceu em Bruno Latour, que escreveria: "Os índios não se enganavam quando diziam que os brancos tinham a língua bifurcada."[87] Essa bifurcação da língua, trata-se da maneira de sempre separar e dividir, mais frequentemente em dois.

Em *Par-delà nature et culture*, Phillipe Descola enfrenta o dois e se empenha em demonstrar a inanidade da dicotomia natureza/cultura ou natureza/sociedade, tão central à antropologia de Lévi-Strauss. Descola mostra como a antropologia americanista multiplica as comunidades humanas/não humanas e constrói argumento para um "perspectivismo" que se pode estender, para além dos mundos americanos, a um grande número de culturas. O problema com as dicotomias natureza/cultura ou selvagem/doméstico não está tanto em seu binarismo *per se* quanto em sua inadequação com as divisões e delimitações de outras culturas (como a oposição em japonês entre yama e sato)[88]. O binarismo não é uma invenção ocidental: infectando, ou melhor, estruturando todas as culturas, supõe-se que a antropologia não pode deixar de remeter-se a ele. Por isso, tendo valentemente fendido de cima abaixo natureza/cultura e tendo tentado oferecer uma lenta e completa genealogia disso em nome do perspectivismo dos Achuars, Descola deve finalmente substituir aquele binarismo por um outro: interioridade/fisicalidade, o que é o eu e o que não é o eu, amplificando o binarismo cartesiano espírito/corpo. O binarismo se impõe finalmente: "Contrariamente a uma opinião em voga, as oposições binárias não são invenções do Ocidente ou de ficções da antropologia estrutural; elas são muito amplamente utilizadas por todos os povos em muitas circunstâncias, e é então menos sua forma que deve ser colocada em causa do que a universalidade eventual dos conteúdos que elas dividem."[89] Por isso, Ciborgue lê com estupefação as página em que o professor do Collège de France pensa ter encontrado a binaridade autenticamente universal a partir da qual redistribui o conjunto de mundos[90]. Tendo salvo o dois, ele o potencializa e propõe um quadro de quatro antologias – animismo, totemismo, naturalismo, analogismo – que ignora Ciborgue e as dicotomias contagiosas que lhe obsedam.

Eduardo Viveiros de Castro, também americanista, propõe, em suas *Métaphysiques cannibales*, retornar não ao "mono-naturalismo" onde se inscrevem todas as dicotomias, não ao multiculturalismo como maneira de dividir essa trama mono-natural, mas a um "multinaturalismo" ou "perspectivismo". Ciborgue constata que Viveiros de Castro mantém as dualidades: "Uma perspectiva não é uma representação, pois as representações são propriedades do espírito, enquanto o ponto de vista está no corpo."[91] Mas ele não deve se deixar abusar pelos termos visto que essas dualidades são reelaboradas: "corpo" não designa mais diferenças fisiológicas, mas diferenças de afetos (uma figura humana pode esconder uma afeição-jaguar). Deleuze passou pela antropologia, a menos que isso seja Jakob von Uexküll.

Também conseguiu-se propor fundar uma epistemologia sobre a análise dos pares e do seu funcionamento. Assim, Gerald Holton se propôs a edificar uma nova epistemologia que ele chama de "temática", cujo objetivo seria reconhecer, operando no pensamento científico, pares de termos opostos: os "thêmata". Os thêmata significam todas as noções às quais um cientista dá ou recusa, conscientemente ou não, sua adesão. Desse modo, poderíamos dizer, a oposição entre física cartesiana e física newtoniana se deixa examinar em função de dois engajamentos diferentes no tema cheio/vazio. Outros thêmata clássicos são os pares atomismo/*continuum*, ordem/caos, unificação/multiplicidade, análise/síntese, reducionismo/holismo[92]. Os *thêmata* podem, ocasionalmente, não ser pares mas singletons ou tripletos. No total, Holton diz ter inventariado menos de cem thêmata para a física[93]. Os thêmata formam como que um plano ortogonal em relação ao plano do método científico onde se operam comprovação e falsificação. Eles constituem uma história paralela e negligenciada da ciência.

Performer Ciborgue às Margens

Ciborgue se tornou sinônimo de teorias do ponto de vista, a ideia de que um conhecimento produzido corretamente permitirá a adoção de melhores estratégias políticas – o que Haraway tematizou como *situatedness* (contextualização). Traçar a cartografia de usos de Ciborgue no pensamento contemporâneo implica em passar por figuras como a *mestiza*, o híbrido, o subalterno. Ciborgue nutriu uma intensa atividade militante feminista no domínio das mídias. Elela encarna a figura da hipertecnicização do mundo contemporâneo e do sujeito dividido e oscilante, zapeando ou navegando na web; o sinônimo da crítica das dicotomias e do programa do pensamento pós-moderno: *blurring the boundaries* (borrando as fronteiras).

Se o "centralismo" é um projeto político e um empreendimento de dominação sobre entidades estigmatizadas como "periféricas", Ciborgue, amiúde tomando a forma de hipertexto, é a imagem de uma subjetividade descentrada, multívoca, "nômade". O nomadismo de Ciborgue oferece um potencial para superar o pensamento falocêntrico e promover uma nova subjetividade feminina feminista[94]. Do mesmo modo, a *mestiza*, analisada pelas teóricas chicanas como Chela Sandoval ou Gloria Anzaldúa, é móvel, múltipla, nomádica, esquizoide. A *mestiza* traz em si, desde sempre, a mescla, por isso, ela evita o pensamento unitário. Ela perturba e cruza as fronteiras; eis sua principal característica.

Artistas tais como Stelarc, Eduardo Kac, Orlan, Guillermo Gomez-Peña e Roberto Sifuentes renegociam permanentemente em suas performances e em suas obras a identidade e os estereótipos, assim como as dicotomias externo/interno, inscrição/incorporação (*embodiment*). Um apelo: compreender a tecnologia "como performativa e incorporada"[95].

Ciborgue é sinônimo de desejo por uma mudança individual e social. Elela evita a armadilha do tudo-tecnológico e mobiliza-se em diferentes universos utópicos e distópicos, por vezes sinônimo de "zonas autônomas temporárias" de Hakim Bey e por vezes sinônimo de grandes multinacionais capitalistas. Essas tensões se resumem no conceito, essencial à perspectiva de Donna Haraway, do "descendente ilegítimo": é possível desviar-se dos poderes, por exemplo, das tecnologias tecno-militares.

Por fim, Ciborgue, que não hesita em ser obsceno, propõe uma derivação ou uma releitura lesbiana e feminista do consolo, do pênis artificial. O consolo com frequência é interpretado em uma perspectiva falocêntrica (como um significante do Falo, pensado como presença/ausência). Nesse quadro, a lésbica utilizando um consolo manifestaria simplesmente sua *Penisneid* (inveja do pênis), seu desejo pelo Falo. Mas aí reside um problema de codificação. Segundo Jeanne E. Hamming, "o consolo oferece à lésbica uma flexibilidade de gênero como Ciborgue, e essa 'ferramenta' pode ser recodificada de uma maneira que não mobilize sua significação fálica"[96]. O método consiste portanto em "recodificar" ou em "resituar" o consolo como Ciborgue. Trata-se de assegurar que o consolo definitivamente não seja mais um representante do corpo masculino porém um instrumento de prazer do qual o pênis orgânico dos machos não deve passar de um avatar, e não o mais satisfatório.

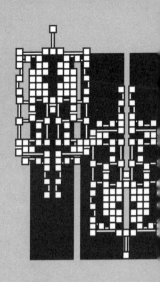

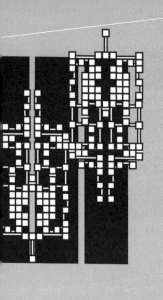

NOTAS

APRESENTAÇÃO

1 Sobre a alienação como privação e despossessão, cf. S. Haber, *L'Aliénation*.
2 Cf. D. Diderot, *Obras II, Estética, Poética e Contos*, p. 91-133.
3 Cf. infra, notadamente seções 7.7, "O Braço de Claudia" e 7.8, "As Pernas de Oscar".
4 Trata-se aqui de uma invenção do autor em que ele promove o amálgama entre os pronomes pessoais "il" e "elle" a fim de afirmar o caráter híbrido de Ciborgue. Isso vale também para pronomes demonstrativos como "celui/celle", que se tornam "cille" etc. Optamos, nesses casos, pelos seguintes amálgamas em português: "elela", "aquelela" etc., procurando reproduzir o caráter híbrido de Ciborgue nesta obra de Thierry Hoquet, um traço fundamental das questões colocadas por ele aqui. (N. da T.)
5 É dessa forma que um discípulo de John Locke, tendo meditado sobre as seções II, 13, 19 e 11 , 23, 2 do *Ensaio Sobre o Entendimento Humano*, traduziria sem dúvida a passagem do *Sofista*, 246a2, onde Platão fala de uma *gigantomachia peri tes ousias*.
6 Nicole Mosconi, em comunicação pessoal.

I. POSTIÇOS, OU DIVAGAÇÕES CANGUILHARAWAYNIANAS

PRÓLOGO

1 Reprodução no volume organizado por C.H. Gray; H.J. Figueroa-Sarriera; S. Mentor, *The Cyborg Handbook*, p. 30.
2 Trata-se do controverso experimento "rato oncológico", geneticamente predisposto ao cancro. Foi a primeira patente registada de um animal geneticamente manipulado. (N. da T.)
3 Cf. W. Whewell, The Length of the Year; The Lenght of the Day, *Astronomy and General Physics Considered With Reference to Natural Theology*.
4 *Charles Darwin's Notebooks (1836-1844)*, caderneta D, folha [49].
5 Cf. Lynn Margulis, *L'Univers bactériel*.
6 Cf. I. Hacking, Canguilhem amid the Cyborgs, *Economy and Society*, v. 27, n. 2/3, p. 202-216; trad. fr. Canguilhem parmi les cyborgs, em J.-F. Braunstein (dir.), *Canguilhem: Histoire des sciences et politique du vivant*, p. 113-141. Hacking atribui

a primeira tese a Clynes, que "parecia estar radicalmente próximo do dualismo cartesiano", e a segunda a Kline.

7 Por "stuff" designamos o "não sei o quê" que compõe ou constitui a trama ou a substância dos seres, para além da divisão espírito-corpo ou máquina-organismo. Cf. infra, seção 3.4, "Ciborgue é Stuff".
8 Cf. C.H. Gray, An Interview With Manfred E. Clynes, em C.H. Gray; H.J. Figueroa-Sarriera; S. Mentor (eds.), op. cit., p. 43-53.
9 Do nome do especialista em robótica e futurólogo, Hans Moravec.
10 Cf. P. Sarasin, *Reizbare Maschinen*, em particular a página 107 pelo trecho tirado de Michel Lévy, *Traité d'hygiène*.
11 N. Wiener, *The Human Use of Human Beings*; trad. fr. *Cybernétique et société*, p. 502.
12 A. Muri, *The Enlightenment Cyborg*, p. 19.
13 Cf. D.J. Hess, On Low-Tech Cyborgs, em C.H. Gray; H.J. Figueroa-Sarriera; S. Mentor (eds.), op. cit., p. 372.
14 S. Lem, *Solaris*, capítulo 6, p. 124 (trad. modificada).
15 Cf. G.-L.L. de Buffon, Premier discours, *Histoire naturelle*, t. 1, p. 14; M. Berthelot, *Leçons sur les méthodes générales de la synthèse en chimie organique*, p. 2.
16 Cf. K. Capek, *R.U.R: Rossum's Universal Robots*; *Critique*, n. 709-710; C. Brandt, Die zwei (und mehr) Kulturen des "Klons". Utopie und Fiktion im biowissenschaftlichen Diskurs der Nachkriegszeit, *NTM*, v. 17, n. 3, p. 243-275, e Die Diffusion des zukünftigen Menschen: Klonpraktiken und Visionen des Humanen, 1960-1980, em C. Brandt; Florence Vienne (Hrsg.), *Wissensobjekt Mensch*, p. 215-241.
17 Cf. P. Breton, Cyborg, em Michela Marzano (dir.), *Dictionnaire du corps*.
18 N. Wiener, op. cit., p. 30.
19 Cf. infra, seção 3.9. "O Poder dos Dwems".
20 J. Baudrillard, *Le Système des objets*, p. 171; trad. bras. *O Sistema dos Objetos*, p. 130.
21 Ibidem, p. 172; trad. bras., ibidem.
22 Ver o debate sobre a origem da Smurfete em *Donnie Darko*, filme de Richard Kelly, 2001: inimiga, vadia ou companheira?
23 Cf. D. Diderot, *O Sonhos de D'Alambert*, em *Obras I: Filosofia e Política*, Continuação do Diálogo, p. 217. (N. da T.)
24 K. Warwick, *I, Cyborg*, p. 1.
25 Ibidem, p. 61-62.
26 Para outros animais amplificados, ver por exemplo o golfinho de *Johnny Mnemonic*, filme de Robert Longo, 1995.
27 *A Identidade Bourne*, filme de Doug Liman, 2002.
28 Cf. infra, seção 10.2, "Quando a Festa Termina".
29 J. González, Envisioning Cyborg Bodies: Notes from Current Research, em G. Kirkup et al. (eds.), *The Gendered Cyborg*, p. 68.
30 Termo empregado por Jerry Fodor para designar uma espécie de retórica que consiste em exagerar, em contextos científicos ou tecnológicos, para causar impacto

e "vender o peixe". Cf. J. Fodor, *In a Critical Condition* citado por A. Leclerc, Um Tratamento Contextualista do Predicado de Existência, *Filosofia Unisinos*, v. 7, n. 2, p. 124. (N. da T.)

31 Cf. J. Butler, *Trouble dans le genre*, p. 261.

CIBORGUE E A ORGANOLOGIA GERAL

1 cf. G. Simondon, *Du mode d'existence des objets techniques*.
2 Podemos pensar na rigidez de C-3PO ou R2-D2 em *Guerra nas Estrelas*, filme de George Lucas, 1977. Cf. J. Baudrillard, op. cit., p. 169, para quem essa rigidez é uma maneira de remediar a angústia do duplo perfeito.
3 Cf. G. Canguilhem, Machine et organisme, *La Connaissance de la vie*, p. 101-127.
4 Cf. H. Bergson, *L'Évolution créatrice*, p. 131 e 140.
5 Cf. E. Souriau, *Le Sens artistique des animaux*; M.H. Hansell, *Built by Animals*.
6 Cf. E. Kapp, *Principes d'une philosophie de la technique*.
7 G. Canguilhem, op. cit, p. 115.
8 Cf. I. Hacking, Canguilhem parmi les cyborgs, em J.-F. Braunstein (dir.), *Canguilhem: Histoire des sciences et politique du vivant*, p. 118 e 123-124 (trad. modificada).
9 Ibidem, p. 116 (trad. modificada). Ver também em J. Monod, *Le Hasard et la nécessité*, capítulo 1.
10 Para a crítica da abordagem biológica das máquinas, cf. G. Deleuze; Felix Guattari, Bilan-Programme pour machines désirantes, *L'Anti-Œdipe*, p. 465 (sobre o par ferramenta/máquina, no qual devemos pensar não derivando evolucionariamente a máquina da ferramenta, mas instalando os dois termos *desde o início*) e p. 482 (sobre a fábrica na concepção de Karl Marx, em que é preciso pensar "as máquinas e os homens" como "órgãos mecânicos e intelectuais" para a fábrica «como corpo pleno que os maquina").
11 Cf. G. Canguilhem, Machine et organisme, op. cit., p. 116: "A construção de servomecanismos ou de autômatos eletrônicos muda a relação entre o homem e a máquina sem alterar o sentido dessa relação."
12 Cf. L. Margulis, *What Is Life?*, p. 9.
13 J. Baudrillard, op. cit., p. 143.
14 Ibidem.
15 Cf. infra, seções 2.8. "Ícaro", 2.9. "RoboCop ou a Concorrência de Stuffs" e 2.12 "Allegra Geller ou a Bioporta Impossível".
16 Trata-se da perspectiva aberta por Samuel Butler. Cf. infra, p. ???
17 É notável que os defensores de OGM (Organismos Geneticamente Modificados) ou das biotecnologias operam da mesma maneira quando se trata de legitimar essa técnica ou de torná-la aceitável: os primeiros exemplos de biotecnologias são pois emprestados da fermentação alcoólica que resultou na cerveja e no vinho, que se encontram assim colocados no mesmo plano do milho BT (geneticamente modificado) e do arroz dourado. Do mesmo modo, serão

feitos todos os esforços para "naturalizar" as nanotecnologias ao reconduzi-las às experiências de Benjamin Franklin quando ele verte uma gota de óleo na superfície de um lago.

18 Cf. S. Giedion, *La Mécanisation au pouvoir*.
19 Por exemplo, F. Reuleaux, *Le Constructeur*. Para o período mais recente, cf. B. Jacomy, *L'Âge du plip*.
20 M. Serres, *Hominescence*, p. 51.
21 J. Baudrillard, op. cit., p. 9.
22 Ibidem, p. 164.
23 Ibidem, p. 121.
24 Cf. J.-Y. Jouannais, *Des nains, des jardins*, p. 34.
25 G. de Maupassant, *Bel-Ami*, p. 108.
26 M. Marcuzzi, *Les Corps artificiels*, p. 206.
27 Revoltas de grande escala estouraram em Clichy-sous-Bois depois da morte de Zied Benna e de Bouna Traoré em 27 de outubro de 2005, dois jovens que tinham encontrado refúgio em um transformador elétrico de alta tensão. O isolamento dos bairros e o "muro invisível" que separa "comunas" como Clichy-sous-Bois e Montfermeil de regiões centrais da metrópole foram constantemente evocados como contribuidores à desesperança dos habitantes.
28 Tal parece ser a preocupação nessa passagem de S. Butler, Lucubratio ebra (1865), *Carnets*, p. 72. "O homem que pode acrescentar à sua pessoa uma cabine de um dos paquetes da Companhia do Pacífico é um ser dotado de uma compleição muito superior àquela do homem que não consegue o mesmo feito." Agradeço a Grégoire Chamayou por ter chamado minha atenção a essa passagem.
29 M. Marcuzzi, op. cit., p. 209.
30 E. Bloch, *Le Principe espérance*, 3 v.
31 Conforme as seguintes palavras de Mohammed Ali, "float like a butterfly, sting like a bee" (flutuar como uma borboleta, ferroar como uma abelha".
32 Cf. H. Bergson, *L'Évolution créatrice*, p. 141.
33 Ibidem.
34 Ver, por exemplo, G. Canguilhem, *Le Normal et le pathologique*, p. 79, em que a concepção do vivente mecânico é refutada em proveito da afirmativa "a vida é polaridade", colocada em relação com a normatividade vital: "O mais simples aparelho biológico de nutrição, assimilação e excreção traduz uma polaridade. Quando os dejetos da assimilação não são mais excretados por um organismo e obstruem ou envenenam o seu interior, tudo isso está, com efeito, de acordo com a lei (física, química etc.), mas nada disso se mostra conforme a norma da atividade do próprio organismo. Tal é o simples fato que pretendemos indicar quando nos referimos à normatividade biológica."
35 Cf. A. Pickering, Cyborg History and the World War II Regime, *Perspectives on Science*, v. 3, n. 1, p. 1-48.

36 Cf. S. Butler, Darwin Among the Machines, em H.F. Jones (ed.), *The Shrewsbury Edition of the Works of Samuel Butler*, v. 1, p. 208-210.
37 Cf. K. Eric Drexler, *Engins de création*.
38 O malthusianismo é a teoria da limitação de recursos em um ecossistema.
39 *X-Men*, filme de Bryan Singer, 2000.
40 Cf. M. Maestrutti, *Les Imaginaires des nanotechnologies*.

CIBORGUE FEMINISTA

1 Uma primeira versão deste texto está publicada, dedicada a Francine Markovits, sob o título "Insaisissable Haraway", *Sociologie et Sociétés*, v. 42, n. 1, p. 143-168, número organizado por B. Thériault e S. Bilge. Agradeço aos editores de *Sociologie et Sociétés*, e às Presses de l'Université de Montréal, que me permitiram retomar algumas passagens aqui.
2 D. Haraway, *Simians, Cyborgs and Women*, p. 3.
3 A imagem na capa de *Primate Visions* foi tirada de uma publicidade para a *Natural History Magazine*. Ver D. Haraway, *Primate Visions*, p. 134. A capa de *When Species Meet* é uma foto de Henry Horenstein. Em *OncoMouse*, o afresco de Michelangelo é colocado em paralelo a um desenho de Anne Kelly, *Virtual Speculum*, onde uma Eva tomou o lugar de Adão e onde um computador cuja tela apresenta um feto está no lugar de Deus: cf. D. Haraway, *Modest_Witness@Second_Millennium. FemaleMan_Meets_OncoMouse*, p. 176-180.
4 P. Sloterdijk, *Sphères*, t. 1, p. 46-47.
5 D. Haraway, *The Haraway Reader*, p. 3.
6 Por exemplo, para uma crítica do "gene egoísta" como tautologia, cf. idem, *OncoMouse*, p. 134.
7 Idem, *The Haraway Reader*, p. 228.
8 Ibidem, p. 252 e 258. As ocorrências do tema são numerosas, notadamente em D. Haraway, *Primate Visions*, p. 369 (*weave/thread* [tecer/fio]), p. 370 (*to knit together* [tricotar juntos]) etc. A imagem do "mapa" (*maps*) reapresenta a metáfora da tecedura ou do textual.
9 Idem, Situated Knowledges, *Feminist Studies*, v. 14, n. 3, p. 575-599, retomado em D. Haraway, *Simians, Cyborgs and Women*, p. 197 e 195.
10 Idem, *Primate Visions*, p. 375.
11 Idem, *Simians, Cyborgs and Women*, p. 186. A imagem da cebola desempenha diversos papéis no pensamento de Haraway, notadamente no texto "Modest Witness", através da alergia à cebola da qual Susan Leigh Star fez o centro do seu ponto de vista "ciborgue". Cf. idem, *The Haraway Reader*, p. 238.
12 Sobre as etiquetas enganosas, ver notadamente o enfoque de Laurence Allard a propósito do "pós-humano" em D. Haraway, *Manifeste Cyborg et autres essais*, p. 19-28.
13 Poderíamos dizer de Haraway que ela joga aqui com uma margem, "à la Derrida". Mas o que se ganharia nesse jogo do reconhecimento, quem se diverte em

pôr em relação cada peça de uma rede com outras? Quando dissecarem Haraway, e forem identificados um traço de Jacques (Derrida) aqui, muitos de Bruno (Latour) acolá, inevitavelmente um pouco de Gilles (Deleuze) e sobretudo de Michel (Foucault) o que se ganhará com isso? Podem, é claro – é tão agradável reconhecer –, se entregar a esse jogo que consiste em identificar fontes e confrarias, mas o que então nos restará pensar, quando estivermos diante do corpo despedaçado de Haraway, como se estivéssemos face aos restos mortais de Orfeu dilacerado pelas Mênades? Sempre é possível a recusa de enxergar a novidade ao submetê-la a antigas maneiras de ver e de dizer. Alguns são especialistas em fazer ventriloquia. Evidentemente podem fazer de Haraway a descendente ilegítima de alguns filósofos franceses. Porém a própria Haraway adverte contra as ressonâncias enganosas. Se Sojourner Truth é uma figura de não originalidade, elela (*s/he*) não é por isso derridiana, elela pertence antes à tradição de corpos e sujeitos estigmatizados (Trinh Minh-ha, Monique Wittig, Judith Butler). Desse modo, se há uma sonoridade derridiana em Truth, é por efeito de irmandade (*sibling*) em vez de derivação. As semelhanças se pensam como coalizão de irmãs antes que sob o esmagamento de uma tutela do pai ou do irmão mais velho. Cf. D. Haraway, Ecce Homo, *The Haraway Reader*, p. 53 e 61.
14 Idem, Primatology is Politics by Other Means, em R. Bleier (ed.), *Feminist Approaches to Science*, p. 84.
15 Cf. D. Haraway, *The Haraway Reader*, p. 1. Sobre a figura, cf. idem, *OncoMouse*, p. 11: "Uma figura é geométrica e retórica; tópicos e tropos são dois conceitos espaciais. A 'figura' é a palavra francesa para exprimir face, um significado que o inglês conservou na noção de lineamentos de uma história. 'To figure' em inglês significa contar ou calcular, mas também estar em uma história, ter um papel. Uma figura também é um desenho. As figuras pertencem à representação gráfica e às formas visuais em geral, algo que não é irrelevante em nossa cultura tecnocientífica saturada visualmente."
16 C.C. Dumarsais, *Traité des tropes*, p. 7-8. Os tropos ou figuras são "maneiras de falar distantes daquelas que são naturais e comuns". Não são rodeios de frases comuns e no entanto são frequentes, "nada tão natural, tão simples e tão comum", "nada mais fácil e mais natural": "Elabora-se mais figuras em um único dia de caminhada ao mercado do que se produz em vários dias de encontros acadêmicos. Dessa maneira, bem longe de as figuras se distanciarem da linguagem comum dos homens, o modo de falar sem figuras é que, ao contrário, estaria distante dessa maneira comum de se expressar se fosse possível fazer um discurso em que só existisse expressões não figuradas."
17 D. Haraway, *The Haraway Reader*, p. 3.
18 Ibidem, respectivamente p. 2, 4 e 2.
19 Idem, *Primate Visions*, p. 364. "Quaisquer que sejam os méritos do conto [...], sempre é satisfatório começar uma importante história de origem com uma etimologia grega."

20 Idem, *The Haraway Reader*, p. 20.
21 Idem, *Primate Visions*, p. 370.
22 Idem, *The Haraway Reader*, p. 2. Os textos de Haraway, compreende-se, nos obrigam a torcermos a língua, a aglutinarmos o mais próximo possível as palavras. Aqui gostaríamos de substituir "unfamiliar" por "inquietante estranheza", pois esse termo finalmente exprime muito bem o *Unheimlich* de Freud: apesar disso, Haraway não recorre a "uncanny" e cometeríamos um erro, mediante deslizes de tradução, se nos puséssemos a inventar e forçar uma tradução de um termo que ela emprega de modo tão familiar, tão simples, se nos metêssemos a acolher suas proposições submetendo-as ao horizonte de nossas categorias preestabelecidas.
23 Marika Moisseeff, em comunicação pessoal.
24 Cf. D. Haraway, *The Haraway Reader*, p. 1, evoca parentescos "feitos de entidades textuais *florescidas (florid)* – maquínicas, orgânicas e textuais". O adjetivo "florid" carrega significações contraditórias, designa o pleno florescimento de uma entidade (mesmo que seja uma doença), um temperamento "ardente" ou um "estilo florido", de uma graça preciosa e emprestada.
25 O termo "compagnonnage" aparece na língua francesa somente por volta de 1719, para designar o tempo do estágio profissional que um companheiro devia fazer com um mestre. Do latim popular Companionem "aquele que partilha o pão com o outro" de cum "com", e panis, "pão". No plano geral e humano, ele evoca um companheiro de vida, um grupo de pessoas cuja finalidade é: apoio, proteção, educação, transferência de conhecimentos entre todos os seus membros. (Texto publicado originalmente na Wikipédia França, traduzido para o português por José Antonio de Souza Filardo. Disponível em: <https://bibliot3ca.com/companheiros-do-dever-a-compagnonnage-na-franca/>). (N. da T.)
26 Ibidem, p. 20.
27 Cf. J. González, Envisioning Cyborg Bodies, em C.H. Gray et al., *The Cyborg Handbook*, p. 275; N. Lykke, Between Monsters, Goddesses and Cyborgs, em G. Kirkup et al. (ed.), *The Gendered Cyborg*, p. 85.
28 Uma frase acrescida na versão de 1991, logo depois dessa passagem, sugere que a ficção científica utópica pode ser um outro ponto de fuga feminista face aos horripilantes "mundos pós-modernos textualizados". Cf. D. Haraway, *Simians, Cyborgs and Women*, p. 186.
29 Ibidem. Outro exemplo de rótulo proposto pelos *boys*: o tema da "morte do sujeito" para designar a dúvida que acomete um sujeito definido como "ponto solitário de ordenamento de querer e de consciência". Cf. ibidem, p. 192. Haraway joga ao traduzir os rótulos dos *boys* de um registro a outro. Ver, por exemplo, D. Haraway, *Primate Visions*, p. 353. "Que forma assume a famosa 'morte do sujeito' na teoria neodarwiniana da evolução?"
30 Cf. infra, seção 3.9, "O Poder dos Dwems".
31 D. Haraway, *The Haraway Reader*, p. 228 e 258.

32 Ibidem, p. 2.
33 Cf. J. Derrida, *L'Animal que donc je suis*, p. 90; e K. Weil, Liberté éhontée, *Critique*, n. 747-748, p. 677.
34 Cf. D. Haraway, *The Haraway Reader*, p. 4; e Cyborgs and Symbionts: Living Together in the New World Order, em C.H. Gray et al., *The Cyborg Handbook*, p. XI -XX.
35 No original em francês *partiellement/partialement*, ou seja, "em parte/de modo parcial". Tanto em inglês – idioma de origem de Donna Haraway, de quem o autor comenta os textos nesta parte do livro – quanto em português, uma única palavra oferece esses dois sentidos. No inglês, *partially*, no português, *parcialmente*. (N. da T.)
36 D. Haraway, *Simians, Cyborgs and Women*, p. 188, 192, 193 e 187, sublinhado no texto.
37 Cf. F. Markovits, Les Critiques de l'universalisme au XVIIIe siècle, *Le Temps philosophique*, n. 3, p. 75-90. À problemática kantiana da normatividade universal, Markovits opõe uma filosofia cética do sujeito deslocado.
38 D. Haraway, *Simians, Cyborgs and Women*, p. 186 e 188.

MITOLOGIA CRÍTICA: DE CIBORGUE ÀS ESPÉCIES COMPANHEIRAS

1 cf. F. Jameson, Postmodernism or the Cultural Logic of Late Capitalism, *New Left Review*, n. 146, p. 53-92; D. Haraway, A Cyborg Manifesto: Science, Technology and Socialist-Feminism in the Late Twentieth Century, retomado em D. Haraway, *Simians, Cyborgs and Women*, p. 149-181; trad. fr., idem, *Manifeste Cyborg et autres essais*; e *Des Singes, des cyborgs et des femmes*.
2 Cf. Jennifer Jason Leigh, profissional do sexo à domicílio, que sustenta todos os seus filhos ao satisfazer as necessidades sexuais dos seus clientes por telefone, em *Short Curts*, filme de Robert Altman, 1993.
3 Ela descreve o *Manifesto Ciborgue* como "uma quase sóbria proposição socialista-feminista". Cf. D. Haraway, *The Haraway Reader*, p. 3: a confusão é lançada pelo "quase" (*nearly*).
4 Idem, *Simians, Cyborgs and Women*, p. 151.
5 D. Haraway, Manifeste Cyborg, *Simians, Cyborgs and Women*, p. 181, trad. fr., p. 81, versão modificada.
6 Idem, Primatology Is Politics by Other Means, em Ruth Bleier (ed.), op. cit., p. 86-87.
7 Idem, Manifeste Cyborg, p. 75 ("One is too few, but two are too many") e p. 80 ("One is too few, and two is only one possibility").
8 V. Kirby, Feminisms and Postmodernisms: Anthropology and the Management of Difference, *Anthropological Quarterly*, v. 66, n. 3, p. 127-133.
9 D. Haraway, Reading Buchi Emecheta: Contests for Women's Experience in Women's Studies, *Simians, Cyborgs and Women*, p. 110-111.
10 Ibidem, Manifeste Cyborg, *Simians, Cyborgs and Women*, p. 155, trad. fr., p. 38. Versão modificada.
11 Ibidem, p. 156, trad. fr., p. 41, versão modificada.
12 Ibidem, p. 155, trad. fr., p. 39.

13 Ibidem, p. 156, trad. fr., p. 40, trad. modificada.
14 Ibidem, p. 157, trad. fr., p. 41. Trad. modificada.
15 A. Lorde, The Master's Tools Will Never Dismantle the Master's House, *Sister Outsider*, p. 113.
16 Cf. H. Marcuse, Love Mystified, *Negations*, p. 227-243; T. Roszak, *The Making of a Counter Culture*, p. 115.
17 N.O. Brown, *Love's Body*, p. 253-254.
18 Ibidem, p. 244.
19 J. Sanbonmatsu, *The Postmodern Prince*, p. 57.
20 D. Haraway, Manifeste Cyborg, *Simians, Cyborgs and Women*, p. 173, trad. fr., p. 68-69, versão modificada.
21 N.O. Brown, op. cit., p. 253; D. Haraway, Manifeste Cyborg, *Simians, Cyborgs and Women*, p. 181, trad. fr., p. 82, versão modificada.
22 N.O. Brown, op. cit., respectivamente p. 24-26, 63, 71, 249 e 252.
23 Ibidem, p. 11.
24 M. Daly, *Gyn/Ecology*, p. XLVII.
25 "Stag-nation", como escreve Daly, designa, é evidente, a estagnação, mas remete sobretudo à nação dos machos, dos "garanhões": *stag* designa o cervo e *stag-night*, a despedida de solteiro, como *hen's night*, noite da galinha, designa a despedida de solteira. Em regime falocrático de *stag-nation*, as mulheres ficam confinadas ao papel de receptáculos (*vessels*), de carregadoras (*carriers*) controladas pelos homens. Cf. M. Daly, New Introduction, op. cit., p. XVIII.
26 Cf. N.O. Brown, op. cit., p. 247 e 249.
27 Cf. C.J. Adams, *The Sexual Politics of Meat*.
28 J. Sanbonmatsu, op. cit., p. 61-62.
29 Cf. M. Hardt; A. Negri, *Empire*, p. 267-272.
30 Ibidem, p. 272.
31 D. Haraway, *OncoMouse*, p. 43.
32 N. Lykke, Between Monsters, Goddesses and Cyborgs: Feminist Confrontations With Science, em G. Kirkup et al. (ed.), op. cit., p. 77.
33 D. Haraway, Manifeste Cyborg, *Simians, Cyborgs and Women*, p. 31 e 52. Trad. modificada.
34 Cf., por exemplo, D.C. Hoy (ed.), *Foucault: A Critical Reader*, em que a problemática feminista está ausente.
35 Mesma situação em [*O Segredo de*] *Brokeback Mountain*, de Ang Lee (2005), onde somos convidados a nos comovermos diante do idílio impossível de um casal de *cowboys* sob a lona de uma tenda autárquica. Podemos assistir ao filme inteiro sem sabermos que, durante esse tempo, alguns quilômetros mais longe, em Nova York ou em São Francisco, outros lutam coletivamente para que sejam ouvidos os seus direitos – visionar diante do filme *Milk*, de Gus Van Sant, 2008.
36 Cf. L. Sargent (ed.), *Women and Revolution*.

37 Por exemplo, I. Diamond; L. Quinby (ed.), *Feminism and Foucault: Reflections on Resistance*.

38 Pela língua inglesa, pode-se especialmente notar a importância dos textos de Foucault recolhidos por C. Gordon em *Power/Knowledge*.

39 D. Haraway, *Companion Species Manifesto*, p. 4.

40 Idem, Manifeste Cyborg, *Simians, Cyborgs and Women*, p. 244-245, nota 4; trad. fr., p. 86, versão modificada. Haraway retorna à oposição a Foucault em *OncoMouse*, p. 11-12.

41 A propósito da expressão "White capitalist patriarchy", Haraway perguntará, em 1988: "Como podemos nomear essa *Coisa* escandalosa?" Cf. D. Haraway, *Simians, Cyborgs and Women*, p. 197. Sobre a análise do capitalismo como "a Coisa", cf. S. Žižek, *L'Intraitable*, p. 110.

42 D. Haraway, *OncoMouse*, p. 42-43.

43 Ibidem, p. 43.

44 Idem, *Simians, Cyborgs and Women*, p. 162.

45 Ibidem, p. 194-195.

46 D. Haraway, *Companion Species Manifesto*, p. 11 e 51.

47 Neste caso específico, proponho traduzir *queer* por "de través" para fazer ressoar o *quer* etimológico, través ou torção. Cf. infra, seção 6.13, "Ciborgue Transverso".

48 D. Haraway, Situated Knowledges, *Feminist Studies*, v. 14, n. 3, p. 588.

49 Idem, *The Haraway Reader*, p. 5 e 34.

50 Ibidem, p. 88 e 95-96.

51 Cf. D. Haraway, *Companion Species Manifesto*, p. 13-14; e idem, *When Species Meet*, p. 152.

52 Idem, *Companion Species Manifesto*, p. 4.

53 Ibidem, p. 40-41.

54 Idem, *The Haraway Reader*, p. 51-52.

55 Idem, *Simians, Cyborgs and Women*, p. 190.

56 Idem, *The Haraway Reader*, p. 2. A passagem é repetida no início de *When Species Meet*. Sobre os beijos e essa repetição, cf. V. Desprez, Rencontrer un animal avec Donna Haraway, *Critique*, n. 747-748, p. 745-757. L. Margulis; D. Sagan; L. Olendzenski, What Is Sex?, em Harlyn O. Halvorson; Alberto Monroy (ed.), *The Origin and Evolution of Sex*, p. 69-85.

57 D. Haraway, *The Haraway Reader*, p. 15.

58 Ibidem, p. 5. Sobre a importância da coevolução na formação da imunidade de certos povos e seu impacto na história da população mundial, cf. J. Diamond, *Guns, Germs, and Steel: The Fates of Human Societies*, trad. do inglês por P.-E. Dauzat, *De l'inégalité parmi les sociétés: Essai sur l'homme et l'environnement dans l'histoire*, Paris: Gallimard, 2000. A repeito das novas divisões do planeta, na esteira de Bruno Latour, cf. F. Keck, Les Hommes malades des animaux, *Critique*, n. 747-748, Libérer les animaux?, 2009, p. 796-808.

59 D. Haraway, *Companion Species Manifesto*, respectivamente p. 100, depois p. 8-9.

60 Haraway gosta desses oximoros que seus textos colecionam e exibem: por exemplo, "passionate detachment" (desapego apaixonado) que ela toma emprestado de Annette Khun. Cf. D. Haraway, Situated Knowledges, op. cit., p. 585; e *Simians, Cyborgs and Women*, p. 192.
61 Idem, *The Haraway Reader*, p. 12.

II. FILOSOFIA CIBORGUE

1. PARTIDA

1 B. Bégout, *La Découverte du quotidien*, p. 11 e 15-16; F. Hölderlin, *Hypérion, Œuvres*, p. 137; Aristote, *De l'âme*, III, 5, 430a14-15, p. 228.
2 Cf. C. Malabou, *Les Nouveaux blessés*.
3 Cf. S. Cavell, The Fact of Television, *Themes Out of School*.

2. MITOLOGIA PORTATIVA

1 M. Wittig, *Les Guérillères*, p. 15.
2 Hippobote, em Diogène Laërce, *Vie, doctrines et sentences des philosophes célèbres*, t. 2, livro 8, p. 149.
3 Artista italiano autodidata, nascido em 1960, conhecido por suas satíricas e controversas esculturas. (N. da T.)
4 Sobre Simão, o Cirineu, cf. *Mateus* 27, 32, *Marcos* 15, 21-22 e *Lucas* 23, 26. As questões tradicionais sobre os detalhes da crucificação estão resumidas na série de G. Mordillat; J. Prieur, *Corpus Christi, enquête sur l'écriture des Évangiles*. Sobre Jesus andrógino, cf. Charles Mopsik, *Le Sexe des âmes*, p. 16 e 163-164. A citação "J/e suis au Golgotha par vous toutes abandonnée." (E/u estou no Gólgota abandonado por todos vocês) é de M. Wittig, *Le Corps lesbien*, p. 138.
5 Dança e performance, criação de Ralph Lemon, 2009, para o balé da Opéra de Lyon. (N. da T.)
6 Cf. C.H. Gray et al., *The Cyborg Handbook*, p. 2. Sobre a doença de Alzheimer como "plasticidade destrutiva", cf. C. Malabou, *Ontologie de l'accident*.
7 Cf. Platão, *Protágoras*, 321; Ésquilo, *Prometeu Acorrentado*, v. 51; S. Kofman, *Comment s'en sortir?*, p. 71-94; Claude Calame, *Prométhée généticien*.
8 Dublê francês de numerosos filmes, famoso e respeitado por suas temerárias façanhas ao longo da carreira. (N. da T.)
9 Para o par Dédalo/Ícaro, cf. J.B.S. Haldane, *Daedalus or Science and the Future*; e a resposta de Bertrand Russell, *Icarus, or the Future of Science*. Para a graciosidade louca de Ícaro, cf. A. Eddington, British Association Address, *Observatory*, 43, p. 357-358.
10 Cf. D. Haraway, Ecce homo, *The Haraway Reader*.
11 *eXistenZ*, filme de David Cronenberg, 1999. Ver os trabalhos da equipe de P. Fromherz a respeito dos neurochips.
12 Cf. John Locke, *Essai sur l'entendement humain*, livro 3, capítulo 6, § 26.

13 Cf. Platão, *Banquete*, 203b e sequência; S. Kofman, *Comment s'en sortir?*; N.O. Brown, *Love's Body*, p. 237; Sófocles, *Antígona*, v. 353-363.
14 Ver *Alien, o Resgate*, filme de James Cameron, 1986, assim como o quadro de Horacio Cassinelli, *Alien*, série "Bug Bang", 2010. Ver também os artigos de L.K. Bundtzen, Monstrous Mothers: Medusa, Grendel, and Now Alien; B. Creed, Alien and the Monstrous-Feminine, em G. Kirkup et al. (ed.), *The Gendered Cyborg*, p. 106 e 122. S. Firestone, *The Dialectic of Sex*, trad. fr. *La Dialectique du sexe*. Na França, Marika Moisseeff analisou a gravidez na ficção científica contemporânea em, por exemplo, La Procréation dans les mythes contemporains, *Anthropologie et sociétés*, v. 29, n. 2, p. 69-94. Hélène Rouch examinou as "NTR" (novas técnicas de reprodução), ver especialmente os textos reunidos em *Les Corps, ces objets encombrants: Contribution à la critique féministe des sciences*.
15 Rap "Si c'était le dernier", 2009.
16 H. Bergson, *Les Deux sources de la morale et de la religion*, p. 320-321, 330. "L'Amour avec des gants", Marie-France, 2006.
17 Cf. S. Kierkegaard, *Miettes philosophiques*, *Œuvres complètes*, t. 7, p. 91; G. Simondon, *Du mode d'existence des objets techniques*, p. 250-251.
18 A. Jorn, Peinture détournée, em *R.A. Augustinci présente vingt peintures modifiées par Asger Jorn*.

3. OPERAÇÕES CIBORGUE

1 "Eu me contradigo? / Muito bem, eu me contradigo. / (Eu sou amplo, eu contenho multidões.)" (N. da T.)
2 Andres Serrano, *Piss Christ*, 1987; Sedefhar Mehmet Ağa (1540-1617), o arquiteto da Mesquita Azul; *Brüno*, com Sacha Baron Cohen, filme de Larry Charles, 2009.
3 G. Bachelard, *Le Nouvel esprit scientifique*, p. 15; A.N. Whitehead, *Procès et réalité*, p. 83 e 257. A anedota sobre "a prótese" se encontra em C.H. Gray et al., *The Cyborg Handbook*, p. 13.
4 Cf. F. Jameson, *Archéologies du futur*.
5 Cf. Comte de Lautréamont, *Les Chants de Maldoror*, canto 6-1; M. Duchamp, Discours de 1960, retomado em *Duchamp du signe*, p. 190-191; G. Debord; G.J. Wolman, Mode d'emploi du détournement, *Les Lèvres nues*, p. 2-3. Sobre o sequestro, cf. G. Debord, *La Société du spectacle*, § 208.
6 Cf. R. Ebert, *The Little Book of Hollywood Clichés*, p. 42; S. Žižek, The Real of Sexual Difference, em S. Barnard; B. Fink (ed.), *Reading Seminar X*, p. 57.
7 Cf. H.G. Wells, An Age of Specialisation, *The First Men in the Moon*, p. 274.
8 O apólogo "A Cotovia e os Sapos" foi adaptado de uma fábula de Chuang-tzu por T. Roszak, *The Making of a Counter Culture*, p. 121-123.
9 Palavra-valise criada por Derrida que contém o substantivo "monument" (monumento) e o substantivo "manque" (falta, ausência), significando "monumento ausente". (N. da T.)

notas

10 Com a nova ortografia, a palavra "psicossomático", no Brasil, não tem mais o hífen ou traço de união. Acrescentou-se um "s" no ato de amálgama entre as duas palavras. No caso de sociocultural, em nossa grafia a junção de "sócio" e "cultural" também não comporta hífen para representar sua união. No entanto, aqui optou-se por manter o amálgama das palavras realizado pelo hífen apenas para justificar o tipo de operação descrita pelo autor que é realizada por Ciborgue. (N. da T.)

11 Cf. A. Korzybski, *Une Carte n'est pas le territoire* [*1939-1950*], p. 72-73. Sobre "tecno-ciência"/"tecnociência", cf. F.-D. Sebbah, *Qu'est-ce que la "technoscience"?*. G. Deleuze; F. Guattari, *Mille Plateaux*, p. 13.

12 R. Barthes, *Michelet*, *Œuvres complètes*, t. 1, p. 329, 351 e 357; J.-C. Milner, *Le Périple structural*, p. 162; M. de Gaudemar, *La Voix des personnages*.

13 Trecho do texto de M. Blanchot, Le Rire des diex, *La Nouvelle revue française*, citado por G. Deleuze, *Logique du sens*, p. 303; trad. bras. *Lógica do Sentido*, p. 267, nota 8.

14 Cf. T. Friedmann, exposição londrina *Monsters and Stuff*; disponível no catálogo *Mapping The Studio*, p. 351; H. Höch, *Siebenmeilenstiefel e Marlene*.

15 M. Heidegger, *Être et temps*, p. 145; P. Sloterdijk, *Sphères*, t. 2, p. 307.

16 Cf. M. Blanchot, *L'Entretien infini*, p. 229.

17 H. Cixous, *Le Rire de la Méduse*, p. 42.

18 S. Kierkegaard, *Miettes philosophiques*, *Œuvres complètes*, t. 7, p. 30; M. Blanchot, *L'Écriture du désastre*, p. 214-215.

19 Sobre *contagio rerum*, Cícero, *De Fato*, IV, 7. A respeito de "concrescência", cf. D. Debaise, *Un Empirisme spéculatif: Lecture de* Procès et réalité *de Whitehead*.

20 Cf. D. Diderot, *Les Bijoux indiscrets*, capítulo 29, "Les Âmes".

21 Cf. Platão, *República*, Livro VI, 496d.

22 Cf. Louis Dumont, *Homo hierarchicus*, p. 397.

4. A ALIENAÇÃO DE CIBORGUE

1 Cf. G. Deleuze; F. Guattari, *L'Anti-Œdipe*, p. 478.

2 T. W. Adorno, *Dialectique négative*, p. 152-154.

3 Grupos paramilitares que surgiram em toda a Alemanha em dezembro de 1918, logo após a derrota do país na Primeira Guerra Mundial; suas fileiras eram preenchidas por veteranos inconformados com o retorno à vida civil. Alguns desses veteranos, por terem alcançado um alto posto na carreira militar, desejavam continuar a exercê-lo, mesmo que de modo não oficial. O número de membros total chegou a cerca de 250 mil homens, que variavam em *status*, função e orientação política. (N. da T.)

4 Cf. K. Theweleit, *Männerphantasien*.

5 R. Musil, *L'Homme sans qualités*, t. 1, p. 78.

6 Cf. S. Haber, *L'Homme dépossédé*, para a análise da miséria como alienação, modificação qualitativa relacionada a um estado "normal-óptimo" e perda parcial do "próprio".

7 Cf. Voltaire, *Cândido, ou o Otimismo*, capítulo XIX; Jean-Jacques Rousseau, *Émile*. Para a lógica do referente ausente (a palavra oculta a coisa), cf. C.J. Adams, *The*

Sexual Politics of Meat: dizer "vianda" no lugar de "cadáver"; dizer "presunto rosa" para ocultar o abate. Para a espécie de peixe chamada perca do Nilo, ver o controverso filme de Hubert Sauper, *O Pesadelo de Darwin*, 2004.

8 Cf. a série de fotografias de Jacques Lizène, *Contraindre le corps à s'inscrire dans le cadre de la photo*, 1971: pouco a pouco, a personagem fotografada deve ir agachando no chão para entrar em um quadro cada vez mais apertado.

9 Cf. L. Goldman, *La Création culturelle dans la société moderne*, p. 64-65.

10 H. Marcuse, *L'Homme unidimensionnel*, p. 90-91 e 389; E. Lévinas, Heidegger, Gagarine et nous, *Difficile Liberté*, p. 347-351.

5. PROGENITURAS INOMINÁVEIS

1 Cf. É. Durkheim, *De la division du travail social*, p. 19; T. Birkhead, *Promiscuity*.

2 Cf. M. Eliade, *Traité d'histoire des religions*, § 159-160; C. Mopsik, *Le Sexe des âmes*. Sobre os jogos da Lua, entre a Terra e o Sol, cf. J. Jakob Bachofen, [1861], *Das Mutterrecht*, trad. fr., *Le Droit maternel*, p. 129-131 e 170-173. Para uma retomada biológica do tema, F. Jacob, *Le Jeu des possibles*, p. 19-20.

3 Por exemplo, Platão, *Lísias*, 205d. A palavra "graia" designa também a pele enrugada em torno do umbigo. Cf. M. Daly, *Gyn/Ecology*.

4 Crítica ao conto-veneno em A. Dworkin, *Woman Hating*; em M. Daly, op. cit., p. 44. Crítica à *cheerleader*: S. Firestone, *The Dialectic of Sex*, p. 33-34. Para uma personagem *cheerleader* destronada por ter cedido cedo demais, ver Quinn Fabray (interpretada por Dianna Agron), na série televisiva *Glee*.

5 Cf. F.D. Drake, *Murmurs of Earth*. Uma tradição de comentário *queer* sobre a imagem se constitui, em particular em M. Warner (ed.), *Fear of a Queer Planet*, p. xxi-xxiii.

6 Acessório feminino para urinar de pé. (N. da T.)

7 Personagem da obra *Satíricon*, de Petrônio. Gitão é o jovem servo de Encólpio que se intromete entre este e o seu amante, Ascilto, provocando ciúme e discussão. (N. da T.)

8 Possível referência ao marinheiro Querelle, personagem do filme homônimo de 1982, dirigido por Rainer Werner Fassbinder, baseado na novela *Querelle de Brest*, escrita em 1947 por Jean Genet. Querelle se envolve com homens e mulheres no porto de Brest (França). Em busca de prazer, fomenta desejos, envereda pela marginalidade e, finalmente, pela criminalidade, tornando-se ladrão e *serial killer*. Procura, dessa forma, através da violência, sentir e dar prazer. Até que seus próprios desejos o obrigam a tentar abandonar sua passividade e demonstrar suas emoções. (N. da T.)

9 Algo como, "Foda-se tudo". O elemento do grego "pan-" (tudo) mais "nique" que, em francês, significa sinal de desprezo, mostrar o dedo médio, por exemplo. (N. da T.)

6. NA COLÔNIA SEXUAL

1 Cf. C.G. Heilbrun, The Hidden River of Androgyny, *Toward a Recognition of Androgyny*; L. Althusser, Le Courant souterrain du matérialisme de la rencontre, *Écrits*

philosophiques et politiques, t. 1, p. 539 e s.; G. Spivak, Can the Subaltern Speak?, em C. Nelson; L. Grossberg (ed.), *Marxism and the Interpretation of Culture*, p. 271-313; E.W. Said, Representing the Colonized, *Critical inquiry*, v. 15, n. 2, p. 210.

2 Cf. C. Guillaumin, *Sexe, race et pratique du pouvoir*, p. 77; J. Lacan, *Encore*, p. 40; S. de Beauvoir, *Le Deuxième sexe*. Britt Nini lembra que "o boquete cala a boca da mulher", citado por R. Ogien, *Penser la pornographie*, p. 101.

3 C. Guillaumin, op. cit., p. 64-65.

4 A. Walker, In the Closet of the Soul apud C. Sandoval, New Sciences, em J. Wolmark (ed.), *Cybersexualities*, p. 253.

5 T. Ybarra Frausto, Rasquachismo: A Chicano Sensibility, *Chicano Art*; E. Benjamin-Labarthe, Le Rasquachisme, ou la genèse d'une esthétique chicano, *Annales du Centre de recherches sur l'Amérique anglophone*, n, 19, p. 51-62.

6 Humanista e filósofo francês. Sua obra mais famosa é *Discurso da Servidão Voluntária*, escrita no século XVI. O texto configura-se como uma espécie de hino à liberdade, com questionamentos sobre as causas da dominação de muitos por poucos. La Boétie escreve a respeito do indignar-se perante a opressão e oferece maneiras de vencer as causas da dominação. Já no título, aparece a contraditória "servidão voluntária", pois como é possível servir de forma voluntária, isto é, sacrificando a própria liberdade de livre e espontânea vontade? Na obra, o autor se pergunta sobre a possibilidade de cidades inteiras submeterem-se à vontade de um só, o tirano. De onde um só tira o poder para controlar todos? Isso só poderia acontecer mediante uma espécie de servidão voluntária. Assim, observa que são os próprios homens que se fazem dominar, pois, caso quisessem sua liberdade de volta, precisariam apenas se rebelar para consegui-la. Étienne afirma que é possível resistir à opressão, e ainda por cima sem recorrer à violência – de acordo com sua explanação, a tirania se destrói sozinha quando os indivíduos se recusam a consentir em sua própria escravidão. Como a autoridade constrói seu poder principalmente com a obediência consentida dos oprimidos, uma estratégia de resistência sem violência é possível, organizando coletivamente a recusa de obedecer ou colaborar. (N. da T.)

7 A. Memmi, *Portrait du colonisé*, p. 17. S. de Beauvoir colocou a frase de Sartre em destaque no segundo tomo de *O Segundo Sexo*.

8 Cf. G.C. Spivak, The New Historicism, em H.A. Veeser (ed.), *The New Historicism*, p. 284: "O fato de que essa batalha deve ser ganha não significa que a vitória não deixará intacto o euro-americanocentrismo."

9 Em alemão *Mond* (Lua) é substantivo masculino e *Sonne* (Sol) é substantivo feminino. (N. da T.)

10 Cf. U. Riveneuve, *Sous le soleil de Priape*, p. 15-17, para a personagem de Lolly Pop.

11 Cf. M. Foucault, *Les Anormaux*, p. 62 e s.; a frase de Michelet é citada com destaque em R. Barthes, *Michelet, Œuvres complètes*, t. 1, p. 291. Sobre o Andrógino como totalidade reconciliada, cf. M. Eliade, *Méphistophélès et l'androgyne*; C.G.

Heilbrun, *Toward a Recognition of Androgyny*; J. Libis, *Le Mythe de l'androgyne*; L. Brisson, *Le Sexe incertain*.

12 Cf. H. Cixous, op. cit., p. 52, e sua pintura de uma "bissexualidade em transes, que não anula as diferenças, porém as anima, as persegue, as aumenta". Sobre a bissexualidade no mundo em avanço, ver as desventuras de A. Kaloski, Bisexuals Making Out With Cyborgs, *Journal of Gay, Lesbian and Bisexual Identity*, v. 2, n. 1, p. 47-64. Kaloski entra em um *site* de paquera na Internet: ela se inscreve na categoria "spivak", isto é, "de gênero ambíguo". As únicas respostas que recebe são: "Se você quer foder, mude o seu gênero indicando 'mulher'"; "O que você está fazendo aqui?" ou ainda "Qual é o seu gênero verdadeiro?"

13 Sobre o umbigo de Adão, cf. Philip Henry Gosse, *Omphalos: An Attempt to Untie the Geological Knot*, London: Van Voorst, 1857, p. 289-290 e 334; M.-H. Bourcier, Nous sommes tous opéré(e)s et même tous "post-op", em B. Preciado, *Manifeste contra-sexuel*, p. 16; *Hedwig: Rock, Amor e Traição*, comédia musical de John Cameron Mitchell, 2001.

7. CIBORGUE/ORGNORG: MODOS DE COMPOSIÇÃO...

1 A Quarta República Francesa foi um governo republicano que administrou o país de 1946 a 1958 (período em que esteve em vigor a quarta constituição nacional). Para muitos, foi o renascimento da Terceira República (1870-1940), e enfrentou os mesmos problemas desta, como corrupção, autoritarismo e colonialismo. Nesse período, foram implantadas políticas importantes prezando reformas sociais e desenvolvimento. Contudo, no final da década de 1950, o país entrou em uma espiral de crise financeira, acelerada pelas derrotas em conflitos com as colônias, mais notavelmente na Indochina e na Argélia. (N. da T.)

2 Regime monárquico bonapartista implantado por Napoleão III, de 1852 a 1870, entre os períodos históricos da Segunda e Terceira República na França. Sua condução foi caracterizada pela ditadura, modernização e desenvolvimento econômico, traços que marginalizaram o legislativo e as forças de opressão. Durante esse período, a capital Paris foi centro de exposições mundiais, para onde convergiam a divulgação do progresso cultural e industrial do mundo. Durante a Guerra Franco-Prussiana, o Segundo Império encontrou seu fim, mostrando seu despreparo militar. O imperador Napoleão III foi, na ocasião, capturado e deposto. Após o fim do Segundo Império, houve a curta duração da Comuna de Paris e a Terceira República Francesa. (N. da T.)

3 Aprovada por um referendo em 22 de setembro de 1958, é a quinta e atual constituição republicana da França, em vigor desde 4 de outubro de 1958. Esta constituição sucedeu à Quarta República, instaurada em 1946, substituindo assim o governo parlamentarista por um sistema semipresidencialista, apoiada por Charles de Gaulle que foi o primeiro presidente da quinta república francesa desde o seu início até 1969. (N. da T.)

4   Diz respeito à mudança do tempo de mandato presidencial na França aprovada por meio de referendo. A partir de 2000, a duração do mandato que era de sete anos passou a ser de cinco. (N. da T.)
5   Cf. *O Exterminador do Futuro*, filme de James Cameron, 1984.
6   Cf. D. Brown, For 1st Woman With Bionic Arm, a New Life is Within Reach, *Washington Post*, 14 sep. 2006. "Luke Arm" (Braço de Luke) é um projeto de braço protético criado pela Darpa – Defense Advanced Research Project Agency (Agência de Projeto de Pesquisa Avançada em Defesa) e desenvolvido pela empresa de Dean Kamen.
7   Cf. P. Molinier; S. Laugier; P. Paperman (dir.), *Qu'est-ce que le care?*, p. 19.
8   P. Bourdieu, *La Domination masculine*, p. 7; X. Guchet, *Les Sens de l'évolution technique*, p. 13.

8. CIBORGUE OU A TRANSFORMAÇÃO DE SI

1   Cf. S. Freud, *Obras Completas*, v. 9.
2   Cf. M. von Gruber, *Die Pflicht gesund zu sein*; P. Sarasin, *Reizbare Maschinen*; Kathy Davis, *Reshaping the Female Body*.
3   Cf. J.B.S. Haldane, *Daedalus or Science and the Future*, retomado em K.R. Dronamraju (ed.), *Haldane's Daedalus Revisited*, p. 43.
4   R. Ebert, op. cit., p. 94.
5   M. Mauss, *Sociologie et anthropologie*, parte 6: Les Techniques du corps, capítulo 1, p. 372: "O primeiro e mais natural objeto técnico, e ao mesmo tempo meio técnico do homem, é o seu corpo." C. Guillaumin, *Sexe, race et pratique du pouvoir*, p. 86.

9. SELVAGERIA, QUERIDA SELVAGERIA

1   Cf. L. Marx, *The Machine in the Garden*, p. 24-25. Para um exemplo de trem, cf. *Starman: O Homem das Estrelas*, filme de John Carpenter, 1984.
2   Cf. O sublime, sua filosofia e sua história estão no centro dos trabalhos de B.S. Girons. Cf. especialmente *Le Sublime, de l'Antiquité à nos jours*.
3   Ver J. Baudrillard, *Simulations*, p. 115; e a crítica de G.P. Landow, *Hypertext 3.0. Critical Theory and the New Media in an Era of Globalization*, p. 43-46.
4   Cf. N.A. Pluche, *Le Spectacle de la nature*, t. 1, p. 291; D. Parrochia, *L'Homme volant*.
5   Cf. E. Kant, *Critique de la faculté de juger*, § 42, p. 284: "Se em segredo enganassem esse amante do belo ao plantar na terra flores artificiais [...] e se, em seguida, ele descobrisse o embuste, o interesse imediato que trazia anteriormente sobre esses objetos desapareceria no mesmo instante..." Eugène Delacroix, *Journal*, dia 3 de agosto de 1855.

10. O STUFF QUE COMPÕE CIBORGUE

1   Lúcio Fontana, pintor e escultor nascido na Argentina em 1899 e falecido em 1969 na Itália. A partir de 1949, começa a pintar superfícies em monocromia e, em

seguida, passa a "maltratar" essa primeira intervenção. Num primeiro momento, faz buracos na tela, depois, a partir de 1958, incisões. É a primeira vez que um artista, na história da arte, "ataca" a superfície da tela. Tal característica de procedimento ganha relevo dentro do conjunto de sua obra. (N. da T.)

2   Referência ao filme português *O Fantasma*, lançado em 2001. (N. da T.)
3   H. Putnam, Robots: Machines or Artificially Created Life? *Mind, Language and Reality*, v. 2, p. 407.
4   Ovídio, *Amores*, 3, 4 e 17: "Nitimur in vetitum, semper cupimusque negata." D. Laërce, op. cit., livro 6, 69, t. 2, p. 23. Sobre o *care*, Marie Garrau; Alice Le Goff, *Care, justice et dépendance*.
5   Cf. *Guerra nas Estrelas – Episódio II: Ataque dos Clones* (2002), *Episódio V: O Império Contra-Ataca* (1980), e *Episódio VI: O Retorno de Jedi* (1983), filmes de George Lucas. Aristóteles, *Política*, I, 2, 1253a20; *Da Alma*, III, 8, 432a1. Sobre a evolução dos braços robóticos em uma perspectiva cirúrgica, cf. M.E. Moran, Evolution of Robotic Arms, *Journal Robotic Surgery*, v. 1, n. 2, p. 103-111.
6   Cf. P. Ancet, *Phénoménologie des corps monstrueux*, p. 107.
7   Em filosofia, o ser enquanto fenômeno. (N. da T.)
8   Cf. F. Jacob, op. cit.; C. Lévi-Strauss, *La Pensée sauvage*; A. Leopold, *Almanach d'un comté des sables*, p. 145.

11. FILOSOFIA BIOLÓGICA

1   Cf. *Alien: O Oitavo Passageiro*, filme de Ridley Scott, 1979; *Westworld*, filme de Michael Crichton, 1973; G.W. Leibniz, *Monadologia*, § 64; L. Margulis, *L'Univers bactériel*.
2   A célula foi sexuada: identificaram nela um elemento "macho" (o núcleo) e um elemento "fêmea" (o citoplasma). A questão inicialmente colocada era: quem controla quem ou o quê? A primeira resposta veio do Kernmonopol, monopólio nuclear: o núcleo (macho) controla um citoplasma passivo (feminizado). Assim, o citoplasma foi declarado invisível, quando na verdade era apenas invisibilizado. Cf. A. Beldecos et al. (The Biology and Gender Study Group), The Importance of Feminist Critique for Contemporary Cell Biology, *Hypatia*, v. 3, n. 1, p. 61-76.
3   J.W. von Goethe, *Wahlverwandtschaften* (As Afinidades Eletivas), 1809; S.T. Coleridge, *Hints Toward the Formation of a More Comprehensive Theory of Life*.
4   Sobre Spinoza e as lutas entre aranhas, cf. G. Deleuze, *Spinoza: Philosophie pratique*, p. 21; P. Rödel, *Spinoza, le masque de la sagesse*, p. 49-55; G. Tarde, *Oeuvres de Gabriel Tarde, I: Monadologie et sociologie*, p. 58, 85 e 91; D. Debaise, Une Métaphysique des possessions, *Revue de Métaphysique et de Morale*, v. 4, p. 447-460. (N. da T.: o trecho se encontra na biografia escrita por Colerus, em *Spinoza: Obra Completa II*, p. 332, São Paulo: Perspectiva, 2014.)
5   Jeffrey Beaumont no início de *Veludo Azul*, filme de David Lynch, 1986.
6   *Prêt à Porter*, filme de Robert Altman, 1994.
7   Cf. E.A. Abbott, *Flatland*.

8   C. Darwin, *On the Origin of Species*, p. 303: "Pode ser que seja requerido uma longa sucessão de épocas para adaptar um organismo em qualquer nova linha de vida, como por exemplo a capacidade de voar." É. Guyénot, Mutations et monstruosités, *Revue scientifique*, p. 614; idem, Le Préjugé de l'adaptation, *Revue scientifique*, p. 648-649; J.B.S. Haldane, Biological Possibilities for the Human Species in the Next Ten Thousand Years, em G. Wolstenholme, *Man and His Future*, p. 337-361.

9   Robert Bakewell, William Youatt e John Sebright, agricultores e criadores de gados que trabalharam com a seleção de raças. Foram dados como exemplo nas pesquisas de Charles Darwin em *A Origem das Espécies*. (N. da T.)

12. O MÁGICO DE DOIS

1   Para os elementos da litania, ver Aristóteles, *Metafísica*, A, 5, 986a22; H. Cixous, Sorties, retomado em *Le Rire de la Méduse*, p. 71.

2   Trata-se de Francis Bacon, batizado por alguns como o pai do empirismo. Seu objetivo não seria, propriamente, apenas obter conhecimento, mas o domínio sobre a natureza, por meio de uma ciência operatória. Por natureza, Bacon entende propriedades específicas, tais como o denso e o raro, o quente e o frio, o pesado e o leve, o volátil e o fixo etc. A técnica operatória consiste em engendrar uma ou várias dessas propriedades em um corpo que não as possui, de frio tornando-o quente, de fixo, volátil etc. Bacon pensa, com Aristóteles, que cada uma dessas naturezas é a manifestação de certa forma ou essência que a produz. Ao supor que pudéssemos ser senhores da forma, seríamos por conseguinte senhores da propriedade. Porém, não podemos ser senhores da forma a não ser que a conheçamos de fato. Emile Brehier, *História da Filosofia*, p. 37-38. Disponível em: <https://revistasofosunirio.files.wordpress.com >.

3   Cf. *Fedro*, 265e-266a; Aristote, *Histoire des animaux*, I, 15, p. 95. Cf. F. Bacon, *Sylva Sylvarum* ("História Natural"), I, 68; I. Newton, *Opticks*, p. 378; trad. fr., p. 590.

4   Cf. Luce Irigaray, *Speculum*, p. 13; F. Nietzsche, *La Naissance de la tragédie*, p. 27; P. Bourdieu, *La Domination masculine*, p. 13 e 17.

5   Cf. O. de Gouges, Déclaration des droits de la Femme et de la Citoyenne, 1791; J. Derrida, *Politiques de l'amitié*.

6   Cf. C. Lévi-Strauss, *Anthropologie structurale 2*.

7   Cf. P. Descola, *Par-delà nature et culture*, p. 224; J. Derrida, *La Pharmacie de Platon* e Platon, *Phèdre*, p. 383.

8   G. Deleuze; F. Guattari, *L'Anti-Œdipe*, p. 14; idem, *Qu'est-ce que la philosophie?*, p. 79; idem, *Mille Plateaux*, p. 54; G. Deleuze, *Pourparlers*, p. 219. Para a crítica do "discurso parento-pueril, parento-infantil" tal como é reativado na junção da medicina e do judiciário, M. Foucault, *Les Anormaux*, p. 33.

9   G. Deleuze, *Le Pli*, p. 136; e *Pourparlers*, p. 65.

10 Cf. J. Delabroy, *Pense à parler de nous chez les vivants*, p. 55. Cf. também *Hedwig*, ópera-rock de John Cameron Mitchell sobre a queda de muros, 2001.

11 É nesse ponto que Peter Sloterdijk perde seu objeto. Cf. P. Sloterdijk, *Sphères*, t. *1*, p. 51.
12 M. Granet, *La Civilisation chinoise*; *Dictionnaire de la civilisation chinoise*, p. 508 e 673. Cf. também R.H. van Gulik, *La Vie sexuelle dans la Chine ancienne*, p. 191; e J.-F. Lyotard, *Économie libidinale*, p. 241 e s. (Le capital); H.-Y. Lu, *La Formation de l'identité féminine*.
13 Terceiro ladrão, personagem conceitual que dá a ideia, neste caso, de algo ou alguém – uma pessoa, um termo, uma noção – que se aproveita do conflito de duas outras. (N. da T.)
14 Cf. supra nota 100.
15 Cf. G.W.F. Hegel, *Préface de la Phénoménologie de l'esprit*:"die Entzweiung des Einfachen oder die entgegengesetzende Verdopplung"; sobre o poder do negativo, p. 78 e 92. Catherine Malabou, Négatifs de la dialectique. Entre Hegel et le Hegel de Heidegger: Hyppolite, Koyré, Kojève, *Philosophie*, n. 52, p. 37-53.
16 Sobre a arrogância como um "certo uso universalizante da voz", cf. S. Cavell, *Un Ton pour la philosophie*. Sobre a "alegria de proprietário", cf. G. Bachelard, *La Formation de l'esprit scientifique*, p. 101.
17 Sobre a relação colono/colonizado, ver A. Memmi, *Portrait du colonisé*, p. 90.
18 Cf. Aristote, *Physique*, I, 9, 192a20-24.
19 Cf. S. Dupleix, *La Physique*, VII, 21; C. Linnaeus, *Systema Naturae*, t. *1*; G.L.L. de Buffon, Le Lion, *Histoire naturelle générale et particulière*, t. 9, p. 2.
20 G. Agamben, *L'Ouvert*, p. 25.
21 *A.I.* – Inteligência Artificial, filme de Steven Spielberg, 2001; *Blade Runner*, filme de Ridley Scott, 1982.
22 Trata-se de Maria Luísa, princesa de Lamballe (1749-1792), personagem marcante em episódios da Revolução Francesa. Sua morte originou uma série de testemunhos, largamente divulgados à época e até hoje, tanto entre os revolucionários quanto nos meios monarquistas e contrarrevolucionários. Tais testemunhos devem ser considerados com reserva, já que traduzem menos a realidade dos fatos do que uma visão fantasiosa deles. Esses textos descrevem, com detalhes macabros, a morte, mutilação e exposição do corpo, abandonado em um canteiro de obras até ao amanhecer e, segundo Antoine de Baecque, Les Dernières heures de la princesse de Lamballe, *L'Histoire*, n. 217, p. 74-78: "exprimem os receios e lutas que animam os diferentes protagonistas da Revolução". Para Baecque, a descrição mórbida da morte e dos ultrajes a que a princesa fora submetida visava "expressar a aniquilação do complô aristocrático". Ele considerava também que se pretendia assim "punir a mulher da Corte, tanto quanto a suposta conspiração feminina e lésbica – ameaçando a proeminência masculina – da Safo do Trianon, vilipendiada pelos cronistas e gazeteiros sob o Antigo Regime". Sobre as relações entre Maria Antonieta e a Princesa de Lamballe e seu suposto lesbianismo, pode-se ter notícias em comentários de Pidansat de Mairobert, contidos nas *Memórias*

Secretas Para Servir à História da República das Letras na França Desde 1762 Até Nossos Dias, de Bachaumont, e em panfletos obscenos tais como *Furores Uterinos de Maria Antonieta ou Vida de Maria Antonieta de Áustria* de Charles-Joseph Mayer.

PERCURSO BIBLIOGRÁFICO

1 *Il cyborg: Saggio sull'uomo artificiale.*
2 Cf. C.H. Gray; H.J. Figueroa-Sarriera; S. Mentor (dir.), *The Cyborg Handbook*.
3 Cf. G. Kirkup et al. (dir.), *The Gendered Cyborg*.
4 Ver a denúncia formulada por E. Selinger; T. Engström, A Moratorium on Cyborgs, *Phenomenology and Cognitive Science*, v. 7, n. 3, p. 327-341.
5 Cf. Andy Clark, The Frozen Cyborg, *Phenomenology and Cognitive Science*, v. 7, n. 3, p. 343-346.
6 Cf. N. Wiener, *The Human Use of Human Beings*; trad. fr., *Cybernétique et Société*; idem, *God and Golem Inc.*
7 Cf. K. Pearson, *The Grammar of Science*, p. 44.
8 Cf. E.D. Adrian, The All-or-None Principle in Nerve, *Journal of Physiology*, v. 47, n. 6, p. 460-474.
9 Cf. W.S. McCulloch; W.H. Pitts, A Logical Calculus of the Ideas Immanent in Nervous Activity, *Bulletin of Mathematical Biophysics*, v. 5, p. 115-133.
10 Cf. T.H. Abraham, (Physio)logical Circuits, *Journal of the History of the Behavioral Sciences*, v. 38, n. 1, p. 3-25; e Cybernetics and Theoretical Approaches in 20th-Century Brain and Behavior Sciences, *Biological Theory*, v. 1, n. 4, p. 418-422.
11 Cf. D.E. Wooldridge, *The Machinery and the Brain*.
12 Cf. S.J. Heims, *The Cybernetic Group: Constructing a Social Science for Postwar America*.
13 Cf. J.-P. Dupuy, *Aux origines des sciences cognitives*, p. 116-119.
14 Cf. C. Lafontaine, *L'Empire cybernétique*, p. 35.
15 Ibidem, p. 62.
16 Cf. G. Bowker, How to Be Universal, *Social Studies of Science*, v. 23, n. 1, p. 107-127.
17 Cf. G. Günther, *La Conscience des machines*, p. 143.
18 Cf. N.K. Hayles, *How We Became Posthuman*.
19 Cf. C.H. Gray; H.J. Figueroa-Sarriera; S. Mentor (dir.), op. cit., p. 13n.2.
20 Cf. A. Balsamo, Reading Cyborgs, Writing Feminism, em Kirkup et al, op. cit., p. 149.
21 Cf. Notadamente em D.S. Halacy, *Cyborg*.
22 Cf. A.C. Clarke, *Profil du futur*, p. 245, versão modificada.
23 Cf. D. Rorvik, *Brave New Baby*, p. 197.
24 Idem, *As Man Becomes Machine*, p. 91.
25 Ver também de G. Stock, *Redesigning Humans*.
26 Cf. *Mind Children*, p. 108.
27 "Extropia", palavra cunhada por Tom Bell (T.O. Morrow) em janeiro de 1988, define a medida da inteligência de um sistema de vida ou de organização, é a

medida da ordem funcional, da vitalidade, da energia, da vida, da experiência e sua capacidade e condução de melhorias e crescimento. Extropia expressa uma metáfora, em lugar de servir como termo técnico, sendo não mais que o hipotético oposto da entropia da informação.

O "extropianismo", também conhecido como "filosofia da extropia", é um marco de valores e normas transumanistas no que diz respeito à pretendida melhora contínua da condição humana; e uma de suas metas para atingir seu objetivo é a modificação da mente e do corpo humanos. Os extropianos acreditam que os avanços na ciência e tecnologia um dia conseguirão que as pessoas vivam de maneira indefinida num futuro muito próximo. O extropianismo é guiado por um enfoque pragmático e dinâmico sobre a evolução humana. Trata-se de uma corrente do pensamento transumanista das mais recentes. Sua origem inclui o conceito de ordem espontânea, o que dá a muitos extropianos um caráter libertário para alguns dos estudiosos do assunto que é bastante controverso.

Max More, em *Os Princípios da Extropia* (1988), afirma que estes princípios "não especificam crenças, tecnologias, ou políticas particulares". Os extropianos compartilham de uma visão otimista do futuro, esperando avanços consideráveis no poder da informática, engenharia genética, extensão da vida, nanotecnologia e similares. Muitos deles preveem a eventual realização da esperança de vida máxima ilimitada, e a recuperação, graças aos avanços futuros em tecnologia biomédica, de pessoas cujos corpos/cérebros são conservados através da criônica.

Em outro enfoque, uma das visões dos extropianos implica a adoção de uma nova ética, baseada na crença de que o corpo humano é um hardware em processo de obsolescência, e que, portanto, devemos buscar um novo hardware para "habitarmos", com melhor desempenho e durabilidade. O polêmico pesquisador Ray Kurzweil, autor de *The Age of Spiritual Machines: When Computers Exceed Human Intelligence* (2000), afirma que as máquinas irão tomar consciência e substituir o homem dentro dos próximos trinta anos, e essa tomada de consciência por parte das máquinas resultará numa reconfiguração planetária, talvez até no surgimento da nova espécie que irá nos substituir na dominação da Terra. (N. da T.)

28 K. Moravec, op. cit., p. 6.
29 *God and Golem Inc.*, p. 59.
30 De Andy e Larry Wachowski, 1999.
31 Cf. *The Society of Mind*.
32 R. Kurzweil, *The Age of Spiritual Machines*, p. 163.
33 Idem, *The Singularity Is Near*, p. 9.
34 Cf. *I, Cyborg*.
35 Cf. *Beyond Human*.
36 Cf. *Demain les posthumains*.
37 Na coletânea R. Caillois, *Robot, bête et homme*, p. 181.
38 Referência a Jacques Ellul tratado logo a seguir. (N. da T.)

39 *Le Bluff technologique*, p. 244.
40 Cf. F. Jameson, *Le Postmodernisme*; e J.-F. Lyotard, *La Condition postmoderne*.
41 P. Gallison, The Ontology of the Enemy: Norbert Wiener and the Cybernetic Vision, *Critical Inquiry*, v. 21, n. 1, p. 228-266.
42 A. Clark, *Natural-Born Cyborgs*, p. 7.
43 Idem, p. 62.
44 Ibidem, capítulo "Where Are We?"
45 A.R. Stone, *The War of Desire and Technology at the Close of the Mechanical Age*, p. 165.
46 Agency and Organization, *Human Relations*, v. 51, n. 10, p. 1209-1226.
47 Cf. D. Ihde, Aging: I Don't Want to Be a Cyborg! *Phenomenology and the Cognitive Sciences*, v. 7, n. 3, p. 397-404.
48 Un concept démystificateur, *Les Vertiges de la technoscience*.
49 Ibidem, p. 13.
50 Cf. também a útil cartografia proposta por F.-D. Sebbah, *Qu'est-ce que la "technoscience"?*
51 Cf. C. Larrère; Raphaël Larrère, *Du bon usage de la nature*; B. Bensaude-Vincent; W.R. Newman (dir.), *The Artificial and the Natural: An Evolving Polarity*. Cf. também infra, a obra de P. Descola. A respeito da maneira com a qual Ciborgue arrasta consigo a revisão dessa dicotomia, ver por exemplo T. Aguilar García, *Ontología Cyborg*, p. 95-106.
52 Ver por exemplo N. Brostom, The Future of Human Evolution, em C. Tandy (dir.), *Death and Anti-Death*, v. 2, p. 339-371, ou o recente volume de J. Savulescu; N. Bostrom (dir.), *Human Enhancement*.
53 Para uma confrontação do pensamento de Habermas com o de Brostom, ver por exemplo A. Edgar, The Hermeneutic Challenge of Genetic Engineering: Habermas and the Transhumanists, *Medicine, Health Care and Philosophy*, v. 12, n. 2, p. 157-167.
54 G. Anders, *L'Obsolescence de l'homme*, p. 11.
55 Ibidem, p. 33.
56 Ibidem, p. 46-47.
57 Ibidem, p. 68.
58 Ibidem, p. 65.
59 Ibidem, p. 59.
60 Ibidem, p. 103-104.
61 F. Bowring, *Science, Seeds and Cyborgs*, p. 108.
62 Ibidem, p. 269.
63 S. Best, Genetic Science, Animal Exploitation and the Challenge for Democracy, *AI & Society*, v. 20, n. 1, p. 6-21.
64 Ver os estudos de R. Davis-Floyd; J. Dumit, *Cyborg Babies* e a coletânea de textos de H. Rouch, *Les Corps, ces objets encombrants*.
65 Cf. Caesareans and Cyborgs, *Feminist Legal Studies*, v. 7, n. 2, p. 133-173.

66 S. Squier, *Babies in Bottles*. "O útero artificial, um tropo comum em obras de ficção científica como *Admirável Mundo Novo*, foi também tema de obras científicas do início do século XX, ocasião em que o neologismo 'ectogênese' foi criado pelo geneticista John Haldane na Inglaterra. A ectogênese resume o conjunto de técnicas necessárias para produzir bebês fora do corpo da mulher, isto é, úteros artificiais seriam os responsáveis pela gestação." Resenha do livro *O Útero Artificial*, de Henri Atlan, Rio de Janeiro: Editora Fiocruz, 2006, por Debora Diniz, Rumo ao Útero Artificial, *Cadernos de Saúde Pública*, v. 23, n. 5, Rio de Janeiro, maio 2007. Disponível em: <http://www.scielo.br>. (N. da T.)

67 D. Farquhar, *The Other Machine*.

68 Situação analisada por M. Iacub, *Le Crime était presque sexuel*. Particularmente em "Un Crime parfait".

69 L. Silver, *Remaking Eden, Cloning, Genetic Engineering and the Future of Humankind*.

70 Ibidem, p. 87.

71 Ibidem, p. 294.

72 Cf. J. Hughes, *Citizen Cyborg*.

73 F. Jotterand, Beyond Therapy and Enhancement, *NanoEthics*, v. 2, n. 1, p. 15-23.

74 G. Hottois, *Species technica*, p. 182.

75 *Naissance de l'anthropotechnie*, p. 29.

76 Ibidem, p. 62.

77 Ibidem, p. 161.

78 Ibidem, p. 168.

79 A respeito do Prozac como ponto de articulação entre medicina e melhoramento, e sobretudo como signo da "explosão da tecnociência na medicina", ver B.E. Lewis, Prozac and the Post-Human Politics of Cyborgs, *Journal of Medical Humanities*, v. 24, n. 1/2, p. 49-63.

80 J. Sawday, Forms Such as Never Were in Nature, em E. Fudge et al., *At the Borders of the Human*, p. 171-195.

81 J. Christie, A Tragedy for Cyborgs, *Configurations*, v. 1, n. 1, p. 171-196.

82 A. Muri, *The Enlightenment Cyborg*, p. 22.

83 Idem, *Les Deux sources de la morale et de la religion*, p. 316.

84 Ibidem, p. 21-22, 62 e 313-330.

85 Ibidem, p. 344.

86 *Le Totémisme aujourd'hui*, p. 132-134.

87 *Nous n'avons jamais été modernes*, p. 57.

88 *Par-delà nature et culture*, p. 77.

89 Ibidem, p. 175

90 Ibidem, p. 175-176.

91 *Métaphysiques cannibales*, p. 39.

92 Cf. G. Holton, *The Scientific Imagination*, p. 10.

93 Ibidem.

94 Cf. R. Braidotti, *Nomadic Subjects*.
95 Cf. C.R. Garoian;Y.M. Gaudelius, Cyborg Pedagogy, *Studies in Art Education*, v. 42, n. 4, p. 333-347. Cf. também J. Zylinska, (ed.), *The Cyborg Experiments*.
96 Dildonics, Dykes and the Detachable Masculine, *The European Journal of Women's Studies*, v. 8, n.3, p. 330.

AGRADECIMENTOS

Este livro não teria sido escrito se não tivesse sido escrito diversas vezes. Durante muitos anos, Ciborgue cruzou minha vida de diferentes maneiras. Vários cursos e conferências foram consagrados às máquinas e aos organismos, aos monstros, aos corpos híbridos, a Canguilhem, a Haraway, a Jonas. E, todas as vezes, Ciborgue se via em emboscada.

Em torno dela ou a seu propósito, alguns artigos, sempre "ensaios", como dizem os ingleses, foram publicados: – "Insaisissable Haraway", em *Sociologie et Sociétés*, v. 42, n. 1, edição da primavera de 2010, p. 143-168 ("Les Passeurs de frontière", número organizado por B. Thériault e S. Bilge). Agradeço aos editores de *Sociologie et Sociétés* e à editora da universidade de Montreal que me permitiram retomar aqui diversas passagens; – "Créations ensauvagées: Les Productions humaines dans les dynamiques de l'évolution", em Bernadette Bensaude-Vincent et al. (dir.), *Bionano-éthique: Perspectives critiques sur les bionano-technologies, Paris: Vuibert*, 2008, p. 157-170; – "De Canguilhem aux Cyborgs", em *Critique*, jan.-fev. 2009, n. 740-741, p. 106-119.

Iniciado em 2006, o projeto se desenvolveu no seio do programa de jovens pesquisadores chamado BIOSEX, financiado pela Agence Nationale de la Recherche (ANR-07-JCJC-0073-01), e dentro do departamento de filosofia da universidade de Paris Ouest – Nanterre – La Défense.

Gratidão aos colegas que vêm me oferecendo ocasiões para apresentar Ciborgue e seus outros. Em 2007, à École des Hautes

Études en Sciences Sociales – EHESS, no seminário "Présences contemporaines du corps" (Presenças Contemporâneas do Corpo), organizado por Jean-Paul Colleyn e Jean Jamin. Em 2008, no Center for the Humanities da Universidade Wesleyan – CHUM, Middletown (Connecticut, EUA), dentro de sua série de conferências "Figuring the Human", com um convite de Jill Morawski e de Andrew Curran; no ENS Ulm, no âmbito do colóquio "Pour une évaluation critique des bionanotechnologies" (Por uma Avaliação Crítica das Bionanotecnologia), organizado por Bernadette Bensaude-Vincent; na universidade de Paris V, no seminário "Politisation de la Nature" (Politização da Natureza), organizado por Marie Gaille, Catherine Larrère e Frédéric Keck; na universidade Paris X – Nanterre, como parte de uma jornada de estudos organizada por Jeanne Roland e Martine de Gaudemar sobre a "Composition et unité du corps vivant" (Composição e Unidade do Corpo Vivo), depois do colóquio "Le Sujet du féminisme" (O Sujeito do Feminismo), organizado por Marie Garrau e Alice Le Goff; na universidade Lyon II, dentro da jornada "Corps hybrides et science-fiction" (Corpos Híbridos e Ficção Científica) organizada por Jérôme Goffette e Patrick Pajon. Em 2009, no Max-Planck-Institut für Wissenschaftsgeschichte em Berlim, no panorama do Colóquio "Making Mutations", organizado por Luis Campos e Alexander von Schwerin; na Universidade de Compiègne, durante a jornada "Féminisme et technologie" (Feminismo e Tecnologia), organizada por Sandra Laugier e François-David Sebbah; na Cité des Sciences et de l'Industrie, a convite de Roland Schaer, dentro de uma oficina sobre monstros no "Collège de la Cité", em um diálogo com Jean-Michel Besnier sobre o pós-humano; na École Nationale des Beaux-Arts de Lyon, dentro da jornada de estudos "Genres, machines, cyborgs: Par où passe la différence sexuelle?" (Gêneros, Máquinas, Ciborgues: Por Onde Passa a Diferença Sexual?), organizada por Bastien Gallet e Katya Bonnenfant.

agradecimentos

Jean-Philippe Moreux foi, durante todos esses anos, um doce e incansável estimulador deste trabalho e uma presença constante no rastrear de Ciborgue sob todas as formas. Agradeço a Nathalie Magnan, que garantiu, durante anos, a circulação clandestina do *Manifesto Ciborgue* em francês.

ILUSTRAÇÕES

"Rato Ciborgue", fotografia publicada na revista *Astronautics*, 1960. **[p. 27]**
Desenho de T. Heine publicado em *Simplicissimus*, 24 out. 1905. Retomado em Leo Schidrowitz, *Sittengeschichte des Proletariats: Der Weg vom Leibes- zum Maschinensklaven, die sittliche Stellung und Haltung des Proletariats*, Vienne: Leipzig, Verlag für Kulturforschung, 1926. **[p. 46]**
Davi, escultura de Bill Curran, foto de Robert Hakalski. **[p. 90]**
"The Gordy Relaunches", Steve Bell, 2008 (www.belltoons.co.uk). **[p. 143]**
Lili (Liliane Alvarez-Perez), em 1927, 1947 e em 2010, coleção particular. **[p. 148]**
Marie-France Bubbe, *Extension de la Joconde*, 2010. **[p. 159]**
Dragão Alado Comendo a Própria Cauda. Ilustração retirada da obra Musaeum hermeticum, ed. de 1625. © Jean Vigne/Kharbine-Tapabor. **[p. 173]**
Michel Maier, *Atalanta fugiens*, Oppenheimii: sumptibus J.T. de Bry, 1618 © BNF. **[p. 177]**
Retrato de Ciborgue Jogador de Futebol. Horacio Cassinelli, série "Redes e intrusos", 2006, coleção particular. **[p. 180]**
Mensagem aos Extraterrestres, publicada em Carl Sagan, The Cosmic Connection, New York: Anchor, 1973. **[p. 200]**
Lynn Randolph, *Ciborgue*, 1989. **[p. 212]**
Experiências de Helmholtz: cf. Henning Schmidgen, The Donders Machine: Matter, Signs, and Time in a Physiological Experiment, ca. 1865, *Configurations*, v. 13, n. 2, Spring, 2005, p. 211-256. **[p. 223]**
Mutante/Organorg, Restif de la Bretonne, *La Découverte australe par un homme volant ou le dédale français*, 1781 © BNF.. **[p. 238]**
"Il était chauve" (Ele Era Careca), anúncio publicada em *Le Pèlerin*, n. 1928, 14 dez. 1913. **[p. 241]**
Carl von Linné, *Hortus cliffortianus*, 1737 (frontispício) © BNF. **[p. 256]**
L'Homme et la femme, gravura de Victor Adam para a edição Abel Ledoux das Œuvres Complètes de Buffon (1845) © Gusman/Leemage. **[p. 278]**
Prancha da *Histoire naturelle de l'homme et de la femme: depuis leur apparition sur le globe terrestre jusqu'à nos jours* de Auguste Debay, Paris: E. Dentu, 1862 © BNF. **[p. 278]**
Onde Está Mamãe?, gravura extraída de William Smellie, Set of Anatomical Tables, London, 1754. **[p. 317]**

BIBLIOGRAFIA

ABBOTT, Edwin Abbott. [1884]. *Flatland: A Romance of Many Dimensions*. New York: Basic Books, 2002.

ABRAHAM, Tara H. Cybernetics and Theoretical Approaches in 20th-Century Brain and Behavior Sciences. *Biological Theory*, v. 1, n. 4, Dec. 2006.

_____. (Physio)logical Circuits: The Intellectual Origins of the McCulloch--Pitts Neural Networks. *Journal of the History of the Behavioral Sciences*, v. 38, n. 1, Jan. 2002.

ADAMS, Carol J. [1990]. *The Sexual Politics of Meat: A Feminist-Vegetarian Critical Theory*. New York: Continuum, 2000.

ADORNO, Theodor W. [1966]. *Dialectique négative*. Paris: Rivages, 2001.

ADRIAN, Edgar D. The All-or-None Principle in Nerve. *Journal of Physiology*, v. 47, n. 6, Feb. 1914.

AGAMBEN, Giorgio. *L'Ouvert: De l'homme et de l'animal*. Paris: Payot, 2002. (Rivages.)

AGUILAR GARCÍA, Teresa. *Ontología Cyborg: El Cuerpo en la Nueva Sociedad Tecnológica*. Barcelona: Gedisa, 2008.

ALTHUSSER, Louis. [1982]. *Écrits philosophiques et politiques*. Paris: Stock/IMEC, 1995, t. 1.

ANCET, Pierre. *Phénoménologie des corps monstrueux*. Paris: PUF, 2006.

ANDERS, Günther. [1956]. *L'Obsolescence de l'homme: Sur l'âme à l'époque de la deuxième révolution industrielle*. Paris: Ivréa, 2001.

ARISTOTE. *De l'âme*. Trad. de R. Bodéüs. Paris: Flammarion, 1993.

_____. *Histoire des animaux*. Trad. de J. Tricot. Paris: Vrin, 1987

BACHELARD, Gaston. [1938]. *La Formation de l'esprit scientifique*. Paris: Vrin, 1989.

_____. [1934]. *Le Nouvel esprit scientifique*. Paris: PUF, 1971.

BACHOFEN, Johann Jakob. *Le Droit maternel*. Trad. de É. Barilier. Lausanne: L'Âge d'Homme, 1996.

BAECQUE, Antoine de. Les Dernières heures de la princesse de Lamballe. *L'Histoire*, n. 217, jan. 1998.

BARTHES, Roland. [1954]. *Michelet. Œuvres complètes*. Paris: Seuil, 2002.

BAUDRILLARD, Jean. *Simulations*. New York: Semiotext(e), 1983.

_____. *Le Système des objets*. Paris: Gallimard, 1968. (Trad. bras.: *O Sistema dos Objetos*, 5. ed. Trad. Zulmira Ribeiro Tavares, São Paulo: Perspectiva, 2015.)

BEAUVOIR, Simone de. *Le Deuxième sexe*. Paris: Gallimard, 1949.

BÉGOUT, Bruce. *La Découverte du quotidien*. Paris: Allia, 2005.

BELDECOS, Athena et al. (The Biology and Gender Study Group). The Importance of Feminist Critique for Contemporary Cell Biology. *Hypatia – A Journal of Feminist Philosophy*, v. 3, n. 1, Spring 1988.

BENFORD, Gregory; MALARTRE, Elisabeth. *Beyond Human: Living With Robots and Cyborgs*. New York: Tom Doherty, 2007.

BENJAMIN-LABARTHE, Elyette. Le Rasquachisme, ou la genèse d'une esthétique chicano. *Annales du Centre de recherches sur l'Amérique anglophone*, n. 19. Bourdeaux: Presses Universitaires de Bordeaux, 1994.

BENSAUDE-VINCENT, Bernadette. *Les Vertiges de la technoscience: Façonner le monde atome par atome*. Paris: La Découverte, 2009. (Sciences et Société.)

BENSAUDE-VINCENT, Bernadette et al. (dir.). *Bionano-éthique: Perspectives critiques sur les bionanotechnologies*. Paris: Vuibert, 2008.

BENSAUDE-VINCENT, Bernadette; NEWMAN, William R. (dir.). *The Artificial and the Natural: An Evolving Polarity*. Cambridge: MIT Press, 2007.

BERGSON, Henri. [1932]. *Les Deux sources de la morale et de la religion*. Paris: PUF, 2008.

_____. *L'Évolution créatrice*. Paris: Alcan, 1907.

BERTHELOT, Marcellin. *Leçons sur les méthodes générales de la synthèse en chimie organique*. Paris: Gauthier-Villars, 1864.

BESNIER, Jean-Michel. *Demain les posthumains*. Paris: Hachette Littérature, 2009.

BEST, Steven. Genetic Science, Animal Exploitation and the Challenge for Democracy. *AI & Society*, v. 20, n. 1, Jan. 2006.

BIRKHEAD, Tim. *Promiscuity: An Evolutionary History of Sperm Competition and Sexual Conflict*. London: Faber & Faber, 2000.

BIRO, Matthew. *The Dada Cyborg: Visions of the New Human in Weimar Berlin*. Minneapolis: University of Minnesota Press, 2009.

BLANCHOT, Maurice. *L'Écriture du désastre*. Paris: Gallimard, 1980.

_____. *L'Entretien infini*. Paris: Gallimard, 1969.

_____. Le Rire des diex. *La Nouvelle revue française*, jul. 1965.

BLEIER, Ruth (ed.). *Feminist Approaches to Science*. New York: Pergamon, 1984.

BLOCH, Ernst. *Le Principe esperance*. Trad. F. Wuilmart. Paris: Gallimard, 1976-1991. 3 v.

BOURDIEU, Pierre. *La Domination masculine*. Paris: Seuil, 1998.

BOWKER, Geoff. How to Be Universal: Some Cybernetic Strategies, 1943-1970. *Social Studies of Science*, v. 23, n. 1, Feb. 1993.

BRAIDOTTI, Rosi. *Nomadic Subjects: Embodiment and Sexual Difference in Contemporary Feminist Theory*. New York: Columbia University Press, 1994.

BRANDT, Christina. Die zwei (und mehr) Kulturen des "Klons". Utopie und Fiktion im biowissenschaftlichen Diskurs der Nachkriegszeit. *NTM*, v. 17, n. 3, 2009.

_____. Die Diffusion des zukünftigen Menschen: Klonpraktiken und Visionen des Humanen, 1960-1980. In: BRANDT, Christina; VIENNE, Florence (Hrsg.). *Wissensobjekt Mensch*. Berlin: Kadmos, 2008.

BRISSON, Luc. *Le Sexe incertain*. Paris: Belles Lettres, 1997.

BROSTOM, Nick. The Future of Human Evolution. IN: TANDY, Charles (dir.). *Death and Anti-Death, v. 2: Two Hundred Years After Kant, Fifty Years After Turing*. Palo Alto: Ria University Press, 2004.

BROWN, Norman O. *Love's Body*. New York: Random House, 1966.

BOWRING, Finn. *Science, Seeds and Cyborgs: Biotechnology and the Appropriation of Life*. London: Verso, 2003.

BUFFON, Georges Louis Leclerc de. *Histoire naturelle générale et particulière*. Paris: Imprimerie Royale, 1761, t. 9.

_____. *Histoire naturelle*. Paris: Imprimerie Royale, 1749. T. 1.

BUTLER, Judith. *Gender Trouble: Feminism and the Subversion of Identity*. New York: Routledge, 1990. (Trad. fr.: *Trouble dans le genre: Le Féminisme et la subversion de l'identité*. Trad. C. Kraus. Paris: La Découverte, 2005.)

BUTLER, Samuel. *Carnets*. Trad. V. Larbaud. Paris: Gallimard, 1936.

_____. [1863]. Darwin Among the Machines. IN: JONES, Henry Festing. (ed.). *The Shrewsbury Edition of the Works of Samuel Butler, v. 1: A First Year in Canterbury Settlement and Other Early Essays*. London: Jonathan Cape, 1923.

CAILLOIS, Roger. *Robot, bête et homme*. Genève: La Baconnière, 1965.

CALAME, Claude. *Prométhée généticien: Profits techniques et usages de métaphores*. Paris: Belles Lettres/Encre Marine, 2010.

CANGUILHEM, Georges. [1943]. *Le Normal et le pathologique*. Paris: PUF, 2003.

_____. [1952]. *La Connaissance de la vie*. Paris: Vrin, 1967.

CAPEK, Karel. *R.U.R: Rossum's Universal Robots*. Trad. J. Rubeš. La Tour-d'Aigues: Éditions de l'Aube, 1997.

CARONIA, Antonio. *Il cyborg: Saggio sull'uomo artificiale*. Milano: ShaKe, 2001.

CAVELL, Stanley. *Un Ton pour la philosophie: moments d'une autobiographie*. Paris: Bayard, 2003.

_____. *Themes Out of School: Effects and Causes*. Chicago: University of Chicago Press, 1988.

CHRISTIE, John. A Tragedy for Cyborgs. *Configurations*, v. 1, n. 1, Winter 1993.

CIXOUS, Hélène. [1975]. *Le Rire de la Méduse*. Paris: Galilée, 2010.

CLARK, Andy. The Frozen Cyborg: A Reply to Selinger and Engström. *Phenomenology and Cognitive Science*, v. 7, n. 3, Sep. 2008.

_____. *Natural-Born Cyborgs: Minds, Technologies and the Future of Human Intelligence*. Oxford: Oxford University Press, 2003.

COLERIDGE, Samuel Taylor. [1816]. *Hints Toward the Formation of a More Comprehensive Theory of Life*. London: Churchill, 1848.

COMTE DE LAUTRÉAMONT. *Les Chants de Maldoror*. Paris: Gallimard, 1997.

CRITIQUE, n. 709-710, 2006. Mutants, número especial.

DALY, Mary. [1978]. *Gyn/Ecology: The Metaethics of Radical Feminism*. London: The Women's Press, 1991.

DARWIN, Charles. *Charles Darwin's Notebooks (1836-1844)*. P.H. Barrett et al. (eds.). London/Ithaca: British Museum: Cornell University Press, 1987.

_____. *On the Origin of Species*. London: Murray, 1859.

DAVIS, Kathy. *Reshaping the Female Body: The Dilemma of Cosmetic Surgery*. London: Routledge, 1995.

DAVIS-FLOYD, Robbie; DUMIT, Joseph. *Cyborg Babies: From Techno-Sex to Techno-Tots*. London: Routledge, 1998.

DEBAISE, Didier. Une Métaphysique des possessions. *Revue de Métaphysique et de Morale*, v. 4, 2008.

_____. *Un Empirisme spéculatif: Lecture de* Procès et réalité *de* Whitehead. Paris: Vrin, 2006.

DEBORD, Guy. *La Société du spectacle*. Paris: Buchet-Chastel, 1967.

DEBORD, Guy; WOLMAN, G.J. Mode d'emploi du détournement. *Les Lèvres nues*, 8 mai 1956.

DELABROY, Jean. *Pense à parler de nous chez les vivants*. Paris: Verticales, 1997.

DELEUZE, Gilles. *Pourparlers*. Paris: Minuit, 2003.

_____. *Le Pli: Leibniz et le baroque*. Paris: Minuit, 1988.

_____. *Spinoza: Philosophie pratique*. Paris: Minuit, 1981.

_____. *Logique du sens*. Paris: Minuit, 1969 (Trad. bras.: *Lógica do Sentido*. 4 ed. São Paulo: Perspectiva, 2000.)

DELEUZE, Gilles; GUATTARI, Félix. *Qu'est-ce que la philosophie?* Paris: Minuit, 2005.

_____. *Mille Plateaux*. Paris: Minuit, 1980.

_____. *L'Anti-Œdipe*. Paris: Minuit, 1973.

DERRIDA, Jacques. *L'Animal que donc je suis*. Éd. M.-L. Mallet. Paris: Galilée, 2006.

_____. *Politiques de l'amitié*. Paris: Galilée, 1994.

DERRIDA, Jacques. *La Pharmacie de Platon*. In: PLATON. *Phèdre*. Paris: Flammarion, 1992.

DESCOLA, Philippe. *Par-delà nature et culture*. Paris: Gallimard, 2005.

DESPRET, Vinciane. Rencontrer un animal avec Donna Haraway. *Critique*, n. 747-748. (Libérer les animaux?)

DIAMOND, Irene; QUINBY, Lee (ed.). *Feminism and Foucault: Reflections on Resistance*. Boston: Northeastern University Press, 1988.

DIAMOND, Jared. *Guns, Germs, and Steel: The Fates of Human Societies*. New York: Norton, 1997. (Trad. fr.: *De l'inégalité parmi les sociétés: Essai sur l'homme et l'environnement dans l'histoire*. Trad. P.-E. Dauzat. Paris: Gallimard, 2000.)

DICTIONNAIRE *de la civilisation chinoise*, Paris: Encyclopaedia Universalis/Albin Michel, 1998.

DIDEROT, Denis. *Obras II: Estética, Poética e Contos*. Org., trad. e notas J. Guinsburg. São Paulo: Perspectiva, 2000.

____. *Obras I: Filosofia e Política*. Org., trad, e notas J. Guinsburg. São Paulo: Perspectiva, 2000.

____. *Les Bijoux indiscrets*. Paris: Garnier-Flammarion, 1993.

DIOGÈNE LAËRCE. *Vie, doctrines et sentences des philosophes célèbres*. Trad. R. Grenaille. Paris: Flammarion, 1965.

DRAKE, Frank D. *Murmurs of Earth: The Voyager Interstellar Record*. New York: Ballantine, 1978.

DREXLER, K. Eric. *Engins de création: L'Avènement des nanotechnologies*. Trad. M. Macé. Paris: Vuibert, 2005.

DRONAMRAJU, Krishna Rao (ed.). *Haldane's Daedalus Revisited*. Oxford: Oxford University Press, 1995.

DUCHAMP, Marcel. *Duchamp du signe*. Paris: Flammarion, 1994.

DUMARSAIS, César Chesneau. [1757]. *Traité des tropes*. Paris: Nouveau Commerce, 1977.

DUMONT, Louis. *Homo hierarchicus*. Paris: Gallimard, 1986.

DUPLEIX, Scipion. [1603]. *La Physique*, Paris: Fayard, 1990.

DUPUY, Jean-Pierre. *Aux origines des sciences cognitives*. Paris: La Découverte, 1994.

DURKHEIM, Émile. [1930]. *De la division du travail social*. Paris: PUF, 1986. (Quadrige.)

DWORKIN, Andrea. *Woman Hating: A Radical Look at Sexuality*. New York: Plume, 1974.

EBERT, Roger. *The Little Book of Hollywood Clichés*. London: Virgin, 1995.

EDDINGTON, Arthur. British Association Address. *Observatory*, 43, 1920.

EDGAR, Andrew. The Hermeneutic Challenge of Genetic Engineering: Habermas and the Transhumanists. *Medicine, Health Care and Philosophy*, v. 12, n. 2, May 2009.

ELIADE, Mircea. *Traité d'histoire des religions*. Paris: Payot, 1964.

____. *Méphistophélès et l'androgyne*. Paris: Gallimard, 1962.

ELLUL, Jacques. [1988]. *Le em Bluff technologique*. Paris: Hachette, 2003.

FARQUHAR, Dion. *The Other Machine*. New York/London: Routledge, 1996.

FIRESTONE, Shulamith. *The Dialectic of Sex: The Case for Feminist Revolution*. New York: Bantam, 1972. (Trad. fr.: *La Dialectique du sexe: Le Dossier de la révolution féministe*. Trad. S. Gleadow. Paris: Stock, 1972.)

FODOR, Jerry. *In a Critical Condition*. Cambridge: MIT Press, 2000.

FOUCAULT, Michel. *Les Anormaux*. Paris: Seuil, 1999.

____. *Power/Knowledge: Selected Interviews and Other Writings*. Ed. Colin Gordon. New York: Pantheon, 1980.

FREUD, Sigmund. *Obras Completas, v. 9: Observações Sobre um Caso de Neurose Obsessiva (O Homem dos Ratos), Uma Recordação de Infância de Leonardo da Vinci e Outros Textos*. São Paulo: Companhia das Letras, 2013.

FRIEDMANN, T. [2008]. *Monsters and Stuff*. London, Gagosian Gallery, 2008. In: *Mapping The Studio*, Veneza, Palazzo Grassi – Pinault Collection, 2009-2011. Catálogo de exposição.

GALLISON, Peter. The Ontology of the Enemy: Norbert Wiener and the Cybernetic Vision. *Critical Inquiry*, v. 21, n. 1, 1994.

GAROIAN, Charles R.; GAUDELIUS, Yvonne M. Cyborg Pedagogy: Performing Resistance in the Digital Age. *Studies in Art Education*, v. 42, n. 4, Summer 2001.

GARRAU, Marie; LE GOFF, Alice. *Care, justice et dépendance: Introduction aux théories du care*. Paris: PUF, 2010.

GAUDEMAR, Martine de. *La Voix des personnages*. Paris: Cerf, 2011.

GIEDION, Sigfried. [1948]. *Mechanization Takes Command: A Contribution to Anonymous History*. 2 ed. New York: Oxford University Press, 1955. (Trad. fr.: *La Mécanisation au pouvoir: Contribution à l'histoire anonyme*. Trad. P. Guivarch. Paris: Denoël, 1983. 3 v.)

GIRONS, Baldine Saint. *Le Sublime, de l'Antiquité à nos jours*. Paris: Desjonquères, 2005.

GOFFETTE, Jérôme. *Naissance de l'anthropotechnie: De la médecine au modelage de l'humain*. Paris: Vrin, 2006.

GOLDMAN, Lucien. *La Création culturelle dans la société moderne*. Paris: Denoël, 1971.

GOSSE, Philip Henry. *Omphalos: An Attempt to Untie the Geological Knot*. London: Van Voorst, 1857

GRANET, Marcel. [1929]. *La Civilisation chinoise*. Paris: Albin Michel, 1968.

GRAY, Chris Hables; FIGUEROA-SARRIERA, Heidi J.; MENTOR, Steven. *The Cyborg Handbook*. New York: Routledge, 1995.

GRUBER, Max von. *Die Pflicht gesund zu sein*. München: Reinhard, 1909.

GUCHET, Xavier. *Les Sens de l'évolution technique*. Paris: Leo Scheer, 2005.

GUILLAUMIN, Colette. *Sexe, race et pratique du pouvoir*. Paris: Côté-femmes, 1992.

GULIK, Robert H. van. *La Vie sexuelle dans la Chine ancienne*. Paris: Gallimard, 1971.

GÜNTHER, Gotthard. [1957]. *La Conscience des machines: Une métaphysique de la cybernétique*. Paris: L'Harmattan, 2008.

GUY DE MAUPASSANT. *Bel-Ami*. Paris: Gallimard, 1973. (Folio.)

GUYÉNOT, É. Le Préjugé de l'adaptation. *Revue scientifique*, 1921.

____. Mutations et monstruosités. *Revue scientifique*, 1921.

HABER, Stéphane. *L'Homme dépossédé: Une tradition critique, de Marx à Honneth*. Paris: Éditions du CNRS, 2009.

____. *L'Aliénation: Vie sociale et expérience de la dépossession*. Paris: PUF, 2007.

HACKING, Ian. Canguilhem amid the Cyborgs. *Economy and Society*, v. 27, n. 2/3. May 1998. (Trad. fr.: Canguilhem parmi les cyborgs. In: BRAUNSTEIN, Jean--François [dir.]. *Canguilhem: Histoire des sciences et politique du vivant*. Paris: PUF, 2007.)

HALACY, Daniel S. *Cyborg: Evolution of the Superman*. New York: Harper & Row, 1965.

HALDANE, John Burdon Sanderson. Biological Possibilities for the Human Species in the Next Ten Thousand Years. In: WOLSTENHOLME, Gordon. *Man and His Future*. London: Churchill, 1963.

_____. *Daedalus or Science and the Future*. London: Kegan Paul, 1923.
HALVORSON, Harlyn O.; MONROY, Alberto (ed.). *The Origin and Evolution of Sex*. New York: A.R. Liss, 1985.
HAMMING, Jeanne E. Dildonics, Dykes and the Detachable Masculine. *The European Journal of Women's Studies*, v. 8, n. 3, Aug. 2001.
HANSELL, Michael H. *Built by Animals: The Natural History of Animal Architecture*. Oxford: Oxford University Press, 2007.
HARAWAY, Donna. *Des Singes, des cyborgs et des femmes: La Réinvention de la nature*. Trad. O. Bonis. Paris/Arles: J. Chambon/Actes Sud, 2009.
_____. *When Species Meet*. Minneapolis/London: University of Minnesota Press, 2008.
_____. *Manifeste Cyborg et autres essais: Sciences, fictions, féminismes*. Paris: Exils, 2007.
_____. *The Haraway Reader*. New York/London: Routledge, 2004.
_____. *Companion Species Manifesto: Dogs, People, and Significant Otherness*. New York: Prickly Paradigm Press, 2003.
_____. *Modest_Witness@Second_Millennium. FemaleMan_Meets_OncoMouse: Feminism and Technoscience*. New York: Routledge, 1997.
_____. *Simians, Cyborgs and Women: The Reinvention of Nature*. Londons: Free Association Books, 1991.
_____. *Primate Visions: Gender, Race and Nature in the World of Modern Science*. New York: Routledge, 1989.
_____. Situated Knowledges: the Science Question in Feminism and the Privilege of Partial Perspective. *Feminist Studies*, v. 14, n. 3, Autumn 1988.
HARDT, Michael; NEGRI, Antonio. *Empire*. Trad. D.-A. Canal. Paris: Exils, 2000.
HAYLES, N. Katherine. *How We Became Posthuman: Virtual Bodies in Cybernetics, Literature, and Informatics*. Chicago/London: University of Chicago Press, 1999.
HEGEL, G.W.F. *Préface de la Phénoménologie de l'esprit*. Trad. J. Hyppolite. Paris: Aubier, 1966.
HEIDEGGER, Martin. *Être et temps*. Trad. F. Vezin. Paris: Gallimard, 1986.
HEILBRUN, Carolyn G. [1964]. *Toward a Recognition of Androgyny: A Search into Myth and Literature to Trace Manifestations of Androgyny and to Assess their Implications for Today*. New York: Norton, 1982.
HEIMS, Steven J. *The Cybernetic Group: Constructing a Social Science for Postwar America*. Cambridge: MIT Press, 1991.
HÖCH, Hannah. *Siebenmeilenstiefel e Marlene*. Hamburger Kunsthalle.
HÖLDERLIN, Friedrich. *Hypérion. Œuvres*. Paris: Gallimard, 1967. (Bibliothèque de la Pléiade.)
HOLTON, Gerald. *The Scientific Imagination: Case Studies*. Cambridge: Cambridge University Press, 1978.
HOQUET, Thierry. Insaisissable Haraway. *Sociologie et Sociétés*, v. 42, n. 1, Primtemps 2010. (Les Passeurs de frontière, número organizado por B. Thériault e S. Bilge.)

_____. De Canguilhem aux Cyborgs. *Critique*, n. 740-741, jan.-fev. 2009.
HOTTOIS, Gilbert. *Species technica*. Paris: Vrin, 2002.
HOY, David C. *Foucault: A Critical Reader*. New York: Blackwell, 1986.
HUGHES, James. *Citizen Cyborg: Why Democratic Societies Must Respond to the Redesigned Human of the Future*. Cambridge: Westview, 2004.
IACUB, Marcela. *Le Crime était presque sexuel*. Paris: Epel, 2002.
IHDE, Don. Aging: I Don't Want to Be a Cyborg! *Phenomenology and the Cognitive Sciences*, v. 7, n. 3, Jul-Sep. 2008.
JACOB, François. *Le Jeu des possibles*. Paris: Fayard, 1981.
JACOMY, Bruno. *L'Âge du plip: Chroniques de l'innovation technique*. Paris: Seuil, 2002.
JAMESON, Fredric. [2005]. *Archéologies du futur*. Paris: Max Milo, 2008. 2 v.
_____. *Le Postmodernisme: Ou la logique culturelle du capitalisme tardif*. Paris: Beaux-Arts de Paris, 2007.
_____. Postmodernism or the Cultural Logic of Late Capitalism. *New Left Review*, n. 146, July–Aug, 1984.
JORN, Asger. Peinture détournée. In: *R.A. Augustinci présente vingt peintures modifiées par Asger Jorn*. Galerie Rive Gauche, Paris, 6-28 maio 1959.
JOTTERAND, Fabrice. Beyond Therapy and Enhancement: the Alteration of Human Nature. *NanoEthics*, v. 2, n. 1, Apr. 2008.
JOUANNAIS, Jean-Yves. *Des nains, des jardins: Essai sur le kitsch pavillonnaire*. Paris: Hazan, 1993.
KALOSKI, Ann. Bisexuals Making Out With Cyborgs: Politics, Pleasure, Con/fusion. *Journal of Gay, Lesbian and Bisexual Identity*, v. 2, n. 1, Jan. 1997.
KANT, Emmanuel. [1790]. *Critique de la faculté de juger*. Trad. A. Renaut. Paris: Aubier, 1995.
KAPP, Ernst. *Principes d'une philosophie de la technique*. Trad. G. Chamayou. Paris: Vrin, 2007.
KIERKEGAARD, Søren. [1844]. **Miettes philosophiques**. Œuvres *complètes*. Paris: Orante, 1973. T. 7.
KIRBY, Vicki. Feminisms and Postmodernisms: Anthropology and the Management of Difference. *Anthropological Quarterly*, v. 66, n. 3, July 1993.
KIRKUP, Gill. et al. (eds.). *The Gendered Cyborg*. London: Routledge, 2000.
KOFMAN, Sarah. *Comment s'en sortir?* Paris: Galilée, 1983.
KORZYBSKI, Alfred. *Une Carte n'est pas le territoire* [1939-1950]. Paris: Éclat, 1998.
KURZWEIL, Ray. *The Singularity Is Near: When Humans Transcend Biology*. New York: Viking, 2005.
_____. *The Age of Spiritual Machines*. London: Phenix, 1999.
LACAN, Jacques. *Encore*. Paris: Seuil, 1975. (Champ freudien)
LANDOW, George P. *Hypertext 3.0. Critical Theory and the New Media in an Era of Globalization*. Baltimore: Johns Hopkins University Press, 2006.

LARRÈRE, Catherine; LARRÈRE, Raphaël. *Du bon usage de la nature: Pour une philosophie de l'environnement.* Paris: Aubier, 1997.

LATOUR, Bruno. *Nous n'avons jamais été modernes.* Paris: La Découverte, 1991. (Trad. bras.: *Jamais Fomos Modernos.* Rio de Janeiro: Editora 34, 1994.)

LECLERC, André. Um Tratamento Contextualista do Predicado de Existência. *Filosofia Unisinos,* v. 7, n. 2, maio-ago. 2006.

LEM, Stanislaw. [1961]. *Solaris.* Trad. J.-M. Jasienko. Paris: Gallimard, 2002. (Trad. bras.: *Solaris.* Trad. Eneida Favre. São Paulo: Aleph, 2017.)

LEOPOLD, Aldo. [1949]. *Almanach d'un comté des sables.* Trad. A. Gibson. Paris: Flammarion, 2000.

LÉVI-STRAUSS, Claude. *Le Totémisme aujourd'hui.* Paris: PUF, 2017.

____. *La Pensée sauvage.* Paris: Pocket, 1990

____. *Anthropologie structurale 2.* Paris: Plon, 1973.

LÉVINAS, Emmanuel. [1961]. *Difficile Liberté: Essais sur le judaïsme.* 3.ed. revista e corrigida. Paris: Livre de Poche, 1984.

LÉVY, Michel. *Traité d'hygiène.* Paris: Baillière, 1869.

LEWIS, Bradley E. Prozac and the Post-Human Politics of Cyborgs. *Journal of Medical Humanities,* v. 24, n. 1/2, June 2003.

LIBIS, Jean. *Le Mythe de l'androgyne.* Paris: Berg International, 1980.

LIM, Hilary. Caesareans and Cyborgs. *Feminist Legal Studies,* v. 7, n. 2, May 1999.

LINNAEUS, Carolus. *Systema Naturae,* t. 1: *Holmiae, Laurentii Salvii.* 10. ed. [S.l.: s.n.] 1758.

LOCKE, John. [1690]. *Essai sur l'entendement humain: Livres III et IV.* Paris: Vrin, 2006.

LORDE, Audre. *Sister Outsider: Essays and Speeches.* Trumansburg: Crossing Press, 1984.

LU, H.-Y. *La Formation de l'identité féminine: La Différence sexuelle et la pensée taoïste.* Tese (sob orientação de F. Duroux), Universidade Paris VIII, Paris, 2010.

LYOTARD, Jean-François. *La Condition postmoderne: Rapport sur le savoir.* Paris: Minuit, 1979.

____. *Économie libidinale.* Paris: Minuit, 1974.

MAESTRUTTI, Marina. *Les Imaginaires des nanotechnologies: Mythes et fictions de l'infiniment petit.* Paris: Vuibert, 2011.

MALABOU, Catherine. *Ontologie de l'accident: Essai sur la plasticité destructrice.* Paris: Léo Scheer, 2009.

____. *Les Nouveaux blessés.* Paris: Bayard, 2007.

____. Négatifs de la dialectique. Entre Hegel et le Hegel de Heidegger: Hyppolite, Koyré, Kojève. *Philosophie,* n. 52, 1996.

MARCUSE, Herbert. *L'Homme unidimensionnel.* Paris: Minuit, 2003.

____. [1967]. Love Mystified. *Negations: Essays in Critical Theory.* Harmondsworth: Penguin Books, 1972.

MARCUZZI, Max. *Les Corps artificiels: Peurs et responsabilités*. Paris: Aubier, 1996.
MARGULIS, Lynn. *L'Univers bactériel*. Paris: Seuil, 2002.
_____. *What Is Life?* Berkeley: University of California Press, 1995.
MARKOVITS, Francine. Les Critiques de l'universalisme au XVIIIe siècle. *Le Temps philosophique*, n. 3, 1998.
MARX, Leo. [1964]. *The Machine in the Garden*. Oxford: Oxford University Press, 2000.
MARZANO, Michela (dir.). *Dictionnaire du corps*. Paris: PUF, 2007.
MAUSS, Marcel *Sociologie et anthropologie*. Paris: PUF, 1989.
MCCULLOCH, Warren S.; PITTS, Walter H., A Logical Calculus of the Ideas Immanent in Nervous Activity. *Bulletin of Mathematical Biophysics*, v. 5, 1943.
MEMMI, Albert. [1957]. *Portrait du colonisé*. Paris: Gallimard, 1985.
MILNER, Jean-Claude. [2002]. *Le Périple structural*. Paris: Verdier, 2008.
MINSKY, Marvin. *The Society of Mind*. New York: Simon & Schuster, 1986. (Trad. fr.: *La Société de l'esprit*. Trad. J. Henry. Paris: InterEd, 1988.)
MOISSEEFF, Marika. La Procréation dans les mythes contemporains. *Anthropologie et sociétés*, v. 29, n. 2, 2006. (Número temático "'Le mythe aujourd'hui".)
MOLINIER, Pascale; LAUGIER, Sandra; PAPERMAN, Patricia (dir.). *Qu'est-ce que le care? Souci des autres, sensibilité, responsabilité*. Paris: Payot, 2009.
MONOD, Jacques. *Le Hasard et la nécessité*. Paris: Seuil, 1970.
MOPSIK, Charles. *Le Sexe des âmes: Aléas de la différence sexuelle dans la Cabale*. Paris/Tel Aviv: Éclat, 2003.
MORAN, Michael E. Evolution of Robotic Arms, *Journal Robotic Surgery*, v. 1, n. 2, June 2007.
MORAVEC, Hans. *Mind Children: The Future of Robot and Human Intelligence*. Cambridge: Harvard University Press, 1988.
MORDILLAT, Gérard; PRIEUR, Jérôme. *Corpus Christi, enquête sur l'écriture des Évangiles*. Paris: Arte/Mille-et-une Nuits, 1998. 6 v.
MURI, Allison. *The Enlightenment Cyborg: A History of Communications and Control in the Human Machine, 1660-1830*. Toronto: University of Toronto Press, 2007.
MUSIL, Robert. *L'Homme sans qualités*. Trad. Philippe Jaccottet. Paris: Seuil, 1956. T. 1.
NEWTON, Isaac. *Opticks*. 4. ed. London: Innys, 1730. (Trad. fr.: *Traité d'optique*. Trad. P. Costes Paris: Montalant, 1722).
NIETZSCHE, Friedrich. [1871]. *La Naissance de la tragédie*. Trad. M. Haar, P. Lacoue-Labarthe e J.-L. Nancy. Paris: Gallimard, 1977.
OGIEN, Ruwen. *Penser la pornographie*. Paris: PUF, 2003.
PARROCHIA, Daniel. *L'Homme volant: Philosophie de l'aéronautique et des techniques de navigation*. Seyssel: Champ Vallon, 2003.
PEARSON, Karl. *The Grammar of Science*. London: W. Scott, 1892.
PICKERING, Andrew. Cyborg History and the World War II Regime. *Perspectives on Science*, v. 3, n. 1, 1995.

PLUCHE, Noël Antoine. *Le Spectacle de la nature*. Paris: Vve Estienne et J. Desaint, 1732-1750, 9 v.

PRECIADO, Beatriz. *Manifeste contra-sexuel*. Paris: Balland, 2000.

PUTNAM, Hilary. [1964]. Robots: Machines or Artificially Created Life? *Mind, Language and Reality: Philosophical Papers*. Cambridge: Cambridge University Press, 1975. V. 2.

REULEAUX, Franz. *Le Constructeur: Tables, formules, règles, calculs, tracés et renseignements pour la construction des organes de machines*. 2. ed., Paris: Savy, 1881.

RIVENEUVE, Ulysse. *Sous le soleil de Priape*. Paris: Cylibris, 2004.

RÖDEL, Patrick. *Spinoza, le masque de la sagesse: Une biographie imaginaire*. Castelnau-le-Lez: Climats, 1997.

RORVIK, David. *As Man Becomes Machine: The Evolution of the Cyborg*. London: Souvenir, 1970. (Trad. fr.: *Quand l'homme devient machine: Une Nouvelle étape de l'évolution*. Trad. C. Maelzel. Paris: Albin Michel, 1973.)

_____. [1969]. *Brave new baby: Promesses et dangers de la révolution biologique*. Paris: Albin Michel, 1972.

ROSZAK, Theodore. [1968]. *The Making of a Counter Culture*. London: Faber & Faber, 1970.

ROUCH, Hélène. *Les Corps, ces objets encombrants: Contribution à la critique féministe des sciences*. Donnemarie-Dontilly: Éditions iXe, 2011.

ROUSSEAU, Jean-Jacques. *Émile*. Paris: Flammarion, 2009.

RUSSELL, Bertrand. *Icarus, or the Future of Science*. New York: Dutton, 1924.

SAID, Edward W. Representing the Colonized: Anthropology's Interlocutors, *Critical Inquiry*, v. 15, n. 2, 1989.

SANBONMATSU, John. *The Postmodern Prince: Critical Theory, Left Strategy, and the Making of a New Political Subject*. New York: Monthly Review Press, 2004.

SANDOVAL, Chela. New Sciences. IN: WOLMARK, Jenny (ed.). *Cybersexualities: A Reader on Feminist Theory, Cyborgs and Cyberspace*. Edinburgh: Edinburgh University Press, 1999.

SARASIN, Philipp. *Reizbare Maschinen: Eine Geschichte des Körpers (1765-1914)*. Frankfurt: Suhrkamp, 2001.

SARGENT, Lydia (ed.). *Women and Revolution*. Boston: South End, 1981.

SAVULESCU, Julian; BOSTROM, Nick (dir.). *Human Enhancement*. Oxford: Oxford University Press, 2009.

SAWDAY, Jonathan. Forms Such as Never Were in Nature: The Renaissance Cyborg. In: FUDGE, Erica et al. *At the Borders of the Human: Beasts, Bodies, and Natural Philosophy in the Early Modern Period*. New York: Palgrave, 1999.

SEBBAH, François-David. *Qu'est-ce que la "technoscience"?* Paris: Encre Marine, 2010.

SELINGER, Evan; ENGSTRÖM, Timothy. A Moratorium on Cyborgs: Computation, Cognition, and Commerce. *Phenomenology and Cognitive Science*, v. 7, n. 3, Sep. 2008.

SERRES, Michel. *Hominescence*, Paris: Le Pommier, 2001.

SILVER, Lee. *Remaking Eden, Cloning, Genetic Engineering and the Future of Humankind*. London: Phoenix Press, 1999.

SIMONDON, Gilbert. [1958]. *Du mode d'existence des objets techniques*. Paris: Aubier, 1989.

SLOTERDIJK, Peter. *Sphères, t. 2: Globes*. Trad. O. Mannoni. Paris: Libella-Maren Sell, 2010.

____. *Sphères, t. 1: Bulles*. Trad. O. Mannoni. Paris: Fayard, 2002.

SPIVAK, Gayatri C. The New Historicism: Political Commitment and the Postmodern Critic. IN: VEESER, Harold Aram (ed.). *The New Historicism*. New York: Routledge, 1989.

____. Can the Subaltern Speak? IN: NELSON, Cary; GROSSBERG, Lawrence (eds.). *Marxism and the Interpretation of Culture*. Urbana: University of Illinois Press, 1988.

SOURIAU, Étienne. *Le Sens artistique des animaux*. Paris: Hachette, 1965.

SQUIER, Susan. *Babies in Bottles: Twentieth-Century Visions of Reproductive Technology*. New Brunswick: Rutgers University Press, 1994.

STOCK, Gregory. *Redesigning Humans: Our Inevitable Genetic Future*. Boston: Houghton Mifflin, 2002.

____. *Metaman*. London: Bantam, 1993.

STONE, Allucquère Rosanne. *The War of Desire and Technology at the Close of the Mechanical Age*. Cambridge: MIT Press, 1995.

TARDE, Gabriel. *Oeuvres de Gabriel Tarde, I: Monadologie et sociologie*. Paris: Le Plessis-Robinson/Institut Synthélabo, 1999.

THEWELEIT, Klaus. [1977]. *Männerphantasien*. München/Zürich: Piper, 2005.

VIVEIROS DE CASTRO, Eduardo. *Métaphysiques cannibales*. Paris: PUF, 2009.

WALKER, Alice. In the Closet of the Soul. *Ms. Magazine*, 15 nov. 1986.

WARNER, Michael (ed.). *Fear of a Queer Planet*. Minneapolis: University of Minnesota Press, 1993.

WARWICK, Kevin. *I, Cyborg*, London: Century, 2002.

WEIL, Karl. Liberté éhontée. *Critique*, n. 747-748, 2009. (Libérer les animaux?)

WELLS, H.G. [1904]. *The First Men in the Moon: A Critical Text of the 1901 London First Edition*. Annotated, Critical, Reprint edition. Ed. L.E. Stover. Jefferson: McFarland, 1998.

WHEWELL, William. *Astronomy and General Physics Considered With Reference to Natural Theology*. Cambridge: Deighton, Bell & Co, 1864. Disponível em: < https://archive.org>. Acesso em: 8 nov. 2018.

WHITEHEAD, Alfred North. [1929]. *Procès et réalité: Essai de cosmologie*. Paris: Gallimard, 1995.

WIENER, Norbert. *God and Golem Inc.: A Comment on Certains Points Where Cybernetics Impinges on Religion*. Cambridge: MIT Press, 1990. (Trad. fr.: *God and golem Inc.: Sur quelques points de collision entre cybernétique et religion.* Trad. C. Wall-Romana e P. Farazzi. Paris: Éclat, 2001.)

____. *The Human Use of Human Beings: Cybernetics and Society.* Boston: Houghton Mifflin Cie, 1950. (Trad. fr.: *Cybernétique et société: L'Usage humain des êtres humains.* Trad. Pierre-Yves Mistoulon. Paris: Union générale d'éditions, 1971.)

WITTIG, Monique. *Le Corps lesbien.* Paris: Minuit, 1973.

____. *Les Guérillères.* Paris: Minuit, 1969.

WOOD, Martin. Agency and Organization: Toward a Cyborg-Consciousness. *Human Relations,* v. 51, n. 10, Oct. 1998.

WOOLDRIDGE, Dean E. *The Machinery and the Brain.* New York: McGraw-Hill, 1963.

YBARRA FRAUSTO, T. Rasquachismo: A Chicano Sensibility, *Chicano Art: Resistance and Affirmation, 1965-1985.* Los Angeles: Wight Gallery/UCLA, 1991.

ŽIŽEK, Slavoj. The Real of Sexual Difference. IN: BARNARD, Suzanne; FINK, Bruce (ed.). *Reading Seminar XX: Lacan's Major Work on Love, Knowledge, and Feminine Sexuality.* Albany: State University of New York Press, 2002.

____. *L'Intraitable: Psychanalyse, Politique et culture de masse.* Trad. E. Doisneau. Paris: Anthropos, 1993.

ZYLINSKA, Joanna (ed.). *The Cyborg Experiments: The Extensions of the Body in the Media Age.* London: Continuum, 2002.

Este livro foi impresso na cidade de São Bernardo do Campo,
nas oficinas da Paym Gráfica e Editora, em abril de 2019,
para a Editora Perspectiva.